KB114959

비전공자도
쉽게 이해하는

데이터베이스 입문

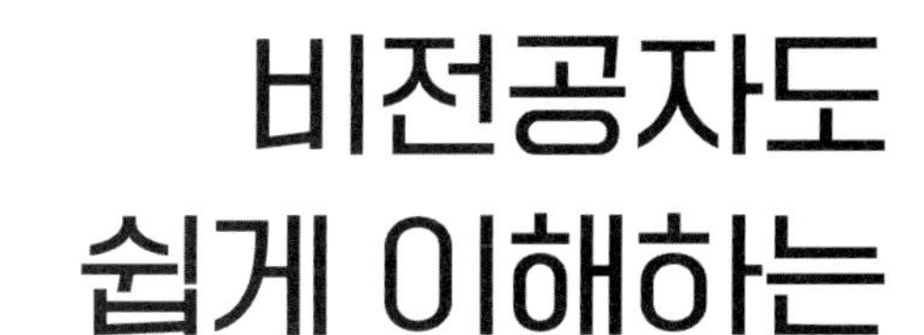

iCox
Education by Computing

비전공자도
쉽게 이해하는

데이터베이스 입문

초판 1쇄 인쇄 2021년 11월 01일
초판 1쇄 발행 2021년 11월 10일

지은이 설진욱
펴낸이 한준희
펴낸곳 (주)아이콕스

기획·편집 오운용
디자인 그리드나인
영업지원 김진아, 손옥희
영업 김남권, 조용훈, 문성빈

주소 (14556) 경기도 부천시 조마루로 385번길 122 삼보테크노타워 2002호
등록 2015년 7월 9일 제 386-251002015000034 호
홈페이지 http://www.icoxpublish.com
이메일 icoxpub@naver.com
전화 032-674-5685
팩스 032-676-5685
ISBN 979-11-6426-191-8 (93000)
979-11-6426-192-5 (95000) 전자책

※정가는 뒤표지에 있습니다.
※잘못된 책은 구입하신 서점에서 교환해드립니다.

들어 가며

안녕하세요. 이 교재의 저자 설진욱이라고 합니다.
저는 약 10여년 현업에서 경험했던 여러 가지 프로그래밍, 데이터 베이스 지식과 약 10여년의 강의 경험을 토대로 여러 분야의 교재를 집필해 가고 있습니다. 몇 년 전부터 NoSql이라는 개념의 SQL 구문이 있긴 했지만, 아직도 전 세계적으로 가장 많이 사용되고 있는 데이터 베이스는 관계형 데이터 베이스입니다. 그중에서 오라클은 가장 많은 개발자들이 사용하고 있는 데이터 베이스 시스템이라고 해도 별 무리가 없는 것으로 보입니다.
저는 여러 교육 기관에서 oracle database 과정을 강의하면서 터득한 경험치를 체계적으로 정리하여 database의 기초 교과서가 되기를 바라는 마음으로 출간하였습니다.
이 교재는 초급 교재인 관계로 다소 이해하기 어려운 용어나 복잡한 예제들을 배제하고 데이터 베이스를 처음 접하는 분들도 그리 어렵지 않도록 집필을 하였습니다. 또한, 오라클을 처음 입문하시는 분들에게 대하여 데이터 베이스의 기초 부분과 자신감을 불어 넣을 수 있도록 배려하였습니다. 데이터 베이스 스키마 생성을 위한 모델링 과정은 다루지 않으며, 프로그래밍 요소가 들어 있는 pl-sql 역시 다루지 않습니다.
이러한 과정에 대하여 학습을 하고자 한다면, 중급 이상의 서적을 참고하시길 바랍니다. 이 교재에서 사용한 데이터는 실제 위인들의 이름을 예제로 삼았기 때문에, 독자들이 많이 낯설지 않도록 하였습니다.
또한, 초보자를 위하여 어떠한 내용이 필요할 지 고민하면서 저자가 대학교나 기업 등에서 강의를 하면서 부족하였던 항목들을 중심으로 이론과 실습 위주의 내용으로 집필을 수행하였습니다.

책의 내용 구성

Chapter 01. 데이터 베이스와 DBMS

매일 매일 발생하는 수많은 데이터들은 차후에 재사용성을 위하여 데이터 베이스라는 곳에 저장이 되어야 합니다. 이번 장에서는 데이터 베이스의 기본 구성 요소인 테이블에 대하여 설명합니다. 데이터 베이스가 갖추어야 할 '목표'와 '특징'에 대하여 살펴 보며 데이터 처리에 필요한 구문인 sql 구문에 대하여 살펴 봅니다. 마지막으로, 데이터 베이스 관리 시스템인 DBMS에는 어떠한 것들이 있는 지, 데이터 베이스가 가질수 있는 객체에는 어떠한 것들이 있는 지 알아 보도록 하겠습니다.

Chapter 02. 프로그램 설치하기

데이터 베이스를 실습하기 위해서는 데이터 베이스와 관련된 프로그램을 설치하여야 합니다. 우리는 데이터 베이스 관리 시스템 중에서 오라클이라는 프로그램을 사용할 것입니다. 또한, 오라클에서 무료로 제공해주는 sql-developer라는 GUI 기반의 그래픽 Tool을 이용하여 실습에 활용하도록 하겠습니다.

Chapter 03. SQL 구문

이번 장에서는 데이터 베이스에 사용할 수 있는 sql 구문에 대하여 설명합니다. 차후 "사용자" 계정이나 "테이블"을 생성하기 위하여 반드시 필요한 내용이므로 잘 숙지하도록 합니다. sql 구문은 유형에 따라서 크게 '데이터 질의어', '데이터 조작어', '데이터 정의어', '데이터 제어어', '트랜잭션 언어' 등으로 분류 됩니다.

Chapter 04. 사용자 관리

오라클은 기본적으로 테이블이나 시퀀스 등을 생성할 때, 사용자 계정 단위로 작업을 수행합니다. 따라서, 데이터 베이스를 이용하여 실습을 수행하기 위하여 가장 먼저 해야할 일은 신규 사용자 계정을 만들어야 합니다. 편의상 아이디는 oraman(오라맨)이고, 비밀 번호는 oracle이라는 일반 사용자 계정을 만들어서 사용할 예정입니다. 이미 설치한 sql developer라는 도구를 이용하여 실습하도록 하겠습니다.

Chapter 05. 데이터 정의어(DDL)

데이터는 테이블(Table)이라는 객체에 저장이 됩니다. 이번 장에서는 데이터 베이스를 구성하는 요소 중 가장 중요한 요소인 '테이블'을 생성해 보도록 하겠습니다. 회원 테이블을 생성하기 위하여 기본 키와 default라는 개념에 대하여 우선 살펴 보도록 하고, 이미 생성된 테이블 리스트와 특정 테이블에 대한 구조를 확인하는 명령어도 배워 봅니다. 마지막으로 오타나 누락된 컬럼 등에 대한 구조를 변경하는 alter table 구문과 테이블 삭제를 위한 drop table 구문에 대하여 살펴 봅니다.

Chapter 06. 데이터 조작어(DML)

테이블에 데이터를 추가/수정/삭제 하기 위한 DML 구문에 대하여 살펴 봅니다. 특정 행에 대한 수정이나 삭제 작업을 수행하기 위한 기본적인 연산자의 사용법도 동시에 살펴 봅니다. sql-developer을 사용하여 데이터를 수정하는 방법도 살펴 볼 것이며, 마지막으로 트랜잭션이라는 개념에 대해서도 살펴 봅니다.

Chapter 07. 데이터 질의어(DQL)

데이터 베이스에서 필요한 데이터 정보를 추출하기 위해서는 select 구문을 사용합니다. 모든 데이터를 추출하거나, where 절을 사용하여 특정 행만 제한시켜서 확인할 수 있습니다. not 키워드를 사용하여 특정 조건을 만족하지 않는 데이터를 출력해 보도록 합니다. 이와 관련된 연산자들에 대하여 다뤄 보고, 데이터의 정렬 방식에 대하여 살펴 보도록 합니다.

Chapter 08. 집합 연산자

2개 이상의 테이블에 대하여 데이터를 더하거나 뺄셈 연산을 수행할 수 있습니다. 이러한 기능은 집합 연산자를 이용하여 해결이 가능합니다. 이번 절에서는 집합 연산자 union, union all,minus, intersect 등에 대하여 살펴 보고자 합니다. 그리고, 테스트용 임시 테이블을 빠르게 생성하기 위한 방법인 CTAS 기법에 대하여 공부해 보도록 하겠습니다.

Chapter 09. 함수 다루기

오라클은 문자열과 숫자형 및 날짜형 데이터들에 대하여 다양한 형태의 함수들을 많이 제공하고 있습니다. 함수의 테스트를 위하여 사용되는 dual 테이블에 대하여 우선 살펴 보도록 합니다. 오라클에서 지원하는 함수는 문자열, 숫자, 날짜, null 값 처리 등의 함수를 제공하고 있습니다. 이번 절에서는 오라클에서 제공하는 함수의 종류들에 대하여 살펴 보고, 각 함수들에 대한 예시들을 살펴 보도록 하겠습니다.

Chapter 10. 그룹(집계) 함수

그룹 함수 또는 집계 함수는 전체 데이터를 특정 컬럼으로 그룹화시켜 통계적인 집계 데이터를 구해 주는 구문입니다. 이번 장에서는 그룹 함수들의 개념과 사용법에 대하여 살펴 보겠습니다. 그룹 함수들의 종류와 데이터를 그룹화 시키기 위하여 사용하는 group by절과 having 절을 사용하여 그룹별로 조건을 지정하는 방법에 대하여 살펴 보겠습니다.

Chapter 11. 시퀀스와 테이블

은행이나 우체국 업무를 보러 가면 가장 먼저 하는 일이 번호표를 뽑는 일입니다. 번호표는 매번 고객이 추출할 때 마다 자동으로 숫자가 1씩 커집니다. 데이터 베이스에서 이와 유사한 개념으로 정수형 숫자를 자동으로 만들어 주는 객체가 있는 데 이를 시퀀스(sequence)라고 합니다. 이번 장에서는 번호 자동 생성기 역할을 하는 시퀀스에 대하여 살펴 보도록 하겠습니다. 마지막으로 이러한 시퀀스를 사용하여 게시물 테이블을 생성해 보도록 하겠습니다.

Chapter 12. 조인(Join)

둘 이상의 테이블을 합쳐서 새로운 데이터 집합을 구하는 것을 조인(Join)이라고 합니다. 이번장에서는 조인에 대한 기본 개념과 여러 가지 조인 방법에 대하여 살펴 보도록 하겠습니다.

Chapter 13. 서브 쿼리

서브 쿼리는 하나의 SQL 문장 안에 포함되어 있는 또 다른 SQL 문을 말합니다. 일반적으로 특정 테이블에서 검색된 결과를 다른 테이블에 전달하여 새로운 결과를 검색해 내는 기능으로 많이 사용됩니다. 이번 장에서는 서브 쿼리의 개념과 서브 쿼리를 이용한 다양한 조회 방식에 대하여 살펴 보도록 하겠습니다.

Chapter 14. 제약 조건

제약 조건이란 테이블에 적절하지 못한 데이터가 들어 가거나, 수정이 되지 못하도록 컬럼에 대하여 사전 막음 조치를 처리하는 것을 말합니다. 테이블을 생성하는 데 매우 중요한 부분으로써 반드시 숙지를 해야 하는 항목입니다. 이번 장에서는 제약 조건의 개념과 종류들에 각각의 특징 및 생성/삭제 방법 등에 대하여 살펴 보고, 이를 유지/관리하는 법도 살펴 보도록 하겠습니다.

Chapter 15. 참조 무결성 제약 조건

참조 무결성 제약 조건은 데이터 베이스의 신뢰도 및 무결성 향상을 위하여 가장 중요한 개념입니다. 이번 장에서는 참조 무결성 제약 조건을 실습하기 위하여 테이블을 여러 개 생성합니다.
여러 테이블간의 참조 관계를 설정하고, 이러한 설정 기록이 제대로 잘 반영이 되는지 테스트를 수행해 보도록 합니다. 마지막으로 다중 테이블을 이용한 조인의 방법에 대해서도 살펴 보도록 하겠습니다.

Chapter 16. 뷰(View)

이번 장에서는 실체가 존재하지 않고, 다른 테이블의 일부 내용을 제한시켜 보여 주는 View에 대하여 살펴 보도록 하겠습니다. View는 유형에 따라서 단순 뷰와 복합 뷰로 나뉘어 지는데 이 두 View의 차이점 및 사용법을 숙지해 보도록 하겠습니다. 그리고, View의 고급 기능으로 with check option, with read only, force 옵션 및 top N 구문에 대하여 살펴 보도록 하겠습니다.

Chapter 17. 데이터 제어어

오라클은 기본적으로 데이터 베이스를 사용자 기준으로 관리합니다. 해당 사용자의 계정 정보에 대하여 특정 권한을 부여하는 방식입니다. 관리자가 사용자 계정을 생성하고, 해당 계정에 대한 권한들을 부여해주는 방식으로 관리를 해야 합니다. 또한 오라클은 권한 관리의 편의성을 위하여 롤이라는 개념을 두고 있습니다. 이번 장에서는 사용자 계정을 생성하고 관리 기법들에 대하여 살펴 보도록 하며, 필요한 롤을 만들어서 사용자의 권한 제어를 진행해 보도록 하겠습니다.

Chapter 18. 벌크 로딩

오라클에는 다량의 텍스트 데이터를 테이블에 인서트해주는 기능을 가지고 있습니다. 이를 벌크 로딩이라고 합니다. 이번 장에서는 csv 파일을 이용하여 테이블에 인서트하는 벌크 로딩 기능을 다루어 보도록 하겠습니다.

감사의 글

집필 시작, 기획, 최종 탈고지점까지 다방면에서 많은 도움을 주신 오운용 대표님, 그리고 아이콕스 관계자 분들께 깊은 감사를 드립니다. 책이 나오기까지 항상 옆에서 많은 힘이 되어준 사랑하는 아내에게 감사드리고, 장인 어른, 하늘에 계신 부모님과 장모님께 고마운 마음을 전해 드립니다. 마지막으로 이 교재를 이용하시는 모든 독자들에게 감사의 말씀을 드리며, 교재를 통하여 하시고자 했던 목적을 반드시 달성하시기를 진심으로 바라겠습니다.

설진욱 드림

다운로드 가이드

*연습문제 해답
*소스코드

① 아이콕스 홈페이지(http://icoxpublish.com)로 접속합니다.

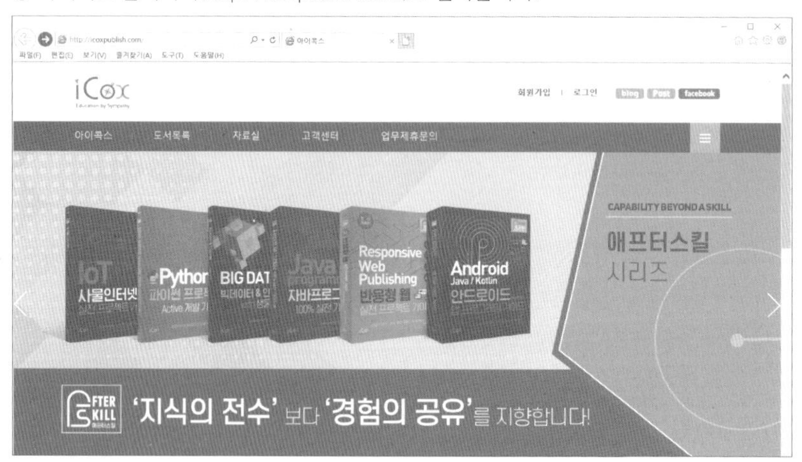

② 상단메뉴 [자료실 > 도서부록소스] 순으로 메뉴를 클릭하여 해당 자료실로 이동합니다.

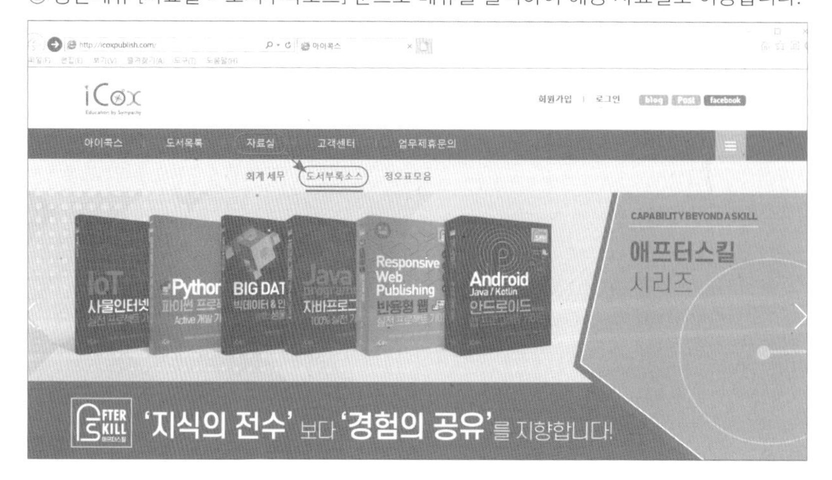

③ 열린 [도서부록소스] 게시판 목록에서 해당하는 도서를 찾아 자료를 다운로드합니다.

동영상 강의 QR

Chapter 02.
프로그램 설치하기

Chapter 04.
사용자 관리

Chapter 05.
데이터 정의어

Chapter 06.
데이터 조작어

Chapter 07.
데이터 질의어

Chapter 10.
그룹(집계)함수

Chapter 12.
조인(Join)

Chapter 13.
서브 쿼리

Chapter 16.
뷰(View)

목 차

CONTENTS

Chapter 14

제약 조건

Chapter 15

참조 무결성 제약 조건

Chapter 16

뷰(View)

Chapter 17

데이터 제어어

Chapter 18

벌크 로딩

Chapter

01

데이터 베이스와 DBMS

Summary

매일 매일 발생하는 수많은 데이터들은 차후에 재사용성을 위하여 데이터 베이스라는 곳에 저장이 되어야 합니다. 이번 장에서는 데이터 베이스의 기본 구성 요소인 테이블에 대하여 설명합니다. 데이터 베이스가 갖추어야 할 '목표'와 '특징'에 대하여 살펴 보며 데이터 처리에 필요한 구문인 sql 구문에 대하여 살펴 봅니다. 마지막으로, 데이터 베이스 관리 시스템인 DBMS에는 어떠한 것들이 있는 지, 데이터 베이스가 가질수 있는 객체에는 어떠한 것들이 있는 지 알아 보도록 하겠습니다.

데이터 베이스를 위한 기본 개념에 대한 얘기를 하고자 합니다. 이 문서 전반에 걸쳐서 전체적으로 많이 사용되는 개념이므로 반드시 숙지를 하고 넘어 가도록 합니다.

1.1 Table(테이블)

다음은 엑셀이나 아래 한글 등의 문서로 작성할 수 있는 2차원 형태의 표(table)입니다. 16행 9열로 구성되어 있는 데이터인데, 이러한 개념을 데이터 베이스에서는 테이블(Table)이라고 부릅니다.

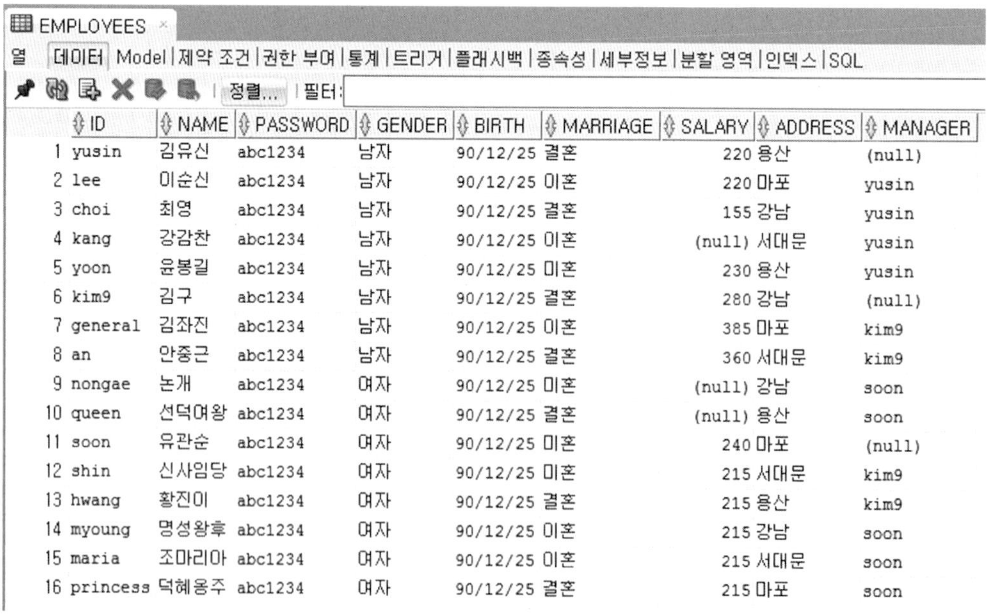

EMPLOYEES ×

열 | 데이터 | Model | 제약 조건 | 권한 부여 | 통계 | 트리거 | 플래시백 | 종속성 | 세부정보 | 분할 영역 | 인덱스 | SQL

정렬... | 필터:

	ID	NAME	PASSWORD	GENDER	BIRTH	MARRIAGE	SALARY	ADDRESS	MANAGER
1	yusin	김유신	abc1234	남자	90/12/25	결혼	220	용산	(null)
2	lee	이순신	abc1234	남자	90/12/25	이혼	220	마포	yusin
3	choi	최영	abc1234	남자	90/12/25	결혼	155	강남	yusin
4	kang	강감찬	abc1234	남자	90/12/25	이혼	(null)	서대문	yusin
5	yoon	윤봉길	abc1234	남자	90/12/25	미혼	230	용산	yusin
6	kim9	김구	abc1234	남자	90/12/25	결혼	280	강남	(null)
7	general	김좌진	abc1234	남자	90/12/25	이혼	385	마포	kim9
8	an	안중근	abc1234	남자	90/12/25	결혼	360	서대문	kim9
9	nongae	논개	abc1234	여자	90/12/25	미혼	(null)	강남	soon
10	queen	선덕여왕	abc1234	여자	90/12/25	결혼	(null)	용산	soon
11	soon	유관순	abc1234	여자	90/12/25	미혼	240	마포	(null)
12	shin	신사임당	abc1234	여자	90/12/25	미혼	215	서대문	kim9
13	hwang	황진이	abc1234	여자	90/12/25	결혼	215	용산	kim9
14	myoung	명성왕후	abc1234	여자	90/12/25	이혼	215	강남	soon
15	maria	조마리아	abc1234	여자	90/12/25	이혼	215	서대문	soon
16	princess	덕혜옹주	abc1234	여자	90/12/25	결혼	215	마포	soon

1.2 데이터 베이스

이전에 설명했던 테이블은 어딘가에 저장이 되어 있어야 하고, 데이터가 필요할 때마다 쉽게 찾을 수 있는 곳이어야 합니다. 위와 같은 회원들에 대한 데이터가 수천/수만 건이 저장이 되어 있다고 하더라도, 이것을 활용할 수 없다면 저장된 정보는 쓸모 없는 데이터가 됩니다. 유용한 데이터로 사용하려면 원하는 회원 정보, 게시물 정보를 얻을 수 있어야 하는 데, 이렇게 검색 등에 용이하도록 데이터를 저장해 둔 곳이 바로 데이터 베이스입니다. 즉, 데이터를 저장해두고, 필요시 이것을 가져다가 사용하거나 수정/조회/삭제 하기 위한 자료 저장소를 의미합니다.

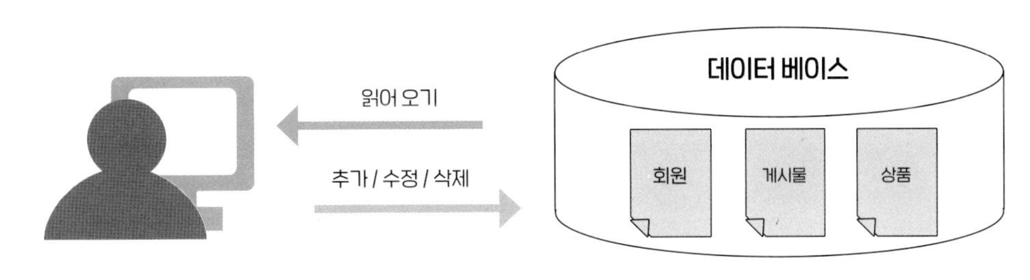

데이터 베이스 개요

1.2.1 데이터 베이스의 목표와 특징

이러한 데이터 베이스는 다음과 같은 목표와 특징들을 가지고 있습니다.

항목	설명
데이터 베이스의 목표	지속적인 데이터의 관리 및 보호가 가능해야 합니다. 안전성을 보장할 수 있어야 합니다. 무결성을 보장 받을 수 있어야 합니다.
데이터 베이스의 특징	실시간 접근이 가능해야 합니다. 동적인 변화에 유연하게 대처 가능해야 합니다. 모든 사용자에게 동시에 공용 가능(public)해야 합니다. 데이터들은 실제 데이터에 의한 참조가 가능합니다.

데이터는 외부 요소로부터 안정적으로 보호 받을 수 있어야 합니다. 예를 들어, 악의적인 해커들에 의하여 데이터가 유실 또는 변경이 되어서는 안 됩니다. 또한, 회원 가입을 하지 않은 고객이 악플을 작성할 수 없도록 설정해야 합니다.
또 한, 데이터는 필요할 때마다 바로 접근이 가능해야 하며, 특정인의 전유물이 되어서는 안 됩니다.

1.3 sql 문장

데이터 베이스에 데이터를 저장해두고, 필요시 사용하거나 수정/조회/삭제 등의 작업을 할 수 있다고 하였습니다. 그럼 이러한 작업(수정/조회/삭제 등)은 어떠한 개념을 사용하면 구현할 수 있을까요? 바로 sql 문장 또는 sql 구문이라는 문법으로 가능합니다. sql이라는 용어는 Strutured Query Language(구조적 질의 언어)의 줄인 말로써, Database로부터 데이터를 조회/삭제/수정 등의 작업을 수행할 때 사용하는 질의 언어를 말합니다.

그림에서 select, insert 등의 문장으로 수행되는 내용을 sql 구문 이라고 합니다.

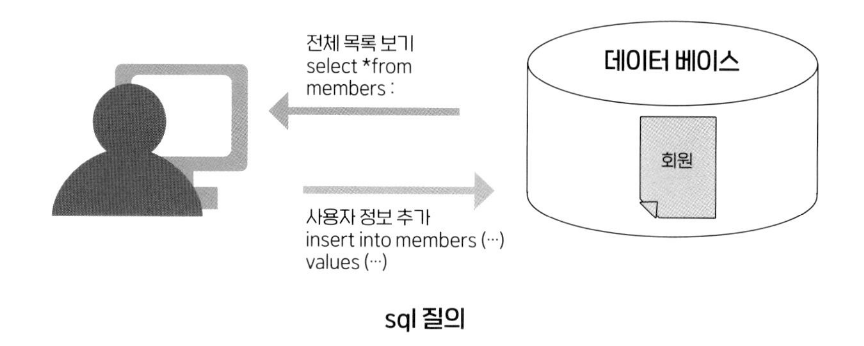

sql 질의

여기서 말하는 질의(Query)라는 것은 [데이터 베이스에게 어떠한 질문을 하여 결과를 도출하기]의 의미로 이해하면 됩니다. 다시 말해서 데이터 베이스에게 질문을 하여 특정 결과를 얻어 내거나 특정 작업을 수행하는 것을 말하는 데 예를 들면 다음과 같습니다. 예를 들어서 "10번 회원의 급여는 얼마인가요?" 또는 "회원 데이터 3건을 수정하세요." 등등입니다.

1.3.1 주요 SQL 구문

가장 기본이 되는 sql 구문은 다음과 같으며, 이후 지속적으로 배워 나가야 할 구문입니다.

구문	이름	키워드 및 설명
DDL	데이터 정의어	CREATE(생성), ALTER(변경), DROP(제거)
DML	데이터 조작어	데이터 삽입(insert)/수정(update)/삭제(delete)
DCL	데이터 제어문	GRANT, REVOKE(사용자 관리/권한 주기 등등)
DQL	데이터 질의어	데이터 조회(select 문장)
TCL	트랜잭션	commit, rollback

1.4 데이터 베이스 관리 시스템

그럼, sql 구문을 이용하여 데이터 베이스에 자료를 추가하거나 삭제하는 등의 작업은 누가 하는 걸까요? 개발자가 문장을 작성하여, 해당 문장들을 실행시켜야 합니다. 이러한 문장들을 실행하고 관리해주는 시스템을 일반적으로 데이터 베이스 관리 시스템이라고 합니다. 간단히 줄여서 DBMS라고 하는 데이터 베이스 관리 시스템(DataBase Management System)은 데이터 베이스를 관리하기 위하여 필요한 소프트웨어 패키지의 집합체라고 말할 수 있습니다.

일반적으로 가장 널리 사용되고 있는 DBMS은 Oracle Database, MariaDB, MySql, Microsoft Sql Server, IBM Db2, Postgre SQL 등이 있습니다.

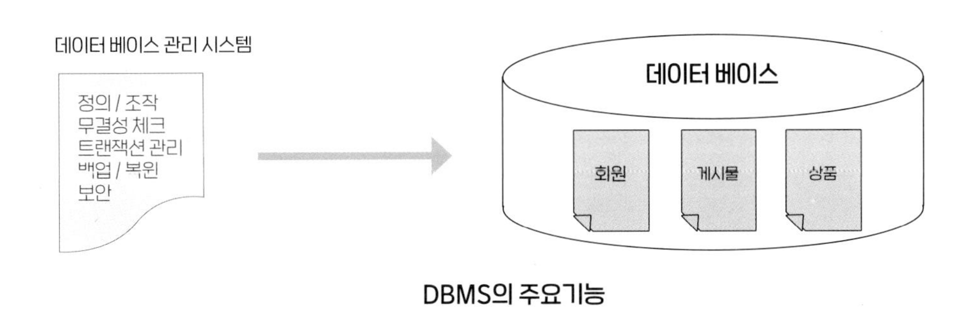

DBMS의 주요기능

이러한 DBMS들이 추구해야 하는 주요한 기능은 다음과 같은 것들이 있습니다.

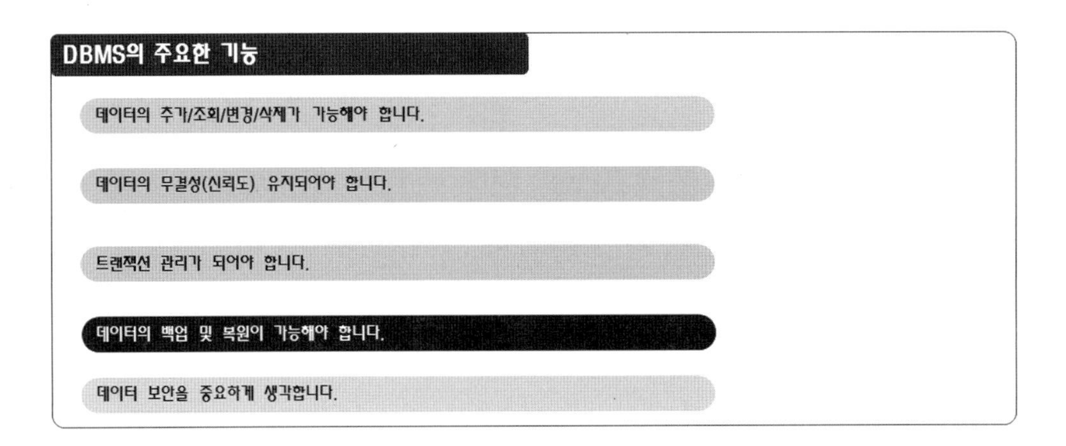

1.5 데이터 베이스 객체

데이터 베이스의 구성 요소 중에서 테이블이라는 항목이 가장 중요합니다. 테이블 이외에도 데이터 베이스 내에는 여러 종류의 자료 형태가 존재합니다. 이러한 데이터 베이스를 구성하고 있는 개별적인 단위 요소들을 객체(Object)라고 합니다.
예를 들면 테이블은 행과 열로 구성된 2차원적인 표를 의미하고, 여기에 실제 데이터가 저장됩니다. 이러한 데이터 검색을 수월하게 하기 위하여 빠른 검색을 지원하는 Index라는 객체도 있습니다.

다음은 데이터 베이스가 가지고 있는 몇 가지 객체들을 정리해 보았습니다. 데이터 베이스 내에는 다음과 같이 명시한 객체 이외에 수 많은 객체들이 존재합니다. 물론 모든 것을 다 이해할 필요는 없습니다.

항목	설명
테이블	행과 열로 구성된 2차원적인 표
시퀀스	정수형 번호표 생성기
인덱스	데이터 검색을 빨리 하기 위하여 만들어 둔 개념
프로시저	반환 타입이 없는 객체
함수	반환 타입이 있는 객체

요점 정리

- "테이블"이란 행과 열로 구성되어 있는 2차원 형태의 표(table)를 의미합니다.
- 회원 정보, 게시물 정보 등의 데이터를 저장해 둔 것을 "데이터 베이스"라고 합니다.
- 데이터 베이스에 데이터를 저장해두고, 수정/조회/삭제 등의 작업을 수행하는 구문은 "sql 구문"이라는 문법으로 가능합니다.
- sql 문장들을 실행하고 관리해주는 시스템을 "데이터 베이스 관리 시스템"이라고 합니다.
- DBMS에는 (Oracle Database, MariaDB, MySql, Microsoft Sql Server, IBM Db2, Postgre SQL 등)이 있습니다.

연습 문제

- 데이터 베이스의 목표는 무엇인지 서술해 보세요.

데이터 베이스의 목표

- 데이터 베이스의 특징은 무엇인지, 3가지 이상 서술해 보세요.

데이터 베이스의 특징

- 주요 SQL 구문을 보고 적절한 이름을 작성해 보세요.

구문	이름
DDL	
DML	
DCL	
DQL	
TCL	

Chapter 02

프로그램 설치하기

Summary

데이터 베이스를 실습하기 위해서는 데이터 베이스와 관련된 프로그램을 설치하여야 합니다. 우리는 데이터 베이스 관리 시스템 중에서 오라클이라는 프로그램을 사용할 것입니다. 또한, 오라클에서 무료로 제공해주는 sql-developer 라는 GUI 기반의 그래픽 Tool을 이용하여 실습에 활용하도록 하겠습니다.

2.1 오라클 설치하기

이제 우리는 오라클 프로그램과 sql-developer이라는 프로그램을 설치하도록 하겠습니다. 오라클에서는 SQL-Plus라는 커맨드 기반의 Tool을 제공하고 있지만 좀더 유용하게 사용할 수 있는 sql-developer라는 GUI 기반의 그래픽 Tool을 이용하여 실습에 활용하도록 하겠습니다.

2.1.1 오라클 다운로드

데이터 베이스를 학습하기 위하여 우선 DBMS를 설치해야 합니다. 오라클 제품군은 여러 가지가 존재하는 데, 시스템에 큰 무리를 주지 않고, 용량이 상대적으로 적은 Oracle Database 11g Express Edition 버전을 사용하기로 합니다.
이 버전은 개발자가 무료로 사용할 수 있고, 일반 기업용 오라클 버전과 기능상에 큰 차이가 없습니다. 윈도우 환경에서의 Oracle Database 11g Express Edition 버전에 대한 설치는 상당히 단순합니다. setup.exe 파일을 더블 클릭하여 설치 마법사를 이용하기 때문입니다.

① 오라클 사이트 [1]에 접속하고, 해당 버전에 맞는 설치 프로그램을 클릭합니다.

② 라이선스 계약에 동의하기 위하여 체크 박스를 on 상태로 설정하고 하단의 버튼을 클릭합니다.

1 https://www.oracle.com/database/technologies/xe-prior-releases.html

③ 오라클 접속을 위한 계정을 입력하여 로그인합니다. 계정이 없으면 '계정 만들기' 버튼을 눌러서 계정부터 생성하도록 합니다. 로그인 성공을 하게 되면 파일을 자동으로 다운로드 합니다.

④ 다운로드 받은 파일은 압축된 파일이므로, 그림과 같이 사전에 압축을 해제해 두도록 합니다.

2.1.2 오라클 설치하기

setup.exe 파일을 더블 클릭하게 되면 오라클 설치 마법사 화면이 로딩됩니다.

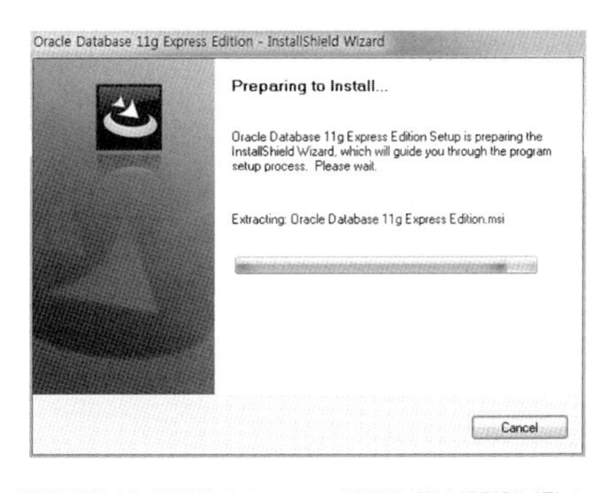

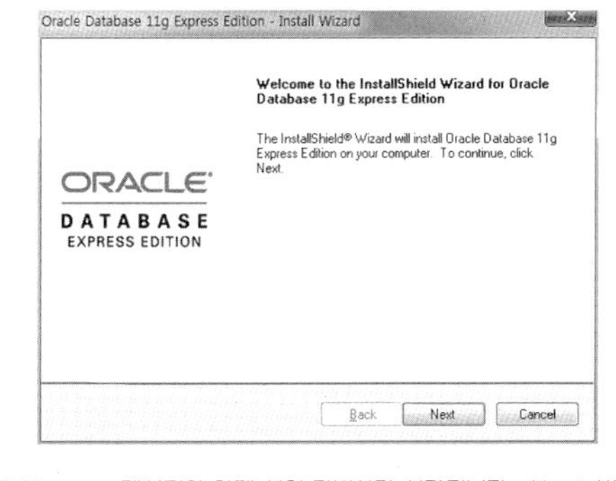

① 다운로드 받은 파일에서 Setup.exe 파일을 더블 클릭합니다. Install Wizard가 설치에 필요한 구성 요소를 확인하는 화면이 로딩됩니다. 잠시만 기다리시면 됩니다.

② Welcome 메시지와 함께 설치 마법사가 시작됩니다. <Next> 버튼을 누릅니다.

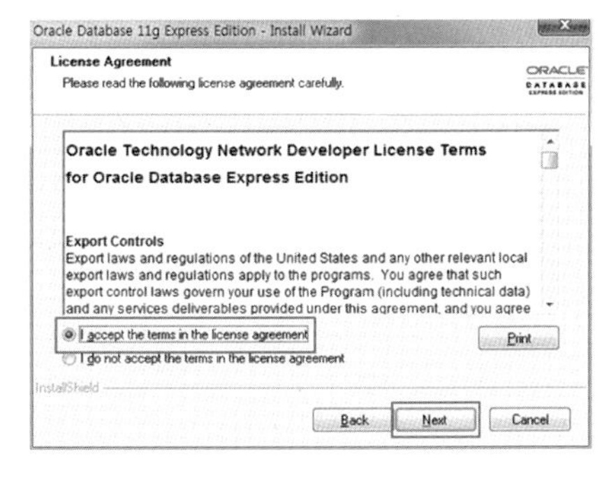

③ 라디오 버튼 "I accept …"을 누르고 라이센스 화면에 동의하도록 합니다.

④ 제품이 설치되는 경로(디폴트 경로를 그대로 사용하도록 합니다.)를 확인하고, [Next] 버튼을 클릭합니다.

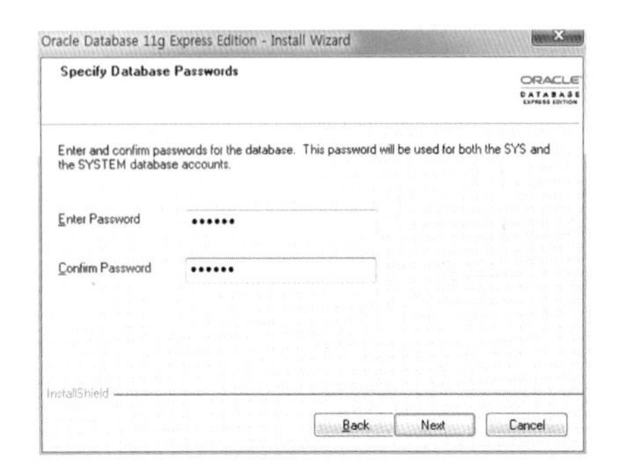

⑤ 시스템 관리자(sys와 system 사용자)의 비밀 번호를 편의상 "oracle"으로 지정합니다. 물론 비밀 번호는 임의의 값으로 지정해도 상관 없습니다. 관리자의 id는 sys이고, 비밀 번호는 oracle 임을 기억해 두시길 바랍니다.

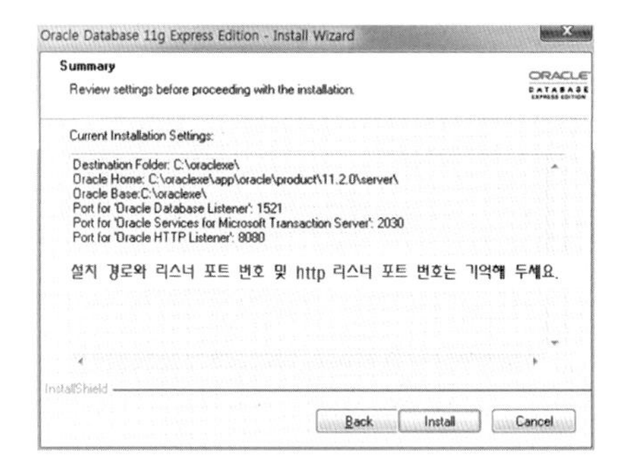

⑥ 설치를 위한 기본 설정 정보를 미리 보여 주고 있습니다. 설치될 경로와, 리스너 포트 번호, Http를 위한 리스너의 포트 번호가 보입니다. 확인 후 [Install] 버튼을 클릭하여 설치를 진행하면 됩니다.

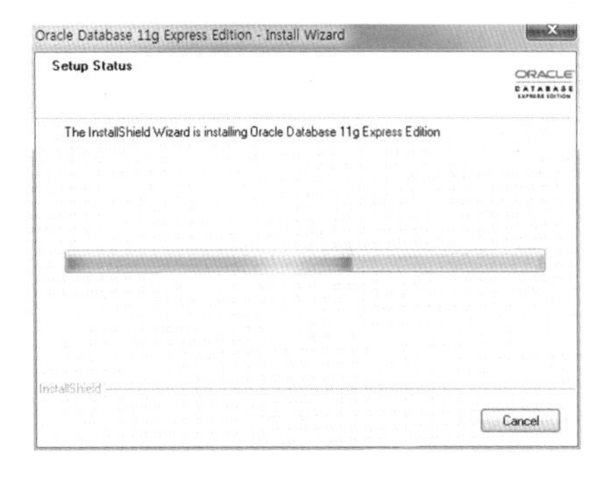

⑦ Oracle Express Edition이 설치되는 과정입니다.

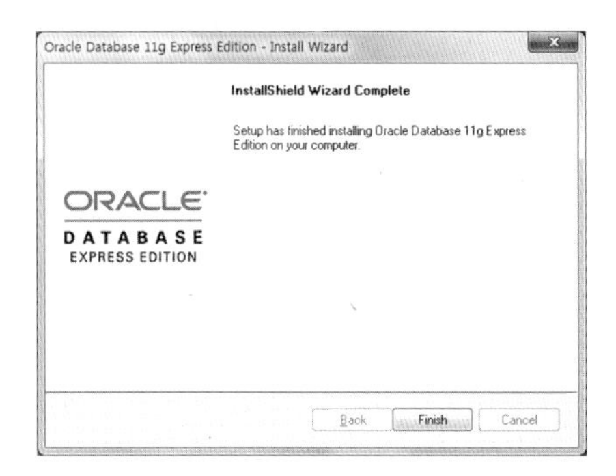

⑧ 설치가 완료되었음을 알려 주는 문구 "InstallShield Wizard Complete"가 보입니다. 메시지를 확인한 후 [Finish] 버튼을 클릭하도록 합니다.

오라클 프로그램 설치가 완료되었습니다. 다음 항목들을 기억해 두도록 합니다.

항목	설명
기본 설치 경로	c:₩oraclexe
리스너 포트 번호	1521
http 리스너 포트 번호	8080

2.2 sql developer 설치

오라클 사이트[2]로 이동을 합니다. Platform 항목에서 "Windows 32-bit/64-bit" 항목에 있는 Download 버튼을 클릭하여 다운로드 합니다.

2 http://www.oracle.com/technetwork/developer-tools/sql-developer/downloads/index.html

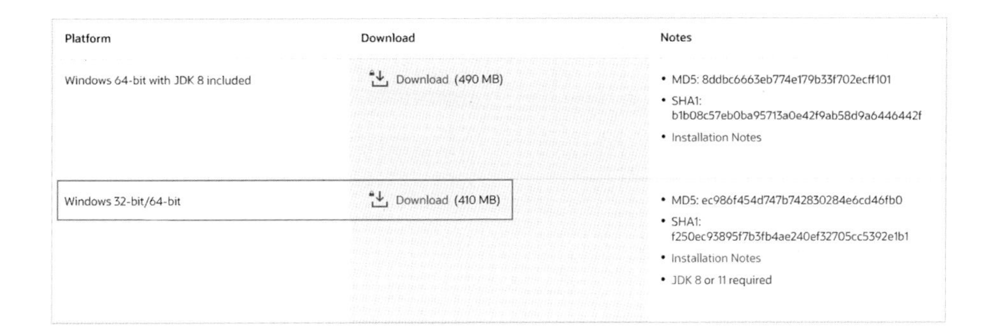

"오라클 라이선스 동의"에 해당하는 팝업 창에서 체크 박스 "I reviewed …"을 클릭한 후 [Download] 버튼을 클릭하여, 다운로드 합니다.

다운 받은 파일을 다음과 같이 압축 해제합니다.

하위 폴더 sqldeveloper에 들어 가서 sqldeveloper.exe 파일을 더블 클릭하면 sql-developer 이 실행됩니다.

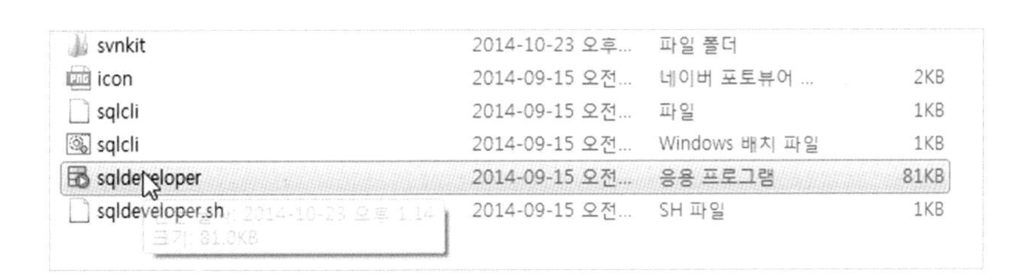

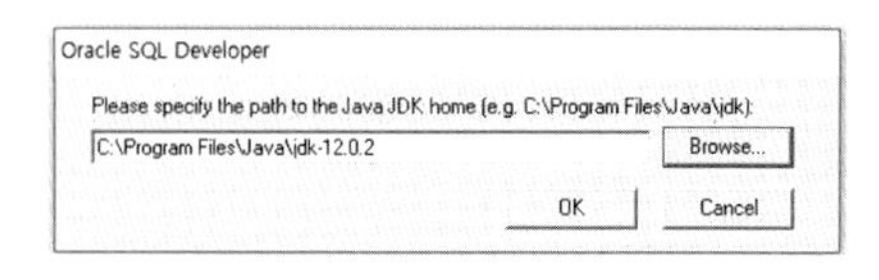

① 실행 중간에 JDK 경로를 확인하는 팝업 창이 뜨면, 다음과 같이 [Browse…] 버튼을 눌러서 JDK 경로를 지정해 줍니다.

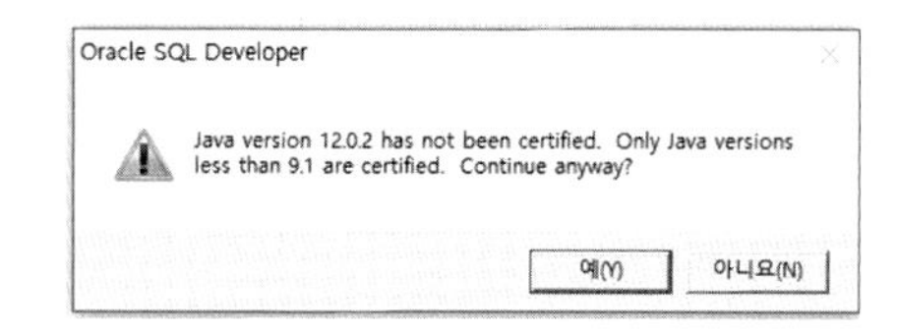

② 다음과 같이 경고 메시지가 로딩이 되더라도, 개의치 말고 예(Y) 버튼을 클릭합니다.

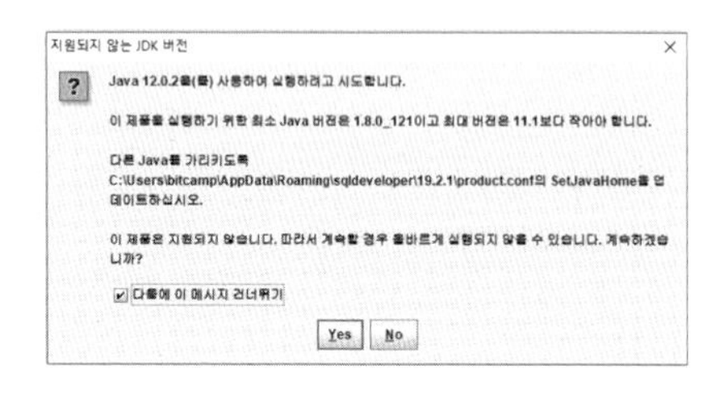

③ 일종의 경고 메시지입니다.
체크 박스를 check하고, Yes 버튼을 클릭합니다.

환경설정 임포트 확인
이전 SQL Developer 설치에서 환경설정을 임포트하겠습니까?
4.1.1.19.59 버전에서 현재 설치(19.2.1.247.2212)로 환경설정을 복사하려면 [예]를 누르십시오.
모든 설치 표시(A) >>
예(Y)
아니오(N)

④ 이전 설정 내역이 없으므로 아니오(N) 버튼을 클릭합니다.

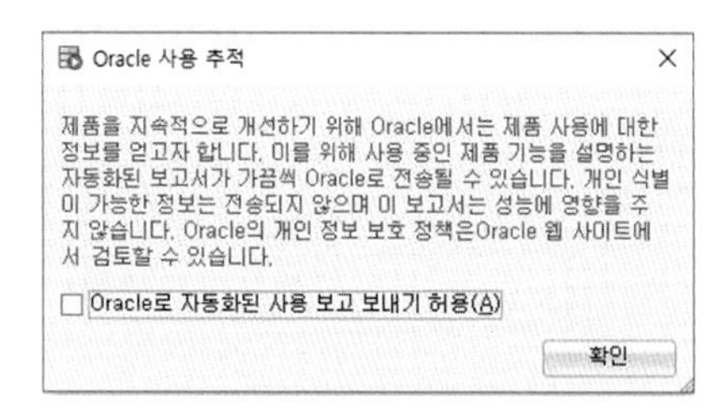

⑤ 오라클 사용 추적에 대한 팝업 창입니다. 체크 박스를 uncheck 하고, '확인' 버튼을 클릭합니다.

다음 화면은 sql-developer 메인 화면입니다.

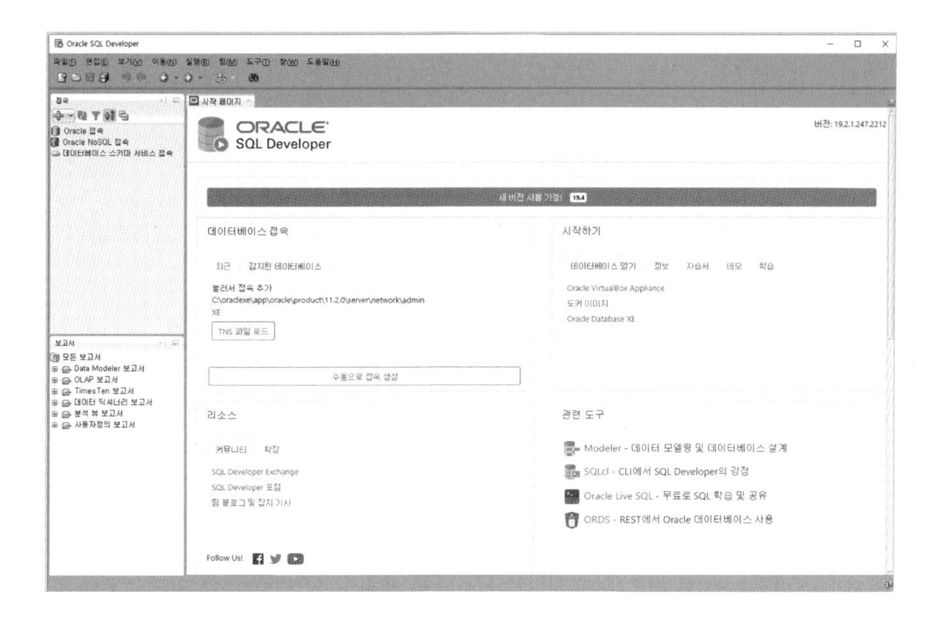

요점 정리

- 오라클 제품군에서, 용량이 상대적으로 적고 일반 사용자가 사용하기에 충분한 버전으로 (Oracle Database 11g Express Edition) 버전이 있습니다.
- (sql-developer)는 오라클을 실습하기 위한 GUI 기반의 그래픽 Tool입니다.

Chapter 03

SQL 구문

Summary

이번 장에서는 데이터 베이스에 사용할 수 있는 sql 구문에 대하여 설명합니다. 차후 "사용자" 계정이나 "테이블"을 생성하기 위하여 반드시 필요한 내용이므로 잘 숙지하도록 합니다. sql 구문은 유형에 따라서 크게 '데이터 질의어', '데이터 조작어', '데이터 정의어', '데이터 제어어', '트랜잭션 언어' 등으로 분류 됩니다.

데이터 베이스에 들어 있는 데이터들은 Table이라는 자료 구조에 들어 있는 내용입니다. 개발자는 논리적인 Table을 직접 열어서 보는 것은 아니고, SQL이라는 질의 언어를 이용하여 데이터를 조회/수정/삭제/추가 등의 작업을 수행하게 됩니다.

3.1 SQL 구문의 종류

일반적으로 데이터 베이스와 관련된 SQL 구문에는 다음과 같은 종류의 구문들이 있습니다.

구문	문법 요소	설명	실행 주체
DQL	select	data query language 데이터 질의어입니다.	
DML	insert update delete	data manipulation language 데이터 조작어입니다.	행(row) 단위
DDL	create alter drop	data definition language 데이터 정의어입니다.	객체(object) 단위
DCL	grant revoke	data control language 데이터 제어어입니다.	사용자(user) 단위
TCL	commit rollback	transaction control language 트랜잭션 제어어입니다.	

3.1.1 데이터 질의어(DQL)

질의(Query)를 통한 데이터의 내용을 조회하기 위한 언어로써, Select라는 구문을 사용하는 데, 특정 컬럼이나 특정 행만 별도로 추출 가능합니다. 또한 데이터를 정렬시켜 보여 주거나, 기본적으로 제공하는 함수 및 그룹화 기능 등을 사용하여 집계 데이터를 조회할 수 있습니다. 다음 예시는 모든 회원 목록을 조회하는 구문에 대한 실행 결과 집합입니다.

워크시트 질의 작성기

```
1 select * from employees ;
```

질의 결과 ×

SQL | 인출된 모든 행: 16(0.117초)

	ID	NAME	PASSWORD	GENDER	BIRTH	MARRIAGE	SALARY	ADDRESS	MANAGER
1	yusin	김유신	abc1234	남자	(null)	결혼	110	용산	(null)
2	lee	이순신	abc1234	남자	88/10/10	이혼	220	마포	yusin
3	choi	최영	abc1234	남자	90/12/25	결혼	330	강남	yusin
4	kang	강감찬	abc1234	남자	88/10/10	이혼	(null)	서대문	yusin
5	yoon	윤봉길	abc1234	남자	90/12/25	미혼	550	용산	yusin
6	kim9	김구	abc1234	남자	90/12/25	결혼	660	강남	(null)
7	general	김좌진	abc1234	남자	90/12/25	이혼	770	마포	kim9
8	an	안중근	abc1234	남자	21/06/11	결혼	880	서대문	kim9
9	nongae	논개	abc1234	여자	90/12/25	미혼	200	강남	soon
10	queen	선덕여왕	abc1234	여자	(null)	결혼	300	용산	soon
11	soon	유관순	abc1234	여자	21/06/11	미혼	(null)	마포	(null)
12	shin	신사임당	abc1234	여자	90/12/25	미혼	1320	서대문	kim9
13	hwang	황진이	abc1234	여자	90/12/25	결혼	1430	용산	kim9
14	myoung	명성왕후	abc1234	여자	90/12/25	이혼	1540	강남	soon
15	maria	조마리아	abc1234	여자	90/12/25	이혼	1650	서대문	soon
16	princess	덕혜옹주	abc1234	여자	90/12/25	결혼	1760	마포	soon

3.1.2 데이터 조작어(DML)

행(row) 단위로 데이터를 조작하기 위한 언어로써, 조작이란, 행을 추가하거나, 특정 컬럼에 대한 데이터 수정, 특정 데이터에 대한 삭제 등을 의미합니다. 이 구문에는 트랜잭션(transaction)이라는 중요한 개념이 동반됩니다.

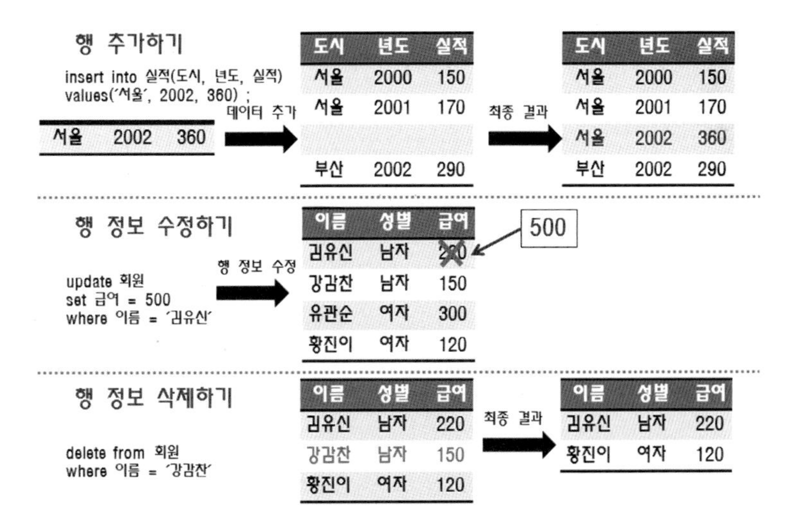

앞의 그림에서 행 추가는 insert, 수정은 update, 삭제는 delete 구문을 사용하고 있습니다. 다음은 DML 구문과 회원 관리 시스템에서 발생할 수 있는 일을 연관 지어 보았습니다.

DML	회원 관리 시스템
행 정보 추가	신규 회원이 가입하고자 할 때 발생합니다.
행 정보 수정	개명을 하여 이름 변경, 이사를 하여 주소지 변경 등의 변동 사항이 있을 때 사용 가능합니다.
행 정보 삭제	특정 회원이 탈퇴를 하려고 할 때 발생합니다.

3.1.3 데이터 정의어(DDL)

데이터 베이스와 관련된 사용자의 계정 생성이나, 테이블/시퀀스/인덱스 등의 객체를 정의하기 위한 언어입니다. 즉, data 구조(Structure)를 정의하고, 이것을 효율적으로 사용할 수 있도록 컴퓨터 안에 데이터를 저장하고 조직화시키는 방법을 구체적으로 정의해두는 언어입니다.

사용자 생성　　　　테이블 생성

예를 들어서 테이블을 생성하거나, 구조 변경 및 테이블 삭제등을 수행하기 위한 문법이 DDL 입니다.
생성시 정보는 데이터 사전이라는 곳에 저장이 되어 사용자가 참조할 수 있습니다.

3.1.4 데이터 제어어(DCL)

관리자가 사용자들에 대한 데이터의 접근 권한 등에 대한 부여, 접근 권한 삭제 등의 목적으로 사용되는 언어입니다. 예를 들면 특정 사용자에 대한 시퀀스 생성, 뷰 생성 등의 권한을 부여하고자 할 때 사용할 수 있습니다. 그리고, 데이터 베이스 운영에 대하여 방해를 한다든지, 악의적으로 도움이 되지 못하는 행동 등을 하는 사용자에 대한 데이터 베이스 접근 권한 등을 막고자 할 때 사용하는 언어입니다.

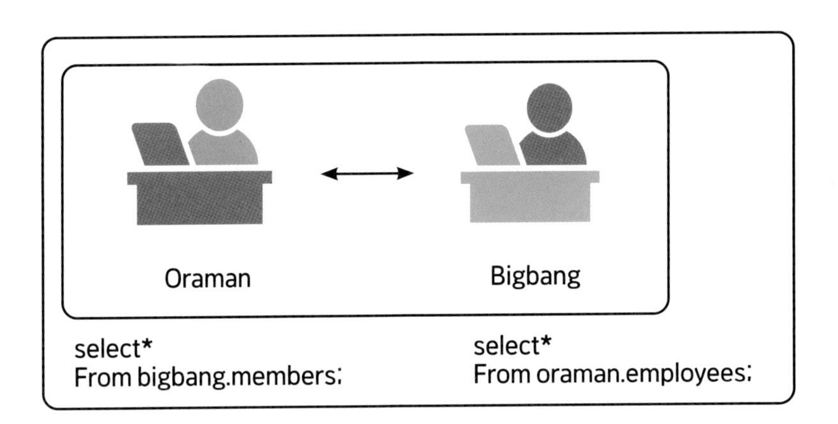

3.1.5 트랜잭션 제어어(TCL)

데이터를 영구적으로 저장하는 동작을 Commit(커밋)이라고 합니다.

이전에 작성하였던 DML 구문에 대하여 작업 취소를 하는 동작을 RollBack(롤백)이라고 합니다. 커밋과 롤백을 합쳐서, 트랜잭션 언어라고 하며, DML 구문과 관련이 있는 항목입니다.

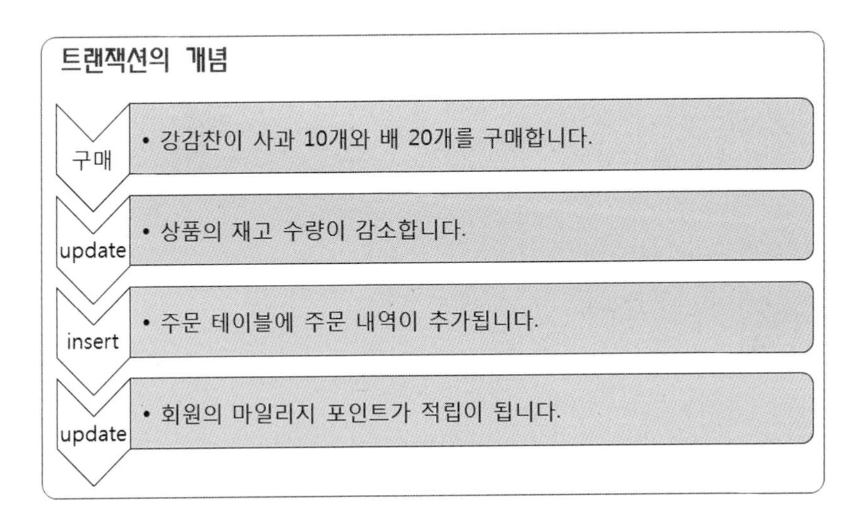

요점 정리

✔ sql 구문은 유형에 따라서 크게 '데이터 질의어', '데이터 조작어', '데이터 정의어', '데이터 제어어', '트랜잭션 언어' 등으로 분류 됩니다.

연습 문제

다음 각 구문에서 사용할 수 있는 명령어(문법 요소)들을 열거해 보세요.

구문	문법 요소
DQL	
DML	
DDL	
DCL	
TCL	

MEMO

Chapter

04

사용자 관리

Summary

오라클은 기본적으로 테이블이나 시퀀스 등을 생성할 때, 사용자 계정 단위로 작업을 수행합니다. 따라서, 데이터 베이스를 이용하여 실습을 수행하기 위하여 가장 먼저 해야할 일은 신규 사용자 계정을 만들어야 합니다. 편의상 아이디는 oraman(오라맨)이고, 비밀 번호는 oracle이라는 일반 사용자 계정을 만들어서 사용할 예정입니다. 이미 설치한 sql developer라는 도구를 이용하여 실습하도록 하겠습니다.

4.1 sql developer 사용하기

오라클 업체에서는 개발자들이 무료로 사용할 수 있도록 그래픽 Tool SQL Developer를 제공하고 있습니다. 우리는 SQL Developer를 이용하여 실습을 진행해 보도록 하겠습니다. SQL Developer은 일상적인 데이터 베이스 작업을 단순화하기 위하여 오라클 사에서 제공하는 무료 그래픽 툴입니다. 즉, 오라클 데이터 베이스의 접속을 하여 관련된 여러 명령문들을 수월하게 실습할 수 있도록 도와 주는 GUI Tool입니다. 다음은 SQL Developer가 가지는 주요한 기능들입니다.

SQL Developer 주요 기능

데이터 베이스 객체 찾아 보기 및 관리 기능이 지원됩니다.
SQL 구문 및 스크립트 파일을 직접 실행할 수 있습니다.
PL/SQL 문 편집 및 디버깅이 가능합니다.
보고서 생성이 가능합니다.
외부에서 만든 파일(예를 들어 엑셀)을 읽어 들일 수 있습니다.

4.2 관리자 접속 아이콘 생성

오라클 데이터 베이스를 사용하기 위해서는 오라클에 "접속"이라는 과정을 거쳐야 합니다. SQL Developer을 처음에 설치하면 접속을 위한 아이콘이 존재하지 않습니다. 개발자가 접속을 위한 아이콘을 먼저 생성해 주어야 합니다.
이를 테면 "관리자 아이콘", 일반 사용자 "오라맨 아이콘" 등등입니다.
다음 그림은 이미 생성이 되어 있는 접속 아이콘에 대한 예시입니다. 물론 우리의 현재 상황은 접속 아이콘이 하나도 없습니다. 그럼 접속 아이콘을 생성해 보도록 하겠습니다.

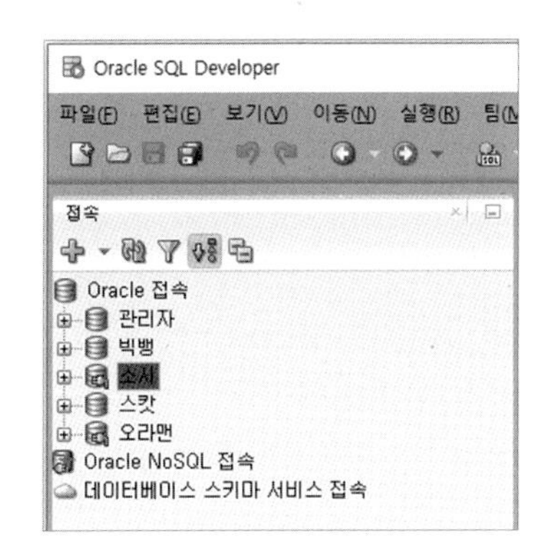

최초 오라클 설치시 여러분은 관리자를 위한 비밀 번호 "oracle"을 이미 입력하였습니다. 그리고, 관리자의 아이디는 "sys"로 고정이 되어 있는 데, 이것은 오라클 제품 회사의 내부 규칙입니다. 즉, 관리자의 계정 정보는 sys/oracle(아이디/비밀 번호)이라는 사실을 알고 진행하도록 하겠습니다.

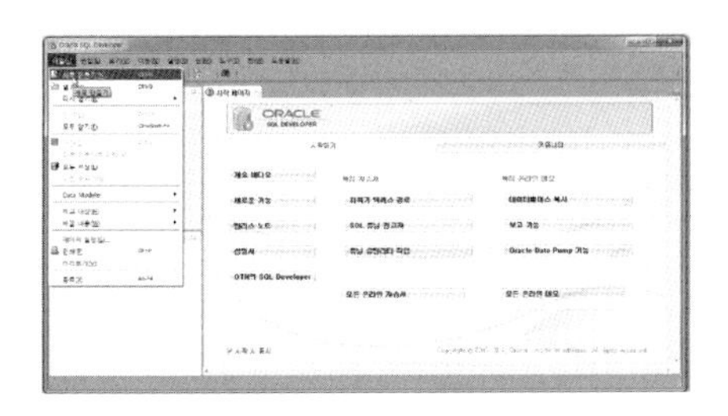

① 풀 다운 메뉴에서 [파일]-[새로 만들기]를 클릭합니다.

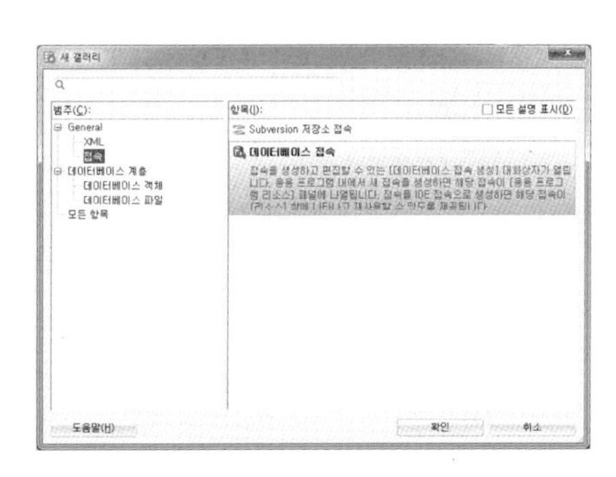

② 좌측의 Tree 메뉴에서 [접속]-[데이터 베이스 접속] 항목을 클릭합니다.

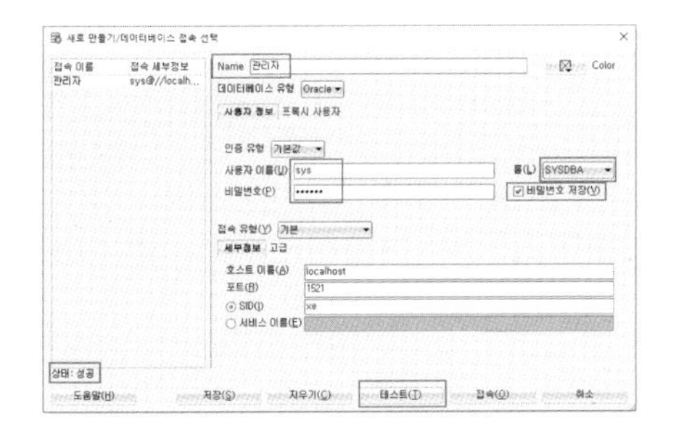

③ [새로 만들기] 메뉴에서 그림과 같이 설정하도록 합니다. 비밀 번호는 최초 오라클 설치시 입력했던 "oracle"을 입력합니다. 모두 입력 후 [테스트] 버튼을 클릭하게 되면 [상태 : 성공]이라는 메시지를 보게 됩니다. 마지막으로 [접속] 버튼을 클릭하여 해당 계정에 대하여 접속을 시행하도록 합니다.

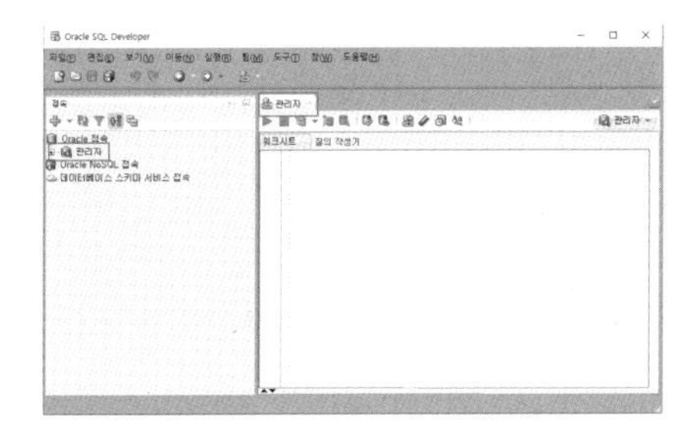

④ 그림과 같이 관리자로 접속이 됩니다. 좌측 그림의 아이콘 중 관리자 아이콘이 콘센트에 연결되어 있는 데, 이것은 관리자 계정으로 데이터 베이스에 접속이 되었음을 의미합니다. 우측에 메모장 같은 것이 보입니다. 이것을 스크립트 파일 또는 워크 시트라고 합니다.

관리자에 대한 접속 아이콘이 생성되었습니다. 다음의 표는 접속 아이콘을 생성하고자 할 때, 지정해 주어야 할 항목들에 대한 간략한 설명입니다.

항목	설명
Name	개발자가 식별할 수 있도록 적절한 이름을 입력하는 곳으로 한글 입력도 가능합니다.
사용자 이름	접속을 위한 사용자의 아이디를 입력하는 곳입니다.
비밀 번호	접속을 위한 사용자의 비밀 번호를 입력하는 곳입니다.
비밀 번호 저장	비밀 번호를 기억하느냐의 여부인데, 다중 사용자 환경에서는 체크하지 않도록 합니다. 보안을 위해서는 체크를 하지 않도록 하되, 여기서는 비밀 번호를 기억하도록 체크하도록 합니다.
롤	접속에 필요한 role(역할)을 의미하는 데, 일반 사용자는 '기본 값'을 데이터 베이스 관리자는 'sysdba'(Sysem Database Administration)를 선택하면 됩니다.
호스트 이름	데이터 베이스 URL을 의미하며 '컴퓨터 이름' 또는 'IP 주소'를 입력하면 됩니다. 로컬 컴퓨터에 설치되어 있으면 'localhost'라고 입력하면 됩니다.
포트	오라클 접속을 위한 포트 번호 번호로써 기본 값은 1521번입니다.
SID	데이터 베이스 식별자 ID로써, XE 비진을 설지하면 자동으로 'xe'가 됩니다.

4.3 oraman 사용자 계정 생성

이제 우리가 앞으로 실습을 수행하게 될 신규 사용자 oramam 계정을 만들어 보도록 하겠습니다. 이미 얘기했듯이 신입 회원 오라맨 계정을 다음과 같이 생성해 보도록 합니다. 오라맨의 계정 정보는 oraman/oracle(아이디/비밀 번호)으로 지정하도록 하겠습니다.

데이터 베이스 접속이 되려면?

1) 계정이 존재해야 합니다.
2) 계정 잠금 기능이 해제되어 있어야 합니다.
3) 접속할 수 있는 권한(능력)이 있어야 합니다.

4.3.1 사용자 계정 생성하기

당연한 얘기이지만 사용자 계정 생성은 관리자만이 할 수 있습니다. SQL Developer를 사용하여 다음과 같이 괸리자용 워크 시트에서 코드를 작성해야 합니다. 워크 시트는 sql 구문을 입력하기 위한 메모장 형태의 편집기 입니다. "create user" 구문은 사용자를 생성하기 위한 DDL 구문입니다.

사용자 계정 생성하기 문법

```
create user 사용자의 아이디 입력 identified by 사용자의 비밀번호 입력 account unlock ;
```

명령어를 입력하고 마지막에 세미 콜론을 입력합니다. 세미콜론은 문장 하나가 끝이 났음을 알려 주는 역할을 합니다.

상단의 "녹색" 아이콘을 클릭하면 해당 명령어가 실행이 됩니다. 데이터 베이스는 사용자 생성자 계정 잠금이 기본 값입니다. 계정이 잠겨 있으면, 데이터 베이스 접속을 할 수 없으므로 "account unlock" 구문을 사용하여 계정 잠금을 해제하도록 합니다.

```
create user oraman identified by oracle account unlock ;
```

관리자

워크시트 질의 작성기

create user oraman identified by oracle account unlock ;

스크립트 출력

작업이 완료되었습니다.(0.057초)

User ORAMAN이(가) 생성되었습니다.

4.3.2 기본 테이블 스페이스 변경하기

신규 사용자의 기본 테이블 스페이스를 users 테이블 스페이스로 변경합니다. "테이블 스페이스"는 테이블이 저장되는 내부 저장소입니다. 이 과정은 고급 과정에서 다루어지는 내용이므로, 여기서 따로 다루지 않겠습니다. 그냥, 데이터 저장소인 테이블이 놓여 지는 공간 정도로 이해하시고 가볍게 넘기도록 합니다.

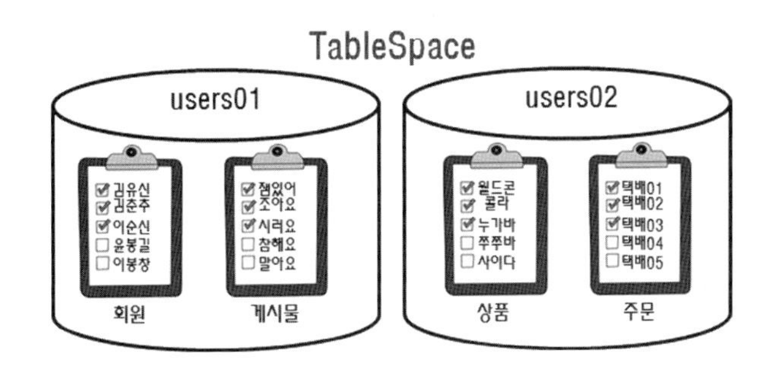

다음 구문은 사용자의 기본 테이블 스페이스를 users로 변경하고 있는 구문입니다. quota(쿼터)는 사용하고자 하는 테이블 스페이스의 전체 용량 중에서 사용자에게 허가된 용량을 의미합니다. unlimited 키워드는 해당 테이블 스페이스에 허용 공간이 허락하는 한 무제한의 쿼터를 제공함을 의미합니다.

```
alter user oraman default tablespace users quota unlimited on users;
```

```
create user oraman identified by oracle account unlock ;
alter user oraman default tablespace users quota unlimited on users;
grant connect to oraman ;
```

4.3.3 접속 및 생성 권한 부여하기

신규 사용자 oraman은 계정이 있다고 하더라도 "접속 권한"이 없으면 로그인 자체가 불가능합니다. 데이터 베이스 작업을 수행하려면 해당 업무에 대한 권한이 있어야 합니다. grant는 권한을 부여해주는 데이터 제어어(DCL)의 한 종류입니다.

권한 부여하기 문법

```
grant 권한1, 권한2 to 사용자1, 사용자2 ;
```

```
grant connect, resource to oraman ;
```

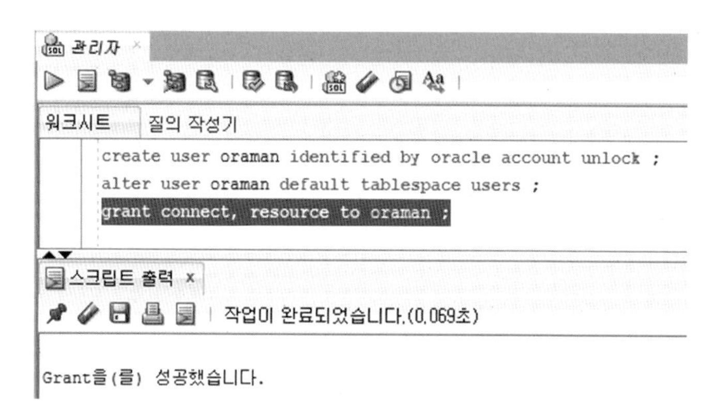

“connect”라는 권한은 접속할 수 있는 능력을, “resource”라는 권한은 테이블 생성 및 create cluster, create indextype, create operator, create, procedure, create sequence, create table, create trigger, create type, unlimited tablespace등의 수 많은 기능들을 가지고 있는 권한입니다. 이러한 권한을 수여/부여해주기 위하여 사용하는 구문이 grant 입니다.

grant 구문에 대해서는 차후 별도의 DCL 과정에서 상세하게 다루도록 할 예정입니다. 마지막으로 “to : 누구 누구에게 / from : ~로부터”로 정도로 이해하고 넘기도록 하겠습니다. resource 권한은 한마디로, 막강한 권한인데 실습을 수월하게 하기 위하여 여기서는 부여하도록 하겠습니다. 하지만, 관리자가 일반 사용자에게 “함부로 부여해서는 안 되는 권한”임을 명시하시길 바랍니다.

롤(role)	설명
sysdba	데이터 베이스 관리자를 의미하는 권한을 의미합니다.
connect	데이터 베이스에 접속할 수 있는 권한을 의미합니다.
resource	테이블 생성 및 거의 대부분을 할 수 있는 능력을 의미합니다.

다음 문장은 사용자가 제대로 생성이 되었는 지 확인해 주는 구문입니다. 워크 시트에 입력하고 실행하시면 다음과 같은 결과가 나옵니다. 그림에 방금 생성된 "ORAMAN" 사용자가 보입니다.

```
select username from dba_users order by username ;
```

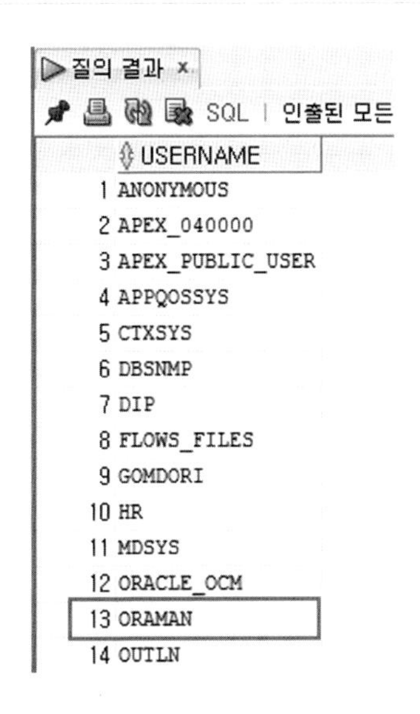

알아 둡시다.

이미 생성된 사용자 계정을 삭제하려면 다음 구문을 사용하면 됩니다.
drop user oraman cascade ;

요점 정리

- 'SQL Developer'은 일상적인 데이터 베이스 작업을 단순화하기 위하여 오라클 사에서 제공하는 무료 그래픽 툴입니다.
- 신규 사용자를 생성하기 위한 구문은 'create user' 입니다.
- 접속을 위한 권한은 'connect'이고, 이 권한을 부여하기 위한 키워드는 'grant'입니다.
- 계정 잠금을 해제하기 위한 구문은 'account unlock'구문입니다.

동영상강의
지금 바로 접속하기

연습 문제

다음 그림과 같이 신규 사용자 계정들을 생성해 보세요. 사용자 들의 계정 정보는 다음과 같습니다.

사용자	아이디	비밀 번호
곰돌이	gomdori	omygod
순돌이	sundori	abc123

MEMO

Chapter

05

데이터 정의어 (DDL)

Summary

데이터는 테이블(Table)이라는 객체에 저장이 됩니다. 이번 장에서는 데이터 베이스를 구성하는 요소 중 가장 중요한 요소인 '테이블'을 생성해 보도록 하겠습니다. 회원 테이블을 생성하기 위하여 기본 키와 default라는 개념에 대하여 우선 살펴 보도록 하고, 이미 생성된 테이블 리스트와 특정 테이블에 대한 구조를 확인하는 명령어도 배워 봅니다. 마지막으로 오타나 누락된 컬럼 등에 대한 구조를 변경하는 alter table 구문과 테이블 삭제를 위한 drop table 구문에 대하여 살펴 봅니다.

이전 실습 과정에서 일반 사용자 oraman(오라맨)이라는 사용자를 생성하였습니다. 차후 이루어지는 모든 실습은 특별한 언급이 없는 한 oraman 사용자 입장에서 실습을 진행하도록 하겠습니다.

데이터 정의어는 데이터 베이스 객체를 관리하기 위한 언어입니다. 예를 들어, 사용자를 생성하거나 테이블을 생성/구조 변경/삭제 등의 작업을 의미합니다. 크게 create, alter, drop 구문 등으로 구분할 수 있는데, create 구문은 객체 생성, alter 구문은 구조 변경, drop 구문은 객체를 제거하는 데 사용하는 구문입니다.

5.1 테이블 개요

Table(테이블)이란 행과 열로 구성된 2차원 형태의 자료 구조를 의미하는 데, 하나의 행은 로우(row), 레코드(record) 등으로 불리고, 열(column)은 필드 등의 이름으로 부릅니다.

다음 테이블은 우리가 이번 실습에 사용할 테이블입니다. 반드시 준수해야 할 사항은 아니지만, 일반적으로 테이블에는 한 개이상의 행들이 추가되기 때문에 의미론적으로 복수 이름을 사용합니다. 행을 row, record라고 부르면, 열을 column, field 라는 용어로 부릅니다. 데이터가 들어 있지 않은 셀(cell)을 null 데이터라고 합니다.

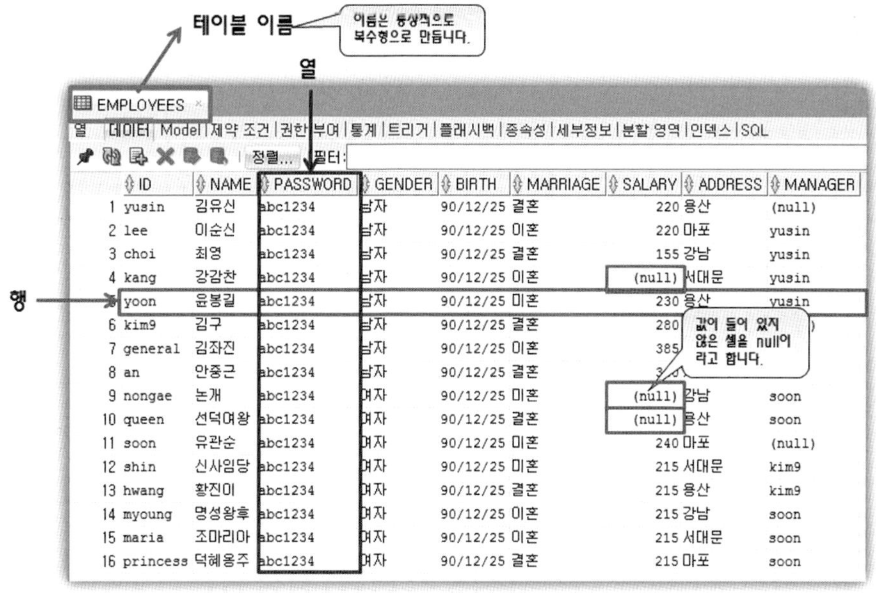

테이블 이름

이름은 통상적으로 복수형으로 만듭니다.

열

행

값이 들어 있지 않은 셀을 null이라고 합니다.

EMPLOYEES

열 | 데이터 | Model | 제약 조건 | 권한 부여 | 통계 | 트리거 | 플래시백 | 종속성 | 세부정보 | 분할 영역 | 인덱스 | SQL

정렬... 필터:

	ID	NAME	PASSWORD	GENDER	BIRTH	MARRIAGE	SALARY	ADDRESS	MANAGER
1	yusin	김유신	abc1234	남자	90/12/25	결혼	220	용산	(null)
2	lee	이순신	abc1234	남자	90/12/25	이혼	220	마포	yusin
3	choi	최영	abc1234	남자	90/12/25	결혼	155	강남	yusin
4	kang	강감찬	abc1234	남자	90/12/25	이혼	(null)	서대문	yusin
5	yoon	윤봉길	abc1234	남자	90/12/25	미혼	230	용산	yusin
6	kim9	김구	abc1234	남자	90/12/25	결혼	280	[illegible]	[illegible]
7	general	김좌진	abc1234	남자	90/12/25	이혼	385	[illegible]	[illegible]
8	an	안중근	abc1234	남자	90/12/25	결혼	[illegible]	[illegible]	[illegible]
9	nongae	논개	abc1234	여자	90/12/25	미혼	(null)	강남	soon
10	queen	선덕여왕	abc1234	여자	90/12/25	결혼	(null)	용산	soon
11	soon	유관순	abc1234	여자	90/12/25	미혼	240	마포	(null)
12	shin	신사임당	abc1234	여자	90/12/25	미혼	215	서대문	kim9
13	hwang	황진이	abc1234	여자	90/12/25	결혼	215	용산	kim9
14	myoung	명성왕후	abc1234	여자	90/12/25	이혼	215	강남	soon
15	maria	조마리아	abc1234	여자	90/12/25	이혼	215	서대문	soon
16	princess	덕혜옹주	abc1234	여자	90/12/25	결혼	215	마포	soon

5.1.1 테이블 명세

테이블 명세(specification)란 테이블의 컬럼 이름이나 개수, 데이터의 유형(type), 기본값, 특이 점등을 명시해 놓은 테이블 장부라고 보시면 됩니다. 테이블을 생성하기 전에 이러한 컬럼들의 이름 및 용도 등을 간단히 작성해 놓으면 유지 보수 등의 시간을 많이 줄일 수 있습니다. 다음과 회원 테이블을 생성하기 위한 명세 표입니다. 이제 우리는 이 테이블 명세를 이용하여 테이블을 생성해 보도록 하겠습니다.

컬럼	데이터 타입	길이	기본 값	널 허용	코멘트
id	varchar2	20		no	회원의 아이디입니다.
name	varchar2	30		no	회원의 이름입니다.
password	varchar2	30		yes	회원의 비밀 번호입니다.
gender	varchar2	10		yes	회원의 성별입니다.
birth	date		sysdate	yes	회원의 생년원일입니다.
marriage	varchar2	30		yes	결혼의 유형입니다.

컬럼	데이터 타입	길이	기본 값	널 허용	코멘트
salary	number		100	yes	급여입니다.
address	varchar2	50		yes	주소입니다.
manager	varchar2	50		yes	관리자의 아이디 정보입니다.

5.1.2 컬럼의 자료 유형

테이블을 생성하고자 할 때 우선적으로 고려해야 할 작업은 컬럼들의 자료의 형을 우선 결정하여야 합니다. 어떠한 컬럼이 필요하며, 해당 컬럼의 자료형은 어떤 타입으로 할 것인지를 결정하는 것이 필요합니다. 다음은 오라클에서 사용할 수 있는 몇 가지 자료형의 목록입니다.

데이터 타입	설명
number	숫자형 데이터 <정수 / 실수 가능>
varchar2	가변 길이 문자열 타입. 최대 4000 바이트 까지 가능.
date	날짜 데이터 타입. 시스템 설정에 따라 출력 형태가 다르다.

예를 들어서, 회원의 아이디나 이름, 주소 등은 문자열이 적합합니다. 문자형 컬럼 아이디의 이름이 'id'라고 가정하고, 길이가 20이라고 가정을 하면 다음과 같이 표현합니다. 컬럼 이름을 우선 작성하고, 해당 데이터의 유형(type)을 명시하되, 문자열은 길이를 명시해 주어야 합니다.

```
id varchar2(20)
```

숫자형 컬럼을 설명하기 전에 우선 기본 값(default)이라는 개념부터 살펴 보겠습니다. 기본 값이란 사용자가 테이블에 데이터를 직접 입력하지 않았을 경우에 자동으로 기입해 주는 초기 값을 의미합니다. 예를 들어서 급여의 기본 값을 100원으로 한다든지, 가입 일자의 기본 값을 현재 시각으로 지정하는 경우가 이에 해당합니다. 이러한 기본 값이 있는 컬럼은 데이터 입력이 되지 않았을 경우 자동으로 기본 값이 채워집니다. 기본 값을 지정하고자 할 때 'default'라는 키워드를 사용합니다.

급여 컬럼은 숫자형이고, 기본 값을 100이라고 가정합시다. 숫자형 자료는 number, number(길이), number(길이, 정밀도소수점) 등으로 작성이 가능합니다. 자료형에 민감하지 않으면 단순히 number라고 표현하여도 크게 문제가 되지 않습니다.
다음은 급여(salary) 컬럼의 기본 값을 100으로 지정하는 예시입니다.

```
salary number default 100
```

생년월일은 날짜 유형이고, 기본 값이 현재 시각이라고 가정하면 다음과 같이 표현합니다. 참고로 sysdate 함수는 오라클 내에서 현재 시각을 출력하기 위하여 사용하는 내장 함수입니다.

```
birth date default sysdate
```

필수 사항이라는 의미로 사용되는 키워드는 'not null'입니다. 여기서, null은 비교 판단이 불가능한 어떤 값인데, 별도 영역에서 따로 언급하도록 하겠습니다. 우선 필수는 'not null'이라고 표현하고, 옵션은 'null이라는 의미로 이해하고 넘기도록 하겠습니다. 이름은 문자열 타입이어야 하고, 길이는 30이고, 반드시 입력이 되어야 하는 값이라면 다음과 같이 표현합니다.
참고 사항으로 한글은 1글자가 3바이트를 차지하므로, 10글자를 입력하는 경우 30이라고 입력해야 합니다.

```
name varchar2(30) not null
```

5.1.3 기본 키(primary key)

기본 키(Primary Key)란 각각의 행(레코드)을 구별하기 위한 컬럼/필드를 말합니다. 유일하게 구분하기 위해서는 반드시 입력(not null)이 되어야 하고, 절대로 다른 행(row)과 중복(unique)이 되어서는 안 되는 컬럼을 의미합니다. 그림에서 name 컬럼은 동명 이인이 있으므로 동일한 값이 들어 갈 수 있습니다. 하지만, id 컬럼은 절대로 중복 되거나 누락 되어서는 안 되는 필수 입력 컬럼입니다.

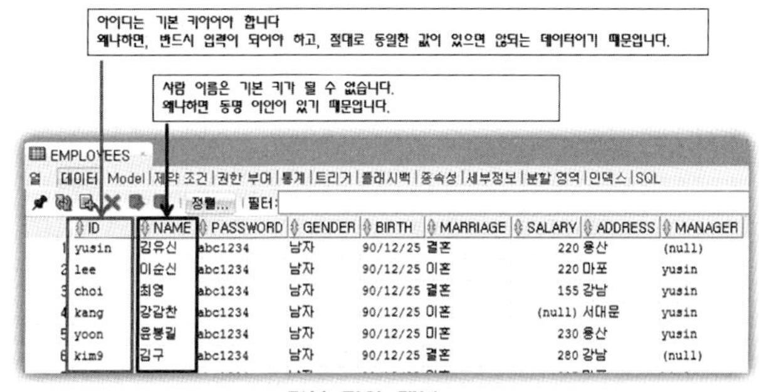

기본 키의 개념

id는 기본 키이므로 다음과 같이 primary key라는 키워드를 함께 명시해 주면 됩니다.

```
id varchar2(20) primary key
```

5.2 테이블 생성

테이블을 생성하기 위해서는 데이터 정의어인 DDL 중에서 create 구문을 사용하면 됩니다. 그리고, 테이블을 의미하는 키워드 table을 사용하여 작성합니다.

5.2.1 테이블 생성 구문

테이블 생성을 위한 구문은 다음과 같습니다. 차후 나오는 모든 수식에서 대괄호 기호 []는 옵션 사항입니다. 수식의 마지막에는 반드시 세미콜론을 넣어 줘야 합니다.

사용 형식(신규 테이블 생성)

```
create table 테이블_이름(
        컬럼_이름 데이터_타입 [not null] [default 기본값] [primary key],
        컬럼_이름 데이터_타입 [not null] [default 기본값]
        ...
) ;
```

그럼, 테이블 생성 문법과 컬럼의 자료 유형 정보들을 사용하여 회원 테이블을 생성해 보도록 하겠습니다.

```
create table employees(
        id varchar2(20) primary key,
        name varchar2(30) not null,
        password varchar2(30) not null,
        gender varchar2(10),
        birth date default sysdate,
        marriage varchar2(30),
        salary number default 100,
        address varchar2(50),
        manager varchar2(50)
) ;
```

5.2.2 데이터 추가하기

테이블이 생성되었지만 테이블에 들어 있는 행은 존재하지 않습니다. 몇 건의 데이터를 추가해 보고 데이터를 확인해 보도록 하겠습니다. 데이터 추가에 대한 내용은 DML 파트에서 상세하게 다뤄 보기로 하고, 여기서는 단순하게 3건의 데이터를 추가해 보도록 합니다.

데이터를 추가하고자 할 때에는 'insert'라는 DML 구문을 사용합니다. 주의할 사항으로 날짜 및 문자열 형식의 데이터는 반드시 외따옴표를 같이 붙여서 사용 해야 합니다.

행 추가하기

```
insert into 테이블이름(컬럼01, 컬럼02, ...)
values(값01, 값02, ...) ;
```

다음과 같이 3건의 데이터를 추가하도록 합니다. 다음에 사용되고 있는 커밋(commit)이라는 구문은 추가한 내용의 데이터를 영구적으로 저장하고자 할 때 필요한 구문입니다. 차후 트랜잭션 영역에서 세부적으로 다루도록 하겠습니다. 지금은 "데이터를 영구히 저장" 하는 정도의 의미로 이해하시길 바랍니다. 테이블 이름 employees 뒤에 소괄호와 함께 컬럼 목록들을 열거합니다. values라는 항목 뒤에 소괄호와 함께 컬럼에 들어갈 값들을 열거합니다.

```
insert into employees(id, name, password, gender, birth, marriage, salary, address, manager)
values('yusin', '김유신', 'abc1234', '남자', '1990/12/25', '결혼', 220, '용산', null) ;

insert into employees(id, name, password, gender, birth, marriage, salary, address, manager)
values('choi', '최영', 'abc1234', '남자', '1990/12/25', '결혼', 220, '용산', 'yusin') ;

insert into employees(id, name, password, gender, birth, marriage, salary, address, manager)
values('kang', '강감찬', 'abc1234', '남자', '1990/12/25', '결혼', 220, '마포', 'yusin') ;

commit ;
```

추가된 데이터 정보를 조회하려면 다음과 같은 구문을 사용합니다.

테이블의 모든 행 정보 출력하기

```
select * from 테이블이름 ;
```

테이블의 이름이 employees이므로 다음과 같이 실행하면 조회가 가능합니다.

```
select * from employees ;
```

질의 결과 ×

SQL | 인출된 모든 행: 3(0.002초)

	ID	NAME	PASSWORD	GENDER	BIRTH	MARRIAGE	SALARY	ADDRESS	MANAGER
1	yusin	김유신	abc1234	남자	90/12/25	결혼	220	용산	(null)
2	choi	최영	abc1234	남자	90/12/25	결혼	220	용산	yusin
3	kang	강감찬	abc1234	남자	90/12/25	결혼	220	마포	yusin

5.3 테이블 정보 확인

이미 생성된 테이블에 대한 정보를 확인할 수 있습니다. 예를 들어서 내가 보유하고 있는 테이블 목록, 특정 테이블의 구조 등을 확인할 수 있습니다.

5.3.1 테이블의 목록 보기

내가 소유한 테이블 목록을 보고자 할 때는 다음 구문을 사용합니다.

테이블의 목록 보기

```
select * from tab ;
```

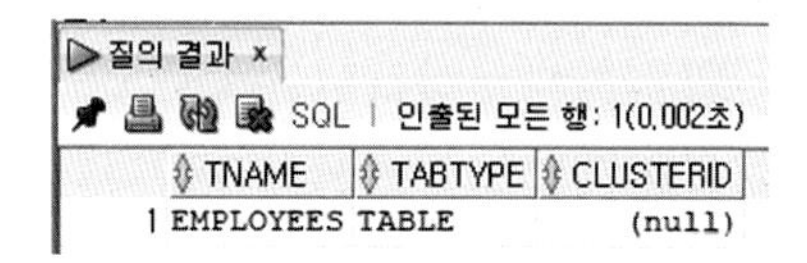

위의 결과를 보면 오라맨 사용자는 테이블을 1개 소유하고 있음을 확인할 수 있습니다. "TNAME"는 테이블의 이름을, "TABTYPE"에 테이블의 유형을 알려 줍니다. 테이블의 유형은 크게 테이블(TABLE)과 뷰(VIEW)로 나누어 집니다.
뷰(VIEW)는 차후 Chapter 16에서 따로 공부하도록 합니다.

5.3.2 테이블의 구조 확인

테이블의 구조는 다음 구문을 사용하면 됩니다. desc는 "describe"의 줄인 말로써 명령어 "describe employees ;"를 사용하여도 동일한 결과를 얻을 수 있습니다.

테이블의 구조 보기

```
desc 테이블이름 ;
```

employees 테이블을 구조는 다음과 같습니다. "NOT null"이라고 명시된 항목은 필수 입력 사항이라고 보시면 됩니다.
예시에서는 반드시 입력해야 할 컬럼은 ID, NAME, PASSWORD 컬럼입니다.

```
desc employees ;
```

이름	널?	유형
ID	NOT NULL	VARCHAR2(20)
NAME	NOT NULL	VARCHAR2(30)
PASSWORD	NOT NULL	VARCHAR2(30)
GENDER		VARCHAR2(10)
BIRTH		DATE
MARRIAGE		VARCHAR2(30)
SALARY		NUMBER
ADDRESS		VARCHAR2(50)
MANAGER		VARCHAR2(50)

테이블의 구조는 sql-developer에서 직접 확인할 수 있습니다. 좌측의 테이블 이름을 클릭하면 다음 그림과 같이 컬럼들에 대한 구조 목록이 표시됩니다. 그림에서 id 컬럼은 문자열 길이가 20이고, nullable의 값이 'N'이므로 필수 입력 사항입니다.
address 컬럼은 문자열 길이가 50이고, nullable의 값이 'Y'이므로 필수 입력 사항이 아닙니다.

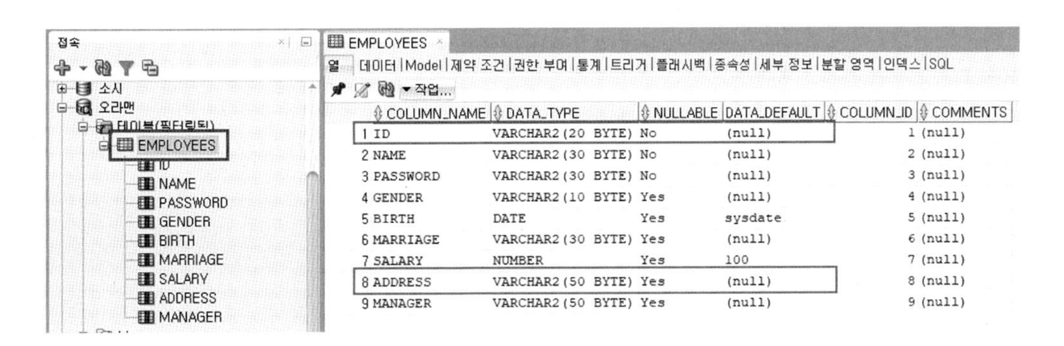

	COLUMN_NAME	DATA_TYPE	NULLABLE	DATA_DEFAULT	COLUMN_ID	COMMENTS
1	ID	VARCHAR2 (20 BYTE)	No	(null)	1	(null)
2	NAME	VARCHAR2 (30 BYTE)	No	(null)	2	(null)
3	PASSWORD	VARCHAR2 (30 BYTE)	No	(null)	3	(null)
4	GENDER	VARCHAR2 (10 BYTE)	Yes	(null)	4	(null)
5	BIRTH	DATE	Yes	sysdate	5	(null)
6	MARRIAGE	VARCHAR2 (30 BYTE)	Yes	(null)	6	(null)
7	SALARY	NUMBER	Yes	100	7	(null)
8	ADDRESS	VARCHAR2 (50 BYTE)	Yes	(null)	8	(null)
9	MANAGER	VARCHAR2 (50 BYTE)	Yes	(null)	9	(null)

5.4 테이블 구조 변경

이미 생성된 테이블의 목록이나 특정 테이블에 대한 구조를 확인할 수 있습니다. 이번 단원에서는 사용자의 실수로 인한 오타나 혹은 이전에 미리 구상하지 못했던 컬럼을 추가하거나 삭제하는 경우를 생각해 봅니다. 이러한 경우에는 테이블에 대한 구조 변경 작업이 필요합니다.

5.4.1 컬럼 추가하기

테이블 설계시 각 회원들의 휴대폰 번호 컬럼을 생성하지 못했습니다. 휴대폰 컬럼을 추가하기 위하여 사용하는 구문은 다음과 같습니다.

사용 형식

```
alter table 테이블_이름 add (컬럼_이름 데이터_타입);
```

위의 형식은 테이블에 새로운 컬럼 또는 제약 조건을 추가하는 구문입니다. 이미 존재하는 행에 대해서는, 모든 행에 대하여 값이 null로 초기화됩니다. 단, 기본 값을 지정하면 '기본 값'으로 값이 채워집니다. 컬럼의 이름과 데이터의 유형을 결정한 다음, alter table 구문의 add 키워드를 사용하면 됩니다.

회원들의 휴대폰 컬럼을 다음과 같이 추가해 보겠습니다.

```
alter table employees add (hphone varchar2(15)) ;
-- Table EMPLOYEES이(가) 변경되었습니다.
```

각 회원들의 별칭 정보를 저장할 수 있는 컬럼 nickname을 추가해 보세요. 별칭 컬럼은 기본 값으로 '철수'라는 문자열이 입력될 수 있도록 합니다. 나이(age) 컬럼을 추가하되, 기본 값으로 0을 지정해 보도록 하세요. 기본 값을 지정하고자 할 때, default 키워드를 사용하면 됩니다.

```
alter table employees add (nickname varchar2(30) default '철수') ;
alter table employees add (age number default 0) ;
```

테이블을 다시 조회하여 신규 컬럼에 대한 내용을 확인해 보세요. hphone, nickname, age 컬럼들이 기본 값과 함께 표시되고 있습니다. hphone 컬럼은 기본 값을 명시하지 않았으므로, null이 채워집니다. nickname과 age 컬럼들은 기본 값을 지정해 주었으므로 해당 기본 값으로 데이터가 채워 집니다.

```
select * from employees ;
```

질의 결과

SQL | 인출된 모든 행: 3(0.004초)

	ID	NAME	PASSWORD	GENDER	BIRTH	MARRIAGE	SALARY	ADDRESS	MANAGER	HPHONE	NICKNAME	AGE
1	yusin	김유신	abc1234	남자	90/12/25	결혼	220	용산	(null)	(null)	철수	0
2	choi	최영	abc1234	남자	90/12/25	결혼	220	용산	yusin	(null)	철수	0
3	kang	강감찬	abc1234	남자	90/12/25	결혼	220	마포	yusin	(null)	철수	0

5.4.2 컬럼 구조 변경하기

최초 테이블 생성시 컬럼의 길이를 너무 작게 잡으면, 길이가 긴 데이터는 추가할 수 없습니다. 이런 경우에는 컬럼의 길이를 연장해야 합니다. 또한, 숫자형 데이터를 문자열로 데이터의 유형 자체를 변경하고자 하는 경우가 필요할 수 있습니다.

이번에는 컬럼의 구조를 변경해 보도록 합니다. 컬럼에 대한 구조 변경의 데이터의 type, 길이, default 값 등을 변경할 수 있습니다. 컬럼의 default 값은 이후에 추가되는 행에 내해서만 영향을 미칩니다. 컬럼 구조 변경 문법은 다음과 같습니다.

사용 형식

```
alter table 테이블_이름 modify(컬럼_이름 데이터_타입);
```

다음 그림에서 컬럼 id의 최대 입력 가능한 길이는 20입니다.

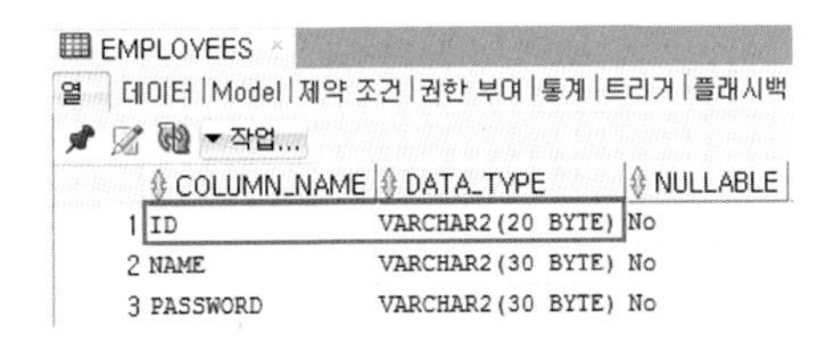

	COLUMN_NAME	DATA_TYPE	NULLABLE
1	ID	VARCHAR2(20 BYTE)	No
2	NAME	VARCHAR2(30 BYTE)	No
3	PASSWORD	VARCHAR2(30 BYTE)	No

이러한 설정 값을 무시하고 다음과 같이 길이가 긴 아이디를 우선 입력하려고 시도해 봅니다.

```
insert into employees(id, name, password, gender, birth, marriage, salary, address, manager)
values('yusinyusinyusinyusinyusin', '김유신', 'abc1234', '남자', '1990/12/25', '결혼', 220,
'용산', null) ;

insert into employees(id, name, password, gender, birth, marriage, salary, address, manager)
values('yusinyusinyusinyusinyusin', '김유신', 'abc1234', '남자', '1990/12/25', '결혼', 220,
'용산', null)
오류 보고 -
ORA-12899: value too large for column "ORAMAN"."EMPLOYEES"."ID" (actual: 25, maximum: 20)
```

id 컬럼에 최대 길이가 20인데, 25자리를 입력하여 오류가 발생하고 있습니다. 충분히 길 id를 입력할 수 있도록 하기 위하여 해당 컬럼의 길이를 30바이트로 늘려 보도록 하겠습니다. 다시 데이터 입력 테스트를 수행하여, 추가가 잘 되는 지 확인해 봅니다.

```
alter table employees modify (id varchar2(30)) ;

insert into employees(id, name, password, gender, birth, marriage, salary, address, manager)
values('yusinyusinyusinyusinyusin', '김유신', 'abc1234', '남자', '1990/12/25', '결혼', 220,
'용산', null) ;

commit ;
select * from employees ;
```

▷질의 결과 ×

SQL | 인출된 모든 행: 4(0.004초)

	ID	NAME	PASSWORD	GENDER	BIRTH	MARRIAGE	SALARY	ADDRESS	MANAGER	HPHONE	NICKNAME	AGE
1	yusin	김유신	abc1234	남자	90/12/25	결혼	220	용산	(null)	(null)	철수	0
2	choi	최영	abc1234	남자	90/12/25	결혼	220	용산	yusin	(null)	철수	0
3	kang	강감찬	abc1234	남자	90/12/25	결혼	220	마포	yusin	(null)	철수	0
4	yusinyusinyusinyusinyusin	김유신	abc1234	남자	90/12/25	결혼	220	용산	(null)	(null)	철수	0

이번에는 '휴대폰' 컬럼을 숫자형으로 바꿔 봅시다. 휴대폰 컬럼에 모두 null이 들어 있으므로, 데이터 타입을 변경하는 데 무리가 전혀 없습니다.

```
alter table employees modify (hphone number) ;
```

닉네임을 숫자형으로 바꿔 봅시다. 결론부터 말하면 이 컬럼에는 이미 문자열 형식의 데이터가 입력이 되어 있으므로, 컬럼의 타입 변경이 불가능합니다. 이미 들어간 데이터들(문자열 '철수')를 모두 null 변경 후 데이터 타입을 바꿀 수 있습니다.

```
alter table employees modify (nickname number) ;
명령의 75 행에서 시작하는 중 오류 발생 -
alter table employees modify (nickname number)
오류 보고 -
ORA-01439: column to be modified must be empty to change datatype
01439. 00000 - "column to be modified must be empty to change datatype"
```

결론적으로 컬럼 구조 변경시 해당 컬럼 자료의 유무에 따라서, 접근할 수 있는 방법은 조금 다릅니다.

유형	설명
해당 컬럼에 자료가 없는 경우	컬럼의 데이터 타입을 변경할 수 있습니다. 컬럼의 크기를 변경할 수 있습니다.
해당 컬럼에 자료가 있는 경우	컬럼의 데이터 타입을 변경할 수 없습니다. 크기를 늘릴 수는 있지만, 데이터 크기보다 작은 크기로 변경이 불가능합니다.

5.3.3 컬럼 이름 변경하기

이번에는 특정한 컬럼의 이름에 오타가 발생했거나, 다른 이름으로 변경이 되어야 하는 경우를 생각해 봅니다.

컬럼 이름을 변경하고자 할 때 사용하는 구문은 다음과 같습니다.

사용 형식

```
alter table 테이블_이름 rename column 이전_컬럼_이름 to 새로운_컬럼_이름 ;
```

존재하는 컬럼 'hphone'을 'handphone'으로 변경해 보도록 하세요. 'manager' 컬럼의 이름이 'mgr'으로 변경 되어야 합니다.

```
alter table employees rename column hphone to handphone ;
alter table employees rename column manager to mgr ;
```

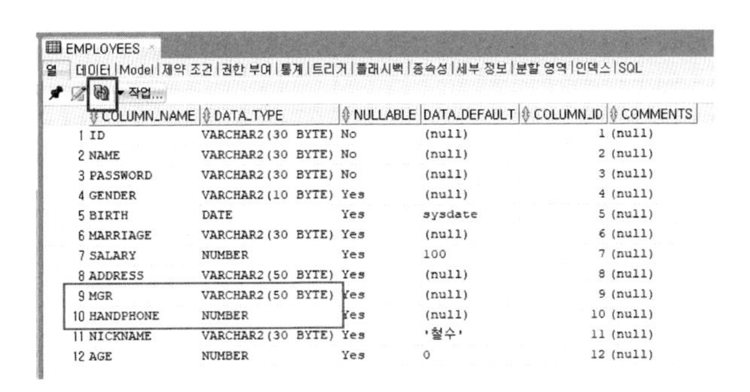

	COLUMN_NAME	DATA_TYPE	NULLABLE	DATA_DEFAULT	COLUMN_ID	COMMENTS
1	ID	VARCHAR2 (30 BYTE)	No	(null)	1	(null)
2	NAME	VARCHAR2 (30 BYTE)	No	(null)	2	(null)
3	PASSWORD	VARCHAR2 (30 BYTE)	No	(null)	3	(null)
4	GENDER	VARCHAR2 (10 BYTE)	Yes	(null)	4	(null)
5	BIRTH	DATE	Yes	sysdate	5	(null)
6	MARRIAGE	VARCHAR2 (30 BYTE)	Yes	(null)	6	(null)
7	SALARY	NUMBER	Yes	100	7	(null)
8	ADDRESS	VARCHAR2 (50 BYTE)	Yes	(null)	8	(null)
9	MGR	VARCHAR2 (50 BYTE)	Yes	(null)	9	(null)
10	HANDPHONE	NUMBER	Yes	(null)	10	(null)
11	NICKNAME	VARCHAR2 (30 BYTE)	Yes	'철수'	11	(null)
12	AGE	NUMBER	Yes	0	12	(null)

5.4.4 컬럼 제거하기

더 이상 사용되지 않는 컬럼은 삭제할 필요가 있습니다. 삭제를 위한 구문 형식은 다음과 같습니다.

사용 형식

```
alter table 테이블_이름 drop column ( 컬럼_이름 );
```

handphone, nickname, age 컬럼이 더 이상 필요하지 않으므로 제거해 보세요.

```
alter table employees drop column handphone ;
alter table employees drop column nickname ;
alter table employees drop column age ;
-- Table EMPLOYEES이(가) 변경되었습니다.
```

5.4.5 테이블 이름 변경하기

테이블 이름은 다음과 같이 변경 가능합니다.

사용 형식

```
rename 이전_테이블_이름 to 신규_ 테이블_이름 ;
```

```
rename employees to emp99 ;
```

최종적으로 내가 소유하고 있는 테이블 목록을 확인해 보도록 합니다.

```
select * from tab ;
```

질의 결과 ×

SQL | 인출된 모든 행: 1(0.002초

	TNAME	TABTYPE	CLUSTERID
1	EMP99	TABLE	(null)

5.5 테이블 삭제

다음 구문을 사용하면 테이블 삭제가 가능합니다.
purge 구문 없이 사용하면 테이블이 휴지통으로 이동하고, purge 구문을 사용하면 영구 삭제가 됩니다.

사용 형식

```
drop table 테이블_이름 [purge] ;
```

우리는 다음과 같이 purge 구문을 사용하면 영구 삭제가 되도록 합니다. 소유하고 있는 테이블 목록을 다시 확인해 보도록 합니다.

```
drop table emp99 purge ;
select * from tab ;
```

TNAME	TABTYPE	CLUSTE...

요점 정리

- 테이블의 행은 (row), (record) 등으로 불립니다.
- 테이블의 열은 (필드), (컬럼) 등으로 불립니다.
- (기본 값)이란 사용자가 입력을 하지 않았을 경우 자동으로 채워지는 값을 의미합니다.
- (기본 키)란 각각의 행(레코드)을 구별하기 위한 컬럼/필드를 말합니다.
- 테이블의 목록을 보려면 (select * from tab ;) 명령어를 사용합니다.
- 테이블의 구조 확인은 (desc 테이블이름 ;) 명령어를 사용합니다.
- 테이블의 구조 변경은 (alter table) 구문을 사용합니다.
- 테이블 삭제는 (drop table 테이블_이름 [purge] ;) 구문을 사용합니다.

동영상강의
지금 바로 접속하기

연습 문제

다음 빈칸에 알맞은 데이터 타입을 작성해 보세요.

데이터 타입	설명
	숫자형 데이터 <정수 / 실수 가능>
	가변 길이 문자열 타입. 최대 4000 바이트 까지 가능.
	날짜 데이터 타입. 시스템 설정에 따라 출력 형태가 다르다.

다음 빈칸에 알맞은 용어를 작성해 보세요.

(   )는 반드시 입력(not null)이 되어야 하고, 절대로 다른 행(row)과 중복(unique)이 되어서는 안 되는 컬럼을 의미합니다.

create table 구문은 (   )을 생성하고자 할 때 사용하는 구문입니다.

insert … into 구문은 테이블에 (   )을 추가 하고자 할 때 사용하는 구문입니다.

다음 빈칸에 알맞은 키워드(keyword)를 작성해 보세요.

기능	명령어
컬럼 추가하기	alter table 테이블_이름( )(컬럼_이름 데이터_타입) ;
컬럼 구조 변경하기	alter table 테이블_이름( )(컬럼_이름 데이터_타입) ;
컬럼 이름 변경하기	alter table 테이블_이름( )이전_컬럼_이름 새로운_컬럼_이름 ;
컬럼 제거하기	alter table 테이블_이름( )(컬럼_이름) ;
테이블 이름 변경하기	( )이전_테이블_이름 신규_ 테이블_이름 , ( )

'곰돌이' 사용자를 이용하여 다음과 같은 테이블을 생성하고, 데이터를 추가하세요.

'Books' 테이블의 내용은 다음과 같습니다.

컬럼	데이터 타입	길이	기본 값	널 허용	코멘트
bid	number			no	서적의 아이디입니다.
bname	varchar2	40		yes	서적의 이름입니다.
publisher	varchar2	40		yes	출판사의 이름입니다.
price	number			yes	서적의 단가입니다.
inputdate	date		sysdate	yes	서적의 입고 일자입니다.

	BID	BNAME	PUBLISHER	PRICE	INPUTDATE
1	java	자바 프로그래밍	대한 출판사	7000	70/08/28
2	jsp	jsp 프로그래밍	대한 Books	8000	80/08/15
3	python	파이썬 프로그래밍	민국 미디어	9000	90/07/17

요구 사항

기본 값이 50인 적립 포인트 숫자형 컬럼(mpoint)을 추가해보세요.

다음 데이터가 추가 되도록 구조를 변경해 주세요.
insert into books values(8, '동해물과 백두산이 마르고 닳도록 ...이 책은 엄청나게 잼있는 책입니다. 자바 프로그래밍', '대한 출판사', 7000, sysdate, 10);

컬럼 inputdate을 regdate으로 이름 변경해 주세요.
price 컬럼을 제거해 보세요.
books 테이블을 oldbook으로 변경해 보세요.
내가 보유한 테이블 목록을 조회해 보세요.
oldbook 테이블을 영구 삭제하세요.

연습 문제

- '곰돌이' 사용자에게 고객 테이블 'customers'을 다음과 같이 생성하세요.

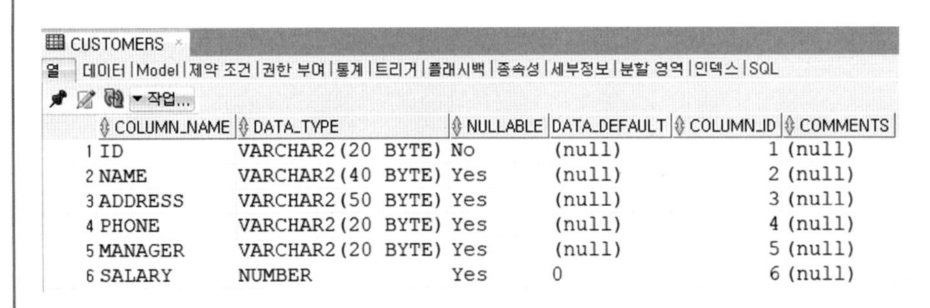
CUSTOMERS

열 | 데이터 | Model | 제약 조건 | 권한 부여 | 통계 | 트리거 | 플래시백 | 종속성 | 세부정보 | 분할 영역 | 인덱스 | SQL

	COLUMN_NAME	DATA_TYPE	NULLABLE	DATA_DEFAULT	COLUMN_ID	COMMENTS
1	ID	VARCHAR2(20 BYTE)	No	(null)	1	(null)
2	NAME	VARCHAR2(40 BYTE)	Yes	(null)	2	(null)
3	ADDRESS	VARCHAR2(50 BYTE)	Yes	(null)	3	(null)
4	PHONE	VARCHAR2(20 BYTE)	Yes	(null)	4	(null)
5	MANAGER	VARCHAR2(20 BYTE)	Yes	(null)	5	(null)
6	SALARY	NUMBER	Yes	0	6	(null)

- '곰돌이' 사용자에게 주문 테이블 'orders'을 다음과 같이 생성하세요.

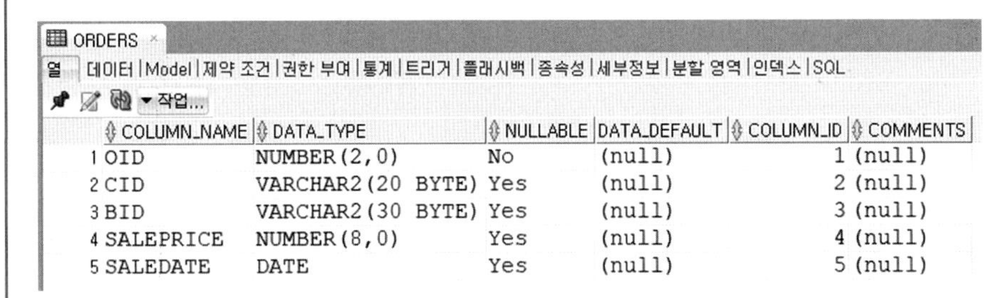
ORDERS

열 | 데이터 | Model | 제약 조건 | 권한 부여 | 통계 | 트리거 | 플래시백 | 종속성 | 세부정보 | 분할 영역 | 인덱스 | SQL

	COLUMN_NAME	DATA_TYPE	NULLABLE	DATA_DEFAULT	COLUMN_ID	COMMENTS
1	OID	NUMBER(2,0)	No	(null)	1	(null)
2	CID	VARCHAR2(20 BYTE)	Yes	(null)	2	(null)
3	BID	VARCHAR2(30 BYTE)	Yes	(null)	3	(null)
4	SALEPRICE	NUMBER(8,0)	Yes	(null)	4	(null)
5	SALEDATE	DATE	Yes	(null)	5	(null)

사용자	아이디	비밀 번호
곰돌이	gomdori	omygod
순돌이	sundori	abc123

MEMO

Chapter

06

데이터 조작어 (DML)

Summary

테이블에 데이터를 추가/수정/삭제 하기 위한 DML 구문에 대하여 살펴 봅니다. 특정 행에 대한 수정이나 삭제 작업을 수행하기 위한 기본적인 연산자의 사용법도 동시에 살펴 봅니다. sql-developer을 사용하여 데이터를 수정하는 방법도 살펴 볼 것이며, 마지막으로 트랜잭션이라는 개념에 대해서도 살펴 봅니다.

이전 실습에서 테이블을 생성하고, 데이터 일부를 추가하였습니다. 테이블은 데이터를 저장하기 위한 구조에 불과합니다.
실제 데이터는 행(row)들로, 구성이 되어 있고 한 개의 행은 여러 개의 열(column)로 구성이 됩니다. 이번 장에서는 행과 관련된 이러한 작업들을 수행해 보기로 합니다.

6.1 DML 개요

테이블에 데이터를 입력하고, 조건에 맞는 데이터를 수정하고, 조건에 맞는 데이터를 삭제하는 작업 등을 DML이라고 합니다.
FullName은 Data Manipuliation Language라고 하여, 데이터 조작 언어라고 합니다.

데이터 조작어(DML)

테이블의 행(row)에 대하여 추가/수정/삭제 등을 수행하기 위한 언어입니다.
관련 지식
트랜잭션(transaction)에 대한 이해가 필요합니다.
undo 데이터에 대한 지식이 필요합니다.
undo 데이터는 이 과정을 벗어 나는 항목이므로 따로 언급하지 않습니다.

DML과 관련된 명령어는 다음과 같은 항목들이 있습니다.

명령어	의미
insert	테이블에 새로운 행을 추가합니다.
update	이미 들어 있는 테이블의 행에 대한 정보를 수정합니다.
delete	테이블의 특정 행 정보를 삭제합니다.

트랜잭션은 DML 작업 진행시 연관된 항목으로 이에 대한 세부적인 개념은 차후 별도의 장(章)에서 세부적으로 다뤄 볼 예정입니다. 여기서는 영구 저장을 위하여 커밋(commit)이라는 명령어를, 이전 DML 동작에 대한 취소를 수행하기 위하여 롤백(rollback)이라는 명령어를 사용한다는 것만 숙지하도록 합니다.

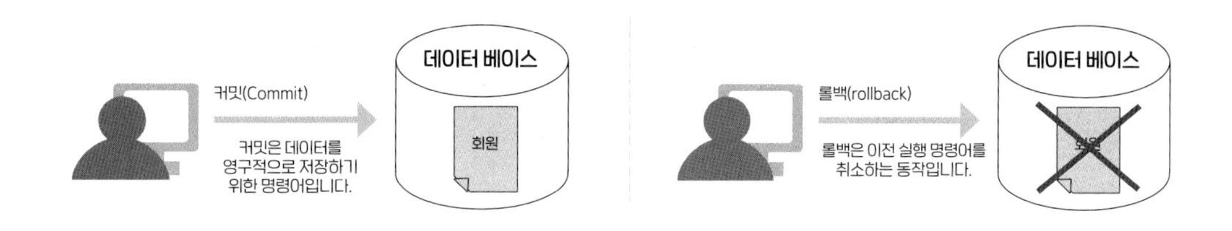

6.2 행(row) 추가하기

인터넷 쇼핑몰에서 회원 가입을 하면, 데이터 베이스 입장에서는 회원이라는 테이블에 새로운 행이 추가되어야 합니다.
이와 같은 경우 행(row)을 추가하고자 할 때에는 insert 구문을 사용합니다.

데이터 추가하기

서울	2002	360

```
insert into 실적(도시, 년도, 실적)
values('서울', 2002, 360) ;
```

데이터 추가 →

도시	년도	실적
서울	2000	150
서울	2001	170
부산	2001	240
부산	2002	290

최종 결과 →

도시	년도	실적
서울	2000	150
서울	2001	170
서울	2002	360
부산	2001	240
부산	2002	290

인서트(insert) 구문과 관련된 항목들은 다음과 같은 것들이 있습니다.

명령어	의미
내용	해당 테이블에 행(row)을 입력/추가합니다.
사용 문법	insert into 테이블_이름 (컬럼 01, 컬럼 02, …, 컬럼 nn) values(입력값 01, 입력값 02, …, 입력값 nn) ;
특징	한번에 하나의 행만 입력됩니다. 컬럼 목록을 지정하지 않으면 테이블 생성시 만들어진 컬럼의 순서대로 데이터가 추가됩니다. 기술된 컬럼의 순서대로 values 에 지정된 값이 추가됩니다.
주의 사항	열거하는 값의 개수및 데이터 타입은 반드시 동일해야 합니다. 문자와 날짜 값은 반드시 외따옴표(")로 둘러 싸야 합니다. 마지막 DML 구문 이후 반드시 커밋(commit)이라는 명령어를 수행하도록 합니다. 만약 수행 결과를 취소하려면 롤백(rollback) 명령어를 수행하도록 합니다.

6.2.1 테이블 다시 만들기

이전 실습에서 회원(employees) 테이블을 삭제하였습니다. DML 수업을 다시 시작하기 위하여 다음과 같이 테이블을 다시 생성하도록 합니다.

```
create table employees(
        id varchar2(20) primary key,
        name varchar2(30) not null,
        password varchar2(30) not null,
        gender varchar2(10),
        birth date default sysdate,
        marriage varchar2(30),
        salary number default 100,
        address varchar2(50),
        manager varchar2(50)
) ;
```

6.2.2 컬럼 이름을 명시하지 않는 경우

테이블이 생성되었습니다. 데이터를 추가하기 위하여 다양한 방식으로 데이터를 입력해 보도록 합니다. 컬럼 이름을 명시하지 않고 추가하는 경우에는 반드시 테이블 생성시 명시한 컬럼 순서대로 모두 입력해 줘야 합니다.

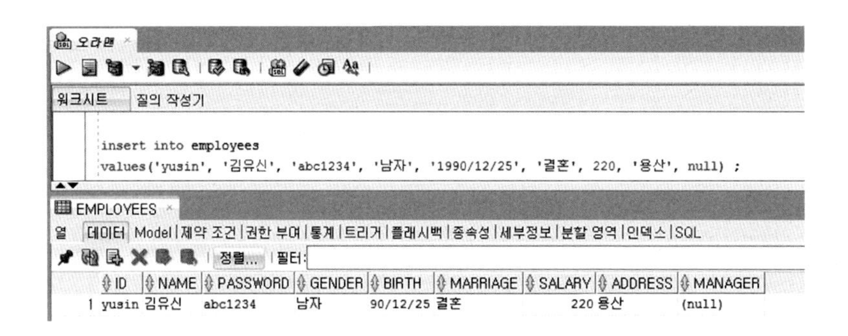

다음과 같이 몇 건의 데이터를 추가해 봅니다.

```
-- 추가 방법 01
insert into employees values(‘yusin’, ‘김유신’, ‘abc1234’, ‘남자’, ‘1990/12/25’, ‘결혼’, 220, ‘용산’,
null) ;
insert into employees values(‘lee’, ‘이순신’, ‘abc1234’, ‘남자’, ‘1990/12/25’, ‘이혼’, 220, ‘마포’,
‘yusin’) ;
insert into employees values(‘choi’, ‘최영’, ‘abc1234’, ‘남자’, ‘1990/12/25’, ‘결혼’, 155, ‘강남’,
‘yusin’) ;
insert into employees values(‘kang’, ‘강감찬’, ‘abc1234’, ‘남자’, ‘1990/12/25’, ‘이혼’, null, ‘서대
문’, ‘yusin’) ;
```

6.2.3 컬럼 이름을 명시하는 경우

컬럼 이름을 명시적으로 지정하는 경우에는, 컬럼의 갯수와 데이터의 타입을 반드시 맞춰 주어야 합니다. 다음 그림에서 id와 'yoon', 그리고 name과 '윤봉길'은 서로 매치가 되는 관계입니다.

```
insert into employees(id, name, password, gender, birth, marriage, salary, address, manager)
values('yoon', '윤봉길', 'abc1234', '남자', '1990/12/25', '미혼', 230, '용산', 'yusin') ;
```

질의 결과 ×

SQL | 인출된 모든 행: 1(0.014초)

	ID	NAME	PASSWORD	GENDER	BIRTH	MARRIAGE	SALARY	ADDRESS	MANAGER
1	yoon	윤봉길	abc1234	남자	90/12/25	미혼	230	용산	yusin

다음과 같이 몇 건의 데이터를 추가해 봅니다.

```
-- 추가 방법 02
insert into employees(id, name, password, gender, birth, marriage, salary, address, manager)
values('yoon', '윤봉길', 'abc1234', '남자', '1990/12/25', '미혼', 230, '용산', 'yusin') ;
insert into employees(id, name, password, gender, birth, marriage, salary, address, manager)
values('kim9', '김구', 'abc1234', '남자', '1990/12/25', '결혼', 280, '강남', null) ;
insert into employees(id, name, password, gender, birth, marriage, salary, address, manager)
values('general', '김좌진', 'abc1234', '남자', '1990/12/25', '이혼', 385, '마포', 'kim9')
;
insert into employees(id, name, password, gender, birth, marriage, salary, address, manager)
values('an', '안중근', 'abc1234', '남자', '1990/12/25', '결혼', 360, '서대문', 'kim9') ;
```

6.2.4 입력이 필요 없는 컬럼을 명시하지 않는 경우

굳이 명시할 필요가 없는 컬럼은 insert 구문에 작성할 필요가 없습니다. 예를 들어서 급여가 책정되지 않는 직원들에 대해서는 급여를 입력할 필요가 없습니다. 이런 경우에는 급여 컬럼을 굳이 명시하지 않아도 됩니다. 다만, 우리는 이전에 급여에 대한 기본 값을 100으로 지정했었습니다. 따라서, 급여 컬럼이 100이 입력될 것입니다.

```
insert into employees(id, name, password, gender, birth, marriage, address, manager)
values('nongae', '논개', 'abc1234', '여자', '1990/12/25', '미혼', '강남', 'soon') ;
```

스크립트 출력 × 질의 결과 ×

SQL | 인출된 모든 행: 1(0.003초)

	ID	NAME	PASSWORD	GENDER	BIRTH	MARRIAGE	SALARY	ADDRESS	MANAGER
1	nongae	논개	abc1234	여자	90/12/25	미혼	100	강남	soon

```
-- 추가 방법 03
insert into employees(id, name, password, gender, birth, marriage, address, manager)
values('nongae', '논개', 'abc1234', '여자', '1990/12/25', '미혼', '강남', 'soon');
insert into employees(id, name, password, gender, birth, marriage, address, manager)
values('queen', '선덕여왕', 'abc1234', '여자', '1990/12/25', '결혼', '용산', 'soon');
insert into employees(id, name, password, gender, birth, marriage, salary, address)
values('soon', '유관순', 'abc1234', '여자', '1990/12/25', '미혼', 240, '마포');
```

6.2.5 컬럼 이름을 임의로 명시하는 경우

경우에 따라서는 미리 생성해 두었던 컬럼이 삭제되고, 새로운 컬럼이 추가되는 경우가 있습니다. 이런 경우에는 컬럼 이름을 테이블 생성시 순서대로 수정하기가 힘듭니다. 컬럼 이름의 순서는 데이터가 들어 가는 데 전혀 문제가 없습니다. 다음과 같이 임의의 순서대로 컬럼 이름을 명시해보도록 하겠습니다.

```
-- 추가 방법 04
insert into employees(id, salary, manager, address, name, password, gender, birth, marriage)
values('shin', 215, 'kim9', '서대문', '신사임당', 'abc1234', '여자', '1990/12/25', '미혼');
insert into employees(id, salary, manager, address, name, password, gender, birth, marriage)
values('hwang', 215, 'kim9', '용산', '황진이', 'abc1234', '여자', '1990/12/25', '결혼');
insert into employees(id, salary, manager, address, name, password, gender, birth, marriage)
values('myoung', 215, 'soon', '강남', '명성왕후', 'abc1234', '여자', '1990/12/25', '이혼');
insert into employees(id, salary, manager, address, name, password, gender, birth, marriage)
values('maria', 215, 'soon', '서대문', '조마리아', 'abc1234', '여자', '1990/12/25', '이혼');
insert into employees(id, salary, manager, address, name, password, gender, birth, marriage)
values('princess', 215, 'soon', '마포', '덕혜옹주', 'abc1234', '여자', '1990/12/25', '결혼');
```

모든 데이터가 추가 되었습니다. 마지막으로 최종적으로 저장하기 위하여 다음과 같이 커밋 명령어로 마무리 하도록 합니다.
이것은 데이터 베이스에 [데이터를 영구적으로 저장하겠다]는 의미로 해석합니다. 데이터 추가 작업이 완료 되었습니다.

```
commit ;
```

6.2.6 sql-developer을 이용한 데이터 수정

신입 회원인 '선덕여왕'과 '논개'는 연봉 협상이 되지 않아서 급여가 책정되어 있지 않다고 가정합시다. 하지만 데이터를 추가 실습시 기본 값이 100원으로 되어 있었으므로 100원이라는 값이 이미 추가 되었습니다. 우리는 이것을 sql developer Tool을 사용하여 다음과 같이 수정해 보도록 하겠습니다. 사용법은 엑셀의 사용법과 유사합니다. 단축키 또는 더블 클릭을 수행하여 데이터를 지우도록 합니다. 그러면, 그림과 같이 (null)이라는 값으로 대체 됩니다. 행 번호 숫자 왼쪽에 보이는 별 표시는 수정 중이라는 의미로 이해하시면 됩니다. 이것을 커밋하는 방법은 왼쪽 상단의 녹색 체크(커밋) 아이콘을 클릭하시면 됩니다. 다음과 같이 '커밋 성공'이라는 메시지 로그가 출력 됩니다.

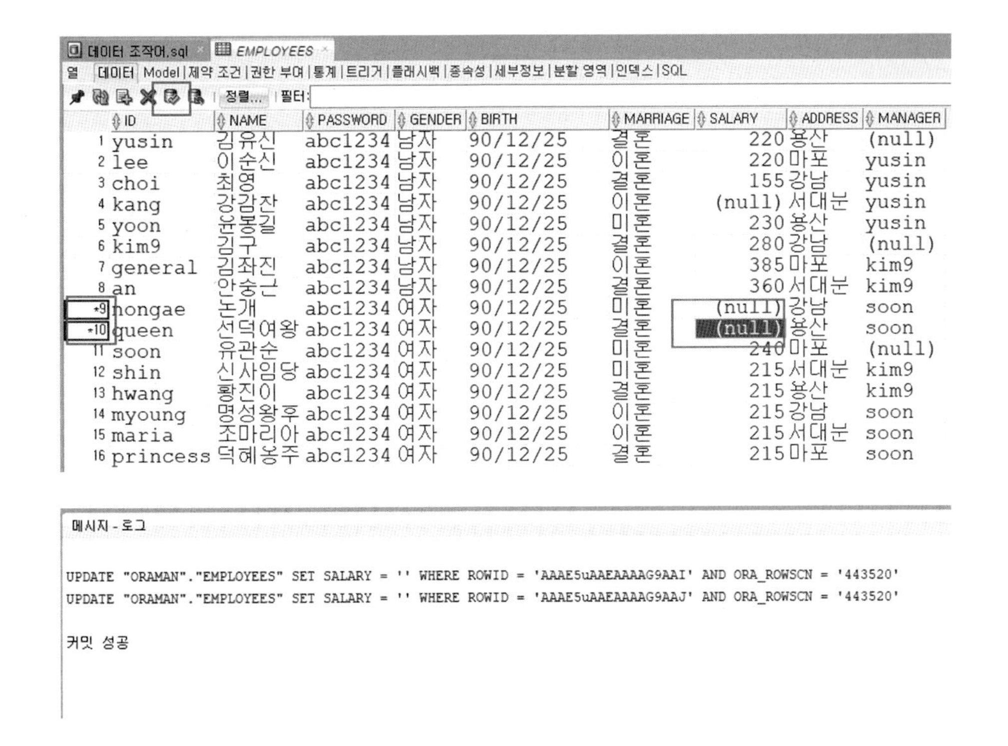

	ID	NAME	PASSWORD	GENDER	BIRTH	MARRIAGE	SALARY	ADDRESS	MANAGER
1	yusin	김유신	abc1234	남자	90/12/25	결혼	220	용산	(null)
2	lee	이순신	abc1234	남자	90/12/25	이혼	220	마포	yusin
3	choi	최영	abc1234	남자	90/12/25	결혼	155	강남	yusin
4	kang	강감찬	abc1234	남자	90/12/25	이혼	(null)	서대문	yusin
5	yoon	윤봉길	abc1234	남자	90/12/25	미혼	230	용산	yusin
6	kim9	김구	abc1234	남자	90/12/25	결혼	280	강남	(null)
7	general	김좌진	abc1234	남자	90/12/25	이혼	385	마포	kim9
8	an	안중근	abc1234	남자	90/12/25	결혼	360	서대문	kim9
*9	nongae	논개	abc1234	여자	90/12/25	미혼	(null)	강남	soon
*10	queen	선덕여왕	abc1234	여자	90/12/25	결혼	(null)	용산	soon
11	soon	유관순	abc1234	여자	90/12/25	미혼	240	마포	(null)
12	shin	신사임당	abc1234	여자	90/12/25	미혼	215	서대문	kim9
13	hwang	황진이	abc1234	여자	90/12/25	결혼	215	용산	kim9
14	myoung	명성왕후	abc1234	여자	90/12/25	이혼	215	강남	soon
15	maria	조마리아	abc1234	여자	90/12/25	이혼	215	서대문	soon
16	princess	덕혜옹주	abc1234	여자	90/12/25	결혼	215	마포	soon

메시지 - 로그

```
UPDATE "ORAMAN"."EMPLOYEES" SET SALARY = '' WHERE ROWID = 'AAAE5uAAEAAAAG9AAI' AND ORA_ROWSCN = '443520'
UPDATE "ORAMAN"."EMPLOYEES" SET SALARY = '' WHERE ROWID = 'AAAE5uAAEAAAAG9AAJ' AND ORA_ROWSCN = '443520'

커밋 성공
```

다음은 최종적으로 만들어진 employees 테이블입니다.

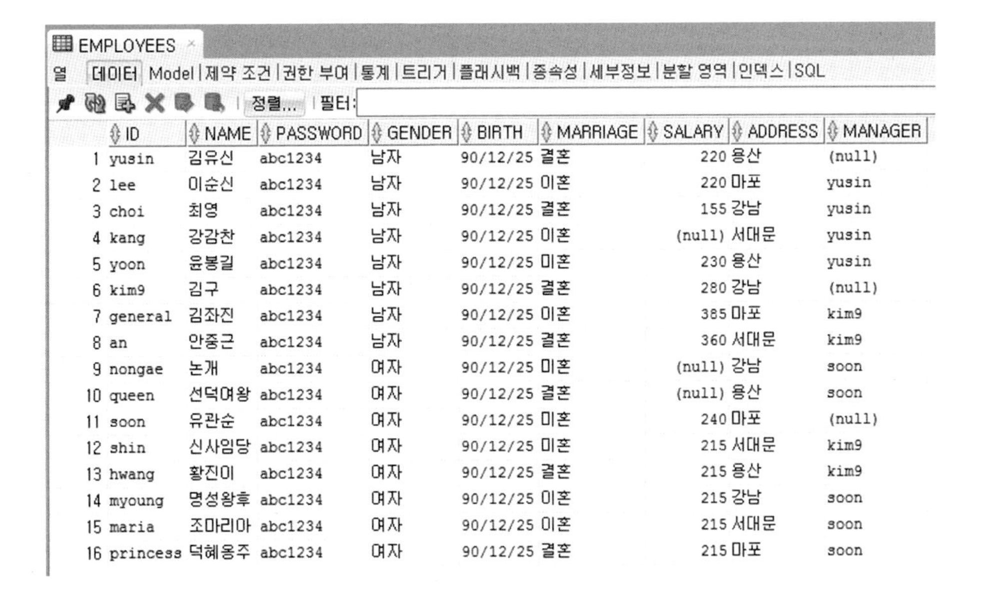

	ID	NAME	PASSWORD	GENDER	BIRTH	MARRIAGE	SALARY	ADDRESS	MANAGER
1	yusin	김유신	abc1234	남자	90/12/25	결혼	220	용산	(null)
2	lee	이순신	abc1234	남자	90/12/25	이혼	220	마포	yusin
3	choi	최영	abc1234	남자	90/12/25	결혼	155	강남	yusin
4	kang	강감찬	abc1234	남자	90/12/25	이혼	(null)	서대문	yusin
5	yoon	윤봉길	abc1234	남자	90/12/25	미혼	230	용산	yusin
6	kim9	김구	abc1234	남자	90/12/25	결혼	280	강남	(null)
7	general	김좌진	abc1234	남자	90/12/25	이혼	385	마포	kim9
8	an	안중근	abc1234	남자	90/12/25	결혼	360	서대문	kim9
9	nongae	논개	abc1234	여자	90/12/25	미혼	(null)	강남	soon
10	queen	선덕여왕	abc1234	여자	90/12/25	결혼	(null)	용산	soon
11	soon	유관순	abc1234	여자	90/12/25	미혼	240	마포	(null)
12	shin	신사임당	abc1234	여자	90/12/25	미혼	215	서대문	kim9
13	hwang	황진이	abc1234	여자	90/12/25	결혼	215	용산	kim9
14	myoung	명성왕후	abc1234	여자	90/12/25	이혼	215	강남	soon
15	maria	조마리아	abc1234	여자	90/12/25	이혼	215	서대문	soon
16	princess	덕혜옹주	abc1234	여자	90/12/25	결혼	215	마포	soon

6.3 연산자 살펴 보기

행에 대한 수정 구문을 살펴 보기 전에 우선 연산자를 살펴 보고자 합니다. 왜냐하면 이러한 연산자들이 수정 혹은 조회 등을 위하여 지속적으로 사용이 되기 때문입니다.

6.3.1 비교 연산자

두 개의 수를 비교하는 연산자로써 관계 연산자라고 하기도 합니다. 이 연산자의 연산의 최종적인 결과는 참(true)과 거짓(false) 중에 하나입니다. 특히 where 절에서 조건 검사식으로 주로 사용합니다. 예를 들어서 [where salary >= 1000]은 급여가 1000 이상인 값들을 찾는 명령어입니다.

비교 연산자는 다음과 같은 항목들이 있습니다.

연산자	연산자	의미	수학적 기호	오라클 결과
항등 연산자	=	같습니다.	=	false
항등 연산자	<>	같지 않습니다.	≠	true
비교 연산자	>	좌측이 큽니다.	>	true
비교 연산자	>=	좌측이 크거나 같습니다.	≥	false
비교 연산자	<	좌측이 작습니다.	<	true
비교 연산자	<=	좌측이 작거나 같습니다.	≤	true

비교 연산자의 몇 가지 사용 예시를 살펴 보겠습니다. where 절(clause)은 전체 데이터에서 일부 행(row)을 선택하고자 할 때 사용하는 구문입니다. 이 구문은 DQL 구문에서 좀 더 상세하게 다루도록 하겠습니다.

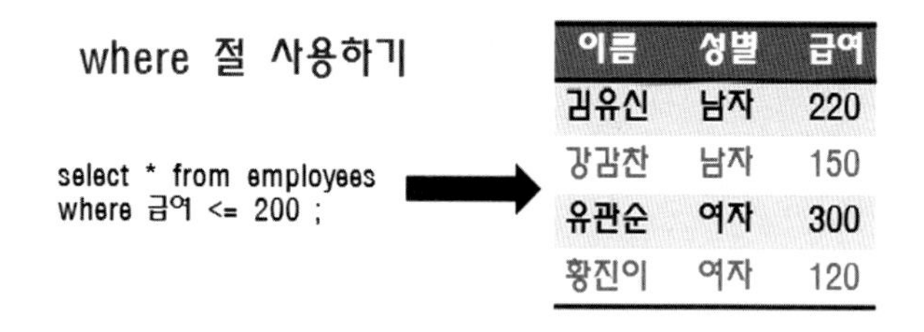

구문	설명
where id = 'an'	아이디(id)가 'an'인 데이터에 대하여 …
where 급여 <= 200 ;	급여(salary)가 200이하인 사원들에 대하여 …

6.3.2 논리 연산자

연산자에 '논리'라는 수식어가 붙긴 하지만 논리 연산자는 피연산자로 진위 형타입의 값을 받을 수 있습니다.

연산 결과 역시 진위 형 타입이 됩니다.

연산자	의미
and	논리곱([그리고] 라는 논리적 언어로 연결된 합성 명제)이라고 합니다.
or	논리합([또는] 이라는 논리적 언어로 연결된 합성 명제)이라고 합니다.
not	부정(진위 값을 변경하는 것)을 의미합니다.

and 연산자는 모두 true일 때만 true이 되는 연산자입니다.

and 진위표	true	false	null
true	true	false	null
false	false	false	false
null	null	false	null

or 연산자는 모두 false 일때만 false이 되는 연산자입니다.

or 진위표	true	false	null
true	true	true	true
false	true	false	null
null	true	null	null

not 연산자는 부호를 반전시키는 연산자입니다. true를 false으로, flase를 true으로 변경해 줍니다.

null 값에 대해서는 아무런 영향도 미치지 않습니다.

not 진위표	true	false	null
결과	false	true	null

다음은 논리 연산자의 사용 예시입니다.

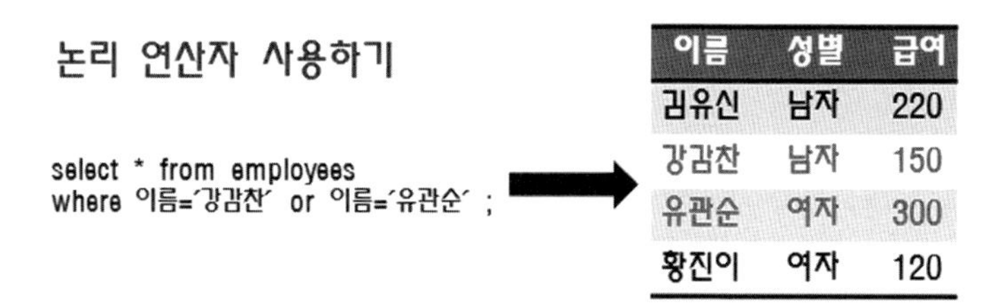

구문	설명
where manager = 'yusin' and salary >= 250 ;	매니저의 아이디가 'yusin'이면서, 급여(salary)가 250 이상인 데이터에 대하여 …
where 이름='강감찬' or 이름='유관순' ;	이름이 '강감찬'이거나 '유관순'인 데이터에 대하여…

6.4 행(row) 수정하기

이를 테면 쇼핑몰에서 나의 개인 신상 정보를 변경해야하는 경우가 있습니다. 예를 들어서 개명을 하거나, 이사를 가서 주소지 변경 등이 발생했을 때의 경우입니다. Update 구문은 이미 저장이 되어 있는 데이터 값을 변경하고자 하는 경우에 사용하는 문장입니다. 업데이트(update) 구문과 관련된 항목들은 다음과 같은 것들이 있습니다.

명령어	의미
내용	이미 저장되어 있는 행에 대한 데이터를 수정하기 위한 방법입니다.
사용 문법	update 테이블_이름 set 컬럼1 = 값1, 컬럼2 = 값2, … 컬럼n = 값n where 조건식 ;
주의 사항	문자와 날짜 값은 반드시 외따옴표 (' ') 으로 둘러 싸야 합니다. where 절을 지정하지 않으면 모든 행이 수정됩니다.

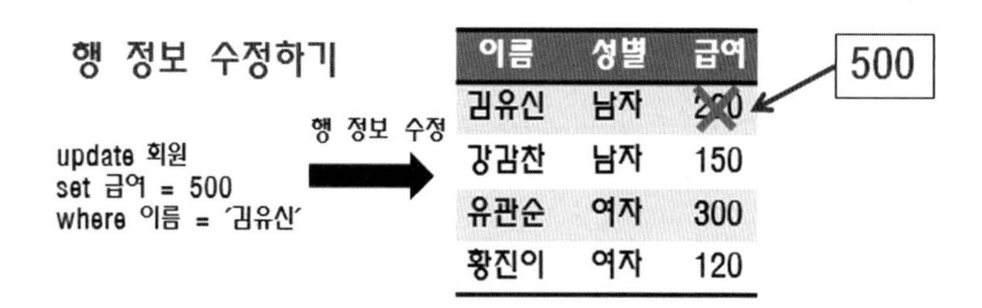

다음 각각의 문장에 대하여 잘 변경이 잘 되었는 지 확인해 보도록 합니다.

모든 회원들의 급여를 100으로 변경해 보세요.

모든 회원들에 대한 처리이므로 where 절은 따로 필요하지 않습니다.

```
update employees set salary=100 ;
select * from employees ;
```

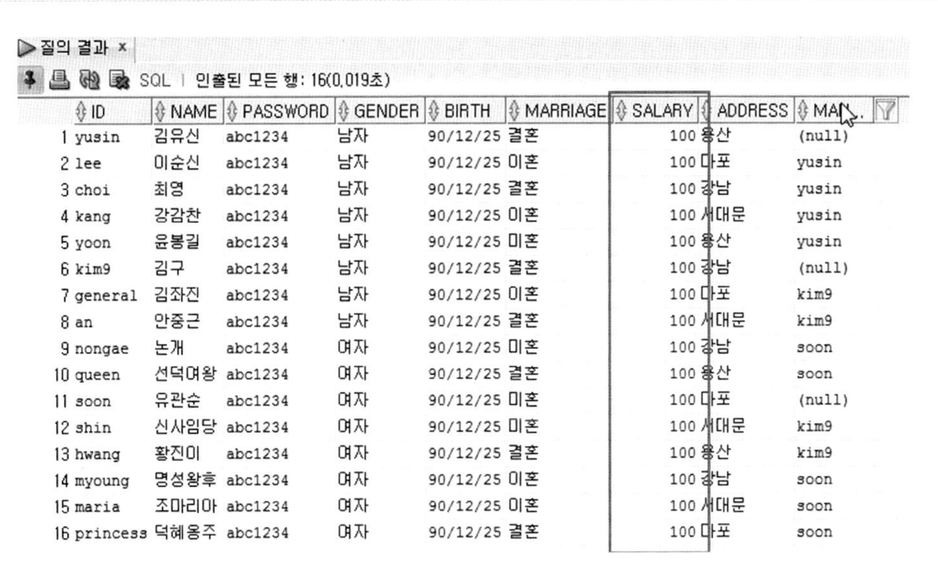

▷질의 결과 ×

SQL | 인출된 모든 행: 16(0.019초)

	ID	NAME	PASSWORD	GENDER	BIRTH	MARRIAGE	SALARY	ADDRESS	MA...
1	yusin	김유신	abc1234	남자	90/12/25	결혼	100	용산	(null)
2	lee	이순신	abc1234	남자	90/12/25	이혼	100	마포	yusin
3	choi	최영	abc1234	남자	90/12/25	결혼	100	강남	yusin
4	kang	강감찬	abc1234	남자	90/12/25	이혼	100	서대문	yusin
5	yoon	윤봉길	abc1234	남자	90/12/25	미혼	100	용산	yusin
6	kim9	김구	abc1234	남자	90/12/25	결혼	100	강남	(null)
7	general	김좌진	abc1234	남자	90/12/25	이혼	100	마포	kim9
8	an	안중근	abc1234	남자	90/12/25	결혼	100	서대문	kim9
9	nongae	논개	abc1234	여자	90/12/25	미혼	100	강남	soon
10	queen	선덕여왕	abc1234	여자	90/12/25	결혼	100	용산	soon
11	soon	유관순	abc1234	여자	90/12/25	미혼	100	마포	(null)
12	shin	신사임당	abc1234	여자	90/12/25	미혼	100	서대문	kim9
13	hwang	황진이	abc1234	여자	90/12/25	결혼	100	용산	kim9
14	myoung	명성왕후	abc1234	여자	90/12/25	이혼	100	강남	soon
15	maria	조마리아	abc1234	여자	90/12/25	이혼	100	서대문	soon
16	princess	덕혜옹주	abc1234	여자	90/12/25	결혼	100	마포	soon

모든 회원들의 생일을 오늘 날짜로 변경해 보세요.

```
update employees set birth = sysdate ;
select * from employees ;
```

▷질의 결과 1 ×

SQL | 인출된 모든 행: 16(0.006초)

	ID	NAME	PASSWORD	GENDER	BIRTH	MARRIAGE	SALARY	ADDRESS	MANAGER
1	yusin	김유신	abc1234	남자	21/01/30	결혼	100	용산	(null)
2	lee	이순신	abc1234	남자	21/01/30	이혼	100	마포	yusin
3	choi	최영	abc1234	남자	21/01/30	결혼	100	강남	yusin
4	kang	강감찬	abc1234	남자	21/01/30	이혼	100	서대문	yusin
5	yoon	윤봉길	abc1234	남자	21/01/30	미혼	100	용산	yusin
6	kim9	김구	abc1234	남자	21/01/30	결혼	100	강남	(null)
7	general	김좌진	abc1234	남자	21/01/30	이혼	100	마포	kim9
8	an	안중근	abc1234	남자	21/01/30	결혼	100	서대문	kim9
9	nongae	논개	abc1234	여자	21/01/30	미혼	100	강남	soon
10	queen	선덕여왕	abc1234	여자	21/01/30	결혼	100	용산	soon
11	soon	유관순	abc1234	여자	21/01/30	미혼	100	마포	(null)
12	shin	신사임당	abc1234	여자	21/01/30	미혼	100	서대문	kim9
13	hwang	황진이	abc1234	여자	21/01/30	결혼	100	용산	kim9
14	myoung	명성왕후	abc1234	여자	21/01/30	이혼	100	강남	soon
15	maria	조마리아	abc1234	여자	21/01/30	이혼	100	서대문	soon
16	princess	덕혜옹주	abc1234	여자	21/01/30	결혼	100	마포	soon

모든 회원들의 비번을 'qwert'으로 변경해 보세요.

```
update employees set password = 'qwert' ;
select * from employees ;
```

	ID	NAME	PASSWORD	GENDER	BIRTH	MARRIAGE	SALARY	ADDRESS	MANAGER
1	yusin	김유신	qwert	남자	21/01/30	결혼	100	용산	(null)
2	lee	이순신	qwert	남자	21/01/30	이혼	100	마포	yusin
3	choi	최영	qwert	남자	21/01/30	결혼	100	강남	yusin
4	kang	강감찬	qwert	남자	21/01/30	이혼	100	서대문	yusin
5	yoon	윤봉길	qwert	남자	21/01/30	미혼	100	용산	yusin
6	kim9	김구	qwert	남자	21/01/30	결혼	100	강남	(null)
7	general	김좌진	qwert	남자	21/01/30	이혼	100	마포	kim9
8	an	안중근	qwert	남자	21/01/30	결혼	100	서대문	kim9
9	nongae	논개	qwert	여자	21/01/30	미혼	100	강남	soon
10	queen	선덕여왕	qwert	여자	21/01/30	결혼	100	용산	soon
11	soon	유관순	qwert	여자	21/01/30	미혼	100	마포	(null)
12	shin	신사임당	qwert	여자	21/01/30	미혼	100	서대문	kim9
13	hwang	황진이	qwert	여자	21/01/30	결혼	100	용산	kim9
14	myoung	명성왕후	qwert	여자	21/01/30	이혼	100	강남	soon
15	maria	조마리아	qwert	여자	21/01/30	이혼	100	서대문	soon
16	princess	덕혜옹주	qwert	여자	21/01/30	결혼	100	마포	soon

모든 회원들의 급여를 500으로, 비번은 'abc1234'로 변경해 보세요. 두 개 이상의 컬럼을 한꺼번에 변경하고자 하는 경우에는 콤마를 이용하여 연결하면 됩니다.

```
update employees set salary = 500, password = 'abc1234' ;
select * from employees ;
```

	ID	NAME	PASSWORD	GENDER	BIRTH	MARRIAGE	SALARY	ADDRESS	MANAGER
1	yusin	김유신	abc1234	남자	21/01/30	결혼	500	용산	(null)
2	lee	이순신	abc1234	남자	21/01/30	이혼	500	마포	yusin
3	choi	최영	abc1234	남자	21/01/30	결혼	500	강남	yusin
4	kang	강감찬	abc1234	남자	21/01/30	이혼	500	서대문	yusin
5	yoon	윤봉길	abc1234	남자	21/01/30	미혼	500	용산	yusin
6	kim9	김구	abc1234	남자	21/01/30	결혼	500	강남	(null)
7	general	김좌진	abc1234	남자	21/01/30	이혼	500	마포	kim9
8	an	안중근	abc1234	남자	21/01/30	결혼	500	서대문	kim9
9	nongae	논개	abc1234	여자	21/01/30	미혼	500	강남	soon
10	queen	선덕여왕	abc1234	여자	21/01/30	결혼	500	용산	soon
11	soon	유관순	abc1234	여자	21/01/30	미혼	500	마포	(null)
12	shin	신사임당	abc1234	여자	21/01/30	미혼	500	서대문	kim9
13	hwang	황진이	abc1234	여자	21/01/30	결혼	500	용산	kim9
14	myoung	명성왕후	abc1234	여자	21/01/30	이혼	500	강남	soon
15	maria	조마리아	abc1234	여자	21/01/30	이혼	500	서대문	soon
16	princess	덕혜옹주	abc1234	여자	21/01/30	결혼	500	마포	soon

'안중근'의 급여를 400으로 변경해 보세요. 전체 회원이 아닌 특정 회원에 대한 정보를 조회하므로 where 구문을 사용하도록 합니다. 일반적으로 이름(name 컬럼)이 아닌 기본키 컬럼인 아이디(id 컬럼)를 이용하여 처리하는 게 맞습니다. 참고로 '안중근'의 아이디는 'an'입니다.

```
update employees set salary = 400 where id = 'an' ;
select * from employees where id = 'an' ;
```

	ID	NAME	PASSWORD	GENDER	BIRTH	MARRIAGE	SALARY	ADDRESS	MANAGER
1	an	안중근	abc1234	남자	21/01/30	결혼	400	서대문	kim9

'윤봉길'의 결혼 여부를 '이혼'으로 변경해 보세요.

```
update employees set marriage = '이혼' where id = 'yoon' ;
select * from employees where id = 'yoon' ;
```

	ID	NAME	PASSWORD	GENDER	BIRTH	MARRIAGE	SALARY	ADDRESS	MANAGER
1	yoon	윤봉길	abc1234	남자	21/01/30	이혼	500	용산	yusin

위의 사항들을 롤백해 보세요. 롤백은 commit 명령어 이후에 수행했던 모든 DML 구문들(insert, update, delete 구문들)의 작업 내역은 실행하지 않고 다시 되돌리는 기능을 합니다. 행 추가 작업이 완료 되었던 이전 시점으로 다시 돌아갑니다.

```
rollback ;
select * from employees ;
```

	ID	NAME	PASSWORD	GENDER	BIRTH	MARRIAGE	SALARY	ADDRESS	MANAGER
1	yusin	김유신	abc1234	남자	90/12/25	결혼	220	용산	(null)
2	lee	이순신	abc1234	남자	90/12/25	이혼	220	마포	yusin
3	choi	최영	abc1234	남자	90/12/25	결혼	155	강남	yusin
4	kang	강감찬	abc1234	남자	90/12/25	이혼	(null)	서대문	yusin
5	yoon	윤봉길	abc1234	남자	90/12/25	미혼	230	용산	yusin
6	kim9	김구	abc1234	남자	90/12/25	결혼	280	강남	(null)
7	general	김좌진	abc1234	남자	90/12/25	이혼	385	마포	kim9
8	an	안중근	abc1234	남자	90/12/25	결혼	360	서대문	kim9
9	nongae	논개	abc1234	여자	90/12/25	미혼	(null)	강남	soon
10	queen	선덕여왕	abc1234	여자	90/12/25	결혼	(null)	용산	soon
11	soon	유관순	abc1234	여자	90/12/25	미혼	240	마포	(null)
12	shin	신사임당	abc1234	여자	90/12/25	미혼	215	서대문	kim9
13	hwang	황진이	abc1234	여자	90/12/25	결혼	215	용산	kim9
14	myoung	명성왕후	abc1234	여자	90/12/25	이혼	215	강남	soon
15	maria	조마리아	abc1234	여자	90/12/25	이혼	215	서대문	soon
16	princess	덕혜옹주	abc1234	여자	90/12/25	결혼	215	마포	soon

모든 회원들의 급여를 10% 인상 시켜 보세요. 연산 결과를 보면 이전에 null이었던 데이터는 연산 결과도 null입니다.
null은 정의되지 않은 어떠한 미지의 값을 의미합니다. null에 대한 산술 연산의 결과 역시 null입니다.

```
update employees set salary=1.1*salary ;
select * from employees ;
```

	ID	NAME	PASSWORD	GENDER	BIRTH	MARRIAGE	SALARY	ADDRESS	MANAGER
1	yusin	김유신	abc1234	남자	90/12/25	결혼	242	용산	(null)
2	lee	이순신	abc1234	남자	90/12/25	이혼	242	마포	yusin
3	choi	최영	abc1234	남자	90/12/25	결혼	170.5	강남	yusin
4	kang	강감찬	abc1234	남자	90/12/25	이혼	(null)	서대문	yusin
5	yoon	윤봉길	abc1234	남자	90/12/25	미혼	253	용산	yusin
6	kim9	김구	abc1234	남자	90/12/25	결혼	308	강남	(null)
7	general	김좌진	abc1234	남자	90/12/25	이혼	423.5	마포	kim9
8	an	안중근	abc1234	남자	90/12/25	결혼	396	서대문	kim9
9	nongae	논개	abc1234	여자	90/12/25	미혼	(null)	강남	soon
10	queen	선덕여왕	abc1234	여자	90/12/25	결혼	(null)	용산	soon
11	soon	유관순	abc1234	여자	90/12/25	미혼	264	마포	(null)
12	shin	신사임당	abc1234	여자	90/12/25	미혼	236.5	서대문	kim9
13	hwang	황진이	abc1234	여자	90/12/25	결혼	236.5	용산	kim9
14	myoung	명성왕후	abc1234	여자	90/12/25	이혼	236.5	강남	soon
15	maria	조마리아	abc1234	여자	90/12/25	이혼	236.5	서대문	soon
16	princess	덕혜옹주	abc1234	여자	90/12/25	결혼	236.5	마포	soon

'김좌진'의 급여를 100 뺄셈해주세요.

```
update employees set salary = salary - 100 where id = 'general' ;
select * from employees where id = 'general';
```

	ID	NAME	PASSWORD	GENDER	BIRTH	MARRIAGE	SALARY	ADDRESS	MANAGER
1	general	김좌진	abc1234	남자	90/12/25	이혼	323.5	마포	kim9

'황진이'의 급여를 50 더하고, 주소를 '마포'로 변경해 주세요.

```
update employees set salary = salary + 50, address = '마포' where id = 'hwang' ;
select * from employees where id = 'hwang';
```

	ID	NAME	PASSWORD	GENDER	BIRTH	MARRIAGE	SALARY	ADDRESS	MANAGER
1	hwang	황진이	abc1234	여자	90/12/25	결혼	286.5	마포	kim9

'최영'이 이번에 '최부식'으로 개명을 했고, '서대문'으로 이사갔습니다.

```
update employees set name = '최부식', address = '서대문' where id = 'choi' ;
select * from employees where id = 'choi';
```

	ID	NAME	PASSWORD	GENDER	BIRTH	MARRIAGE	SALARY	ADDRESS	MANAGER
1	choi	최부식	abc1234	남자	90/12/25	결혼	170.5	서대문	yusin

관리자가 '김구'인 회원들의 급여를 600으로 변경해 보세요.

```
update employees set salary = 600 where manager = 'kim9';
select * from employees where manager = 'kim9';
```

	ID	NAME	PASSWORD	GENDER	BIRTH	MARRIAGE	SALARY	ADDRESS	MANAGER
1	general	김좌진	abc1234	남자	90/12/25	미혼	600	마포	kim9
2	an	안중근	abc1234	남자	90/12/25	결혼	600	서대문	kim9
3	shin	신사임당	abc1234	여자	90/12/25	미혼	600	서대문	kim9
4	hwang	황진이	abc1234	여자	90/12/25	결혼	600	마포	kim9

급여가 200이하인 회원들의 급여를 300으로 변경해 보세요.

```
update employees set salary = 300 where salary <= 200 ;
```

관리자가 '김유신'이고, 급여가 250이상인 회원들에 대하여 급여를 700으로 변경해 보세요.

```
update employees set salary = 700 where manager = 'yusin' and salary >= 250 ;
-- 2개 행 이(가) 업데이트되었습니다.
```

'김구'이거나 '황진이'이면 급여를 450으로 변경해 보세요.

```
update employees set salary = 450 where id = 'kim9' or id = 'hwang' ;
select * from employees where id = 'kim9' or id = 'hwang' ;
```

	ID	NAME	PASSWORD	GENDER	BIRTH	MARRIAGE	SALARY	ADDRESS	MANAGER
1	hwang	황진이	abc1234	여자	90/12/25	결혼	450	마포	kim9
2	kim9	김구	abc1234	남자	90/12/25	결혼	450	강남	(null)

6.4.1 in 연산자

다음과 같은 구문을 살펴 보도록 합니다. 아이디가 'kim9'이거나 'hwang'이거나 'shin'인 항목을 찾아 보는 구문입니다.

문장이 길어서 다소 복잡한데, 이것을 좀 완화시키기 위한 구문으로 in 연산자를 지원합니다.

```
where id = 'kim9' or id = 'hwang' or id = 'shin' ;
```

연산자	의미
in(set)	or 연산자 대신에 간략히 표현할 목적으로 만든 키워드 입니다. or 연산자의 조합으로 셋트 목록 중의 하나와 일치하는 모두를 의미합니다.

in 연산자를 사용하여 등가(等價)의 문장을 만들면 다음과 같습니다.

```
where id in ( ' kim9 ' , ' hwang ' , ' shin ' )
```

몇 가지 예시를 더 만들어 봅니다.

구문	설명
where id in ('kim9', 'hwang') ;	아이디가 'kim9'이거나 'hwang'인 데이터에 대하여 …
where manager in ('yusin', 'soon') ;	관리자 아이디가 'yusin'이거나 'soon'인 데이터에 대하여 …
where marriage not in ('미혼', '이혼') ;	결혼 여부가 '미혼'이 아니거나 '이혼'이 아닌 데이터에 대하여 …

나음 예시는 in 키워드를 사용하여 풀어 보는 예시입니다. '김구'이거나 '황진이'이면 급여를 1000으로 변경하되, in 키워드를 사용하세요.

```
update employees set salary = 1000 where id in ( ' kim9 ' , ' hwang ' ) ;
select * from employees where id in ( ' kim9 ' , ' hwang ' ) ;
```

	ID	NAME	PASSWORD	GENDER	BIRTH	MARRIAGE	SALARY	ADDRESS	MANAGER
1	hwang	황진이	abc1234	여자	90/12/25	결혼	1000	마포	kim9
2	kim9	김구	abc1234	남자	90/12/25	결혼	1000	강남	(null)

in 키워드를 사용하여 관리자가 '김유신'이거나, '유관순'인 회원들의 급여를 555으로 변경해 보세요.

```
update employees set salary = 555 where manager in ( ' yusin ' , ' soon ' ) ;
select * from employees where manager in ( ' yusin ' , ' soon ' ) ;
```

	ID	NAME	PASSWORD	GENDER	BIRTH	MARRIAGE	SALARY	ADDRESS	MANAGER
1	lee	이순신	abc1234	남자	90/12/25	이혼	555	마포	yusin
2	choi	최부식	abc1234	남자	90/12/25	결혼	555	서대문	yusin
3	kang	강감찬	abc1234	남자	90/12/25	이혼	555	서대문	yusin
4	yoon	윤봉길	abc1234	남자	90/12/25	미혼	555	용산	yusin
5	nongae	논개	abc1234	여자	90/12/25	미혼	555	강남	soon
6	queen	선덕여왕	abc1234	여자	90/12/25	결혼	555	용산	soon
7	myoung	명성왕후	abc1234	여자	90/12/25	이혼	555	강남	soon
8	maria	조마리아	abc1234	여자	90/12/25	이혼	555	서대문	soon
9	princess	덕혜옹주	abc1234	여자	90/12/25	결혼	555	마포	soon

in 키워드에 부정어를 사용하고자 하는 경우에는 not in 구문을 사용하면 됩니다. in 키워드를 사용하여 결혼 여부가 '미혼' 또는 '이혼'이 아닌 회원들의 급여를 777로 변경해 보세요.

```
update employees set salary = 777 where marriage not in ('미혼', '이혼') ;
select * from employees where marriage not in ('미혼', '이혼') ;
```

	ID	NAME	PASSWORD	GENDER	BIRTH	MARRIAGE	SALARY	ADDRESS	MANAGER
1	yusin	김유신	abc1234	남자	90/12/25	결혼	777	용산	(null)
2	choi	최영	abc1234	남자	90/12/25	결혼	777	강남	yusin
3	kim9	김구	abc1234	남자	90/12/25	결혼	777	강남	(null)
4	an	안중근	abc1234	남자	90/12/25	결혼	777	서대문	kim9
5	queen	선덕여왕	abc1234	여자	90/12/25	결혼	777	용산	soon
6	hwang	황진이	abc1234	여자	90/12/25	결혼	777	용산	kim9
7	princess	덕혜옹주	abc1234	여자	90/12/25	결혼	777	마포	soon

위의 사항들을 롤백하시오. 모든 변경이 되었던 내용에 대하여 다시 원래 데이터로 복귀했는 지 확인하도록 합니다.

```
rollback ;
select * from employees ;
```

	ID	NAME	PASSWORD	GENDER	BIRTH	MARRIAGE	SALARY	ADDRESS	MANAGER
1	yusin	김유신	abc1234	남자	90/12/25	결혼	220	용산	(null)
2	lee	이순신	abc1234	남자	90/12/25	이혼	220	마포	yusin
3	choi	최영	abc1234	남자	90/12/25	결혼	155	강남	yusin
4	kang	강감찬	abc1234	남자	90/12/25	이혼	(null)	서대문	yusin
5	yoon	윤봉길	abc1234	남자	90/12/25	미혼	230	용산	yusin
6	kim9	김구	abc1234	남자	90/12/25	결혼	280	강남	(null)
7	general	김좌진	abc1234	남자	90/12/25	이혼	385	마포	kim9
8	an	안중근	abc1234	남자	90/12/25	결혼	360	서대문	kim9
9	nongae	논개	abc1234	여자	90/12/25	미혼	(null)	강남	soon
10	queen	선덕여왕	abc1234	여자	90/12/25	결혼	(null)	용산	soon
11	soon	유관순	abc1234	여자	90/12/25	미혼	240	마포	(null)
12	shin	신사임당	abc1234	여자	90/12/25	미혼	215	서대문	kim9
13	hwang	황진이	abc1234	여자	90/12/25	결혼	215	용산	kim9
14	myoung	명성왕후	abc1234	여자	90/12/25	이혼	215	강남	soon
15	maria	조마리아	abc1234	여자	90/12/25	이혼	215	서대문	soon
16	princess	덕혜옹주	abc1234	여자	90/12/25	결혼	215	마포	soon

6.5 행(row) 삭제하기

인터넷 쇼핑몰에서 회원이 탈퇴하는 경우 데이터 베이스 입장에서는 필요 없는 행을 삭제해야 합니다. 이와 같은 경우에 사용할 수 있는 구문이 바로 delete 구문입니다.

데이터 삭제(delete) 구문과 관련된 항목들은 다음과 같은 것들이 있습니다.

명령어	의미
내용	테이블의 모든 행 또는 조건에 맞는 특정 행을 삭제합니다.
사용 문법	delete from 테이블_이름 where 조건식 ;
주의 사항	문자와 날짜 값은 외따옴표 (") 으로 둘러싸야 합니다. where 절을 지정하지 않으면 모든 행이 삭제됩니다. 실제 내용인 데이터만 삭제되고 , 테이블 자체는 삭제되지 않습니다. delete 명령어로 column 삭제는 불가능합니다. 컬럼의 삭제는 alter table 명령어를 사용해야 합니다.

다음 각각의 문장에 대하여 잘 삭제 되는지 확인해 보도록 합니다.

이번 예시에서는 바로 다음의 실습을 원활하게 수행하기 위하여 확인 후에 반드시 롤백을 수행하도록 합니다.

모든 회원을 삭제하세요.

```
delete from employees ;
select * from employees ;
```

확인을 해보면 조회되는 데이터가 존재하지 않습니다.

ID	NAME	PASSW...	GENDER	BIRTH	MARRIA...	SALARY	ADDRESS	MANAGER

'안중근' 회원에 대한 정보를 삭제하세요.

```
rollback ;
delete from employees where id = ' an ' ;
select * from employees ;
```

아이디 'an'이 보이지 않아야 합니다.

	ID	NAME	PASSWORD	GENDER	BIRTH	MARRIAGE	SALARY	ADDRESS	MANAGER
1	yusin	김유신	abc1234	남자	90/12/25	결혼	220	용산	(null)
2	lee	이순신	abc1234	남자	90/12/25	이혼	220	마포	yusin
3	choi	최영	abc1234	남자	90/12/25	결혼	155	강남	yusin
4	kang	강감찬	abc1234	남자	90/12/25	이혼	(null)	서대문	yusin
5	yoon	윤봉길	abc1234	남자	90/12/25	미혼	230	용산	yusin
6	kim9	김구	abc1234	남자	90/12/25	결혼	280	강남	(null)
7	general	김좌진	abc1234	남자	90/12/25	이혼	385	마포	kim9
8	nongae	논개	abc1234	여자	90/12/25	미혼	(null)	강남	soon
9	queen	선덕여왕	abc1234	여자	90/12/25	결혼	(null)	용산	soon
10	soon	유관순	abc1234	여자	90/12/25	미혼	240	마포	(null)
11	shin	신사임당	abc1234	여자	90/12/25	미혼	215	서대문	kim9
12	hwang	황진이	abc1234	여자	90/12/25	결혼	215	용산	kim9
13	myoung	명성왕후	abc1234	여자	90/12/25	이혼	215	강남	soon
14	maria	조마리아	abc1234	여자	90/12/25	이혼	215	서대문	soon
15	princess	덕혜옹주	abc1234	여자	90/12/25	결혼	215	마포	soon

관리자가 '김유신'인 회원을 삭제하세요. 관리자가 '김유신'의 아이디가 'yusin'인 회원들이 목록에서 보이지 않아야 합니다.

```
rollback ;
delete from employees where manager = ' yusin ' ;
select * from employees ;
```

	ID	NAME	PASSWORD	GENDER	BIRTH	MARRIAGE	SALARY	ADDRESS	MANAGE
1	yusin	김유신	abc1234	남자	90/12/25	결혼	220	용산	(null)
2	kim9	김구	abc1234	남자	90/12/25	결혼	280	강남	(null)
3	general	김좌진	abc1234	남자	90/12/25	이혼	385	마포	kim9
4	an	안중근	abc1234	남자	90/12/25	결혼	360	서대문	kim9
5	nongae	논개	abc1234	여자	90/12/25	미혼	(null)	강남	soon
6	queen	선덕여왕	abc1234	여자	90/12/25	결혼	(null)	용산	soon
7	soon	유관순	abc1234	여자	90/12/25	미혼	240	마포	(null)
8	shin	신사임당	abc1234	여자	90/12/25	미혼	215	서대문	kim9
9	hwang	황진이	abc1234	여자	90/12/25	결혼	215	용산	kim9
10	myoung	명성왕후	abc1234	여자	90/12/25	이혼	215	강남	soon
11	maria	조마리아	abc1234	여자	90/12/25	이혼	215	서대문	soon
12	princess	덕혜옹주	abc1234	여자	90/12/25	결혼	215	마포	soon

관리자가 '김유신'이거나 '유관순'인 회원을 삭제하세요.

```
rollback ;
delete from employees where manager in ( ' yusin ' , ' soon ' ) ;
select * from employees ;
```

관리자 아이디가 'yusin'이거나 'soon'인 회원 목록은 보이지 않아야 합니다.

	ID	NAME	PASSWORD	GENDER	BIRTH	MARRIAGE	SALARY	ADDRESS	MANAGER
1	yusin	김유신	abc1234	남자	90/12/25	결혼	220	용산	(null)
2	kim9	김구	abc1234	남자	90/12/25	결혼	280	강남	(null)
3	general	김좌진	abc1234	남자	90/12/25	이혼	385	마포	kim9
4	an	안중근	abc1234	남자	90/12/25	결혼	360	서대문	kim9
5	soon	유관순	abc1234	여자	90/12/25	미혼	240	마포	(null)
6	shin	신사임당	abc1234	여자	90/12/25	미혼	215	서대문	kim9
7	hwang	황진이	abc1234	여자	90/12/25	결혼	215	용산	kim9

관리자가 '김유신'인 회원 중에서 급여가 220 이상인 회원을 삭제하세요.

```
rollback ;
delete from employees where manager in ( ' yusin ' ) and salary >= 220  ;
select * from employees ;
```

	ID	NAME	PASSWORD	GENDER	BIRTH	MARRIAGE	SALARY	ADDRESS	MANAGER
1	yusin	김유신	abc1234	남자	90/12/25	결혼	220	용산	(null)
2	choi	최영	abc1234	남자	90/12/25	결혼	155	강남	yusin
3	kang	강감찬	abc1234	남자	90/12/25	이혼	(null)	서대문	yusin
4	kim9	김구	abc1234	남자	90/12/25	결혼	280	강남	(null)
5	general	김좌진	abc1234	남자	90/12/25	이혼	385	마포	kim9
6	an	안중근	abc1234	남자	90/12/25	결혼	360	서대문	kim9
7	nongae	논개	abc1234	여자	90/12/25	미혼	(null)	강남	soon
8	queen	선덕여왕	abc1234	여자	90/12/25	결혼	(null)	용산	soon
9	soon	유관순	abc1234	여자	90/12/25	미혼	240	마포	(null)
10	shin	신사임당	abc1234	여자	90/12/25	미혼	215	서대문	kim9
11	hwang	황진이	abc1234	여자	90/12/25	결혼	215	용산	kim9
12	myoung	명성왕후	abc1234	여자	90/12/25	이혼	215	강남	soon
13	maria	조마리아	abc1234	여자	90/12/25	이혼	215	서대문	soon
14	princess	덕혜옹주	abc1234	여자	90/12/25	결혼	215	마포	soon

급여가 200미만이거나 300이상인 회원을 삭제하세요.

```
rollback ;
delete from employees where salary < 200 or salary >= 300   ;
select * from employees ;
```

	ID	NAME	PASSWORD	GENDER	BIRTH	MARRIAGE	SALARY	ADDRESS	MANAGER
1	yusin	김유신	abc1234	남자	90/12/25	결혼	220	용산	(null)
2	lee	이순신	abc1234	남자	90/12/25	이혼	220	마포	yusin
3	kang	강감찬	abc1234	남자	90/12/25	이혼	(null)	서대문	yusin
4	yoon	윤봉길	abc1234	남자	90/12/25	미혼	230	용산	yusin
5	kim9	김구	abc1234	남자	90/12/25	결혼	280	강남	(null)
6	nongae	논개	abc1234	여자	90/12/25	미혼	(null)	강남	soon
7	queen	선덕여왕	abc1234	여자	90/12/25	결혼	(null)	용산	soon
8	soon	유관순	abc1234	여자	90/12/25	미혼	240	마포	(null)
9	shin	신사임당	abc1234	여자	90/12/25	미혼	215	서대문	kim9
10	hwang	황진이	abc1234	여자	90/12/25	결혼	215	용산	kim9
11	myoung	명성왕후	abc1234	여자	90/12/25	이혼	215	강남	soon
12	maria	조마리아	abc1234	여자	90/12/25	이혼	215	서대문	soon
13	princess	덕혜옹주	abc1234	여자	90/12/25	결혼	215	마포	soon

주소가 '마포'이거나 '용산'인 회원을 삭제하세요.

```
rollback ;
delete from employees where address in (‘마포’, ‘용산’) ;
select * from employees ;
```

	ID	NAME	PASSWORD	GENDER	BIRTH	MARRIAGE	SALARY	ADDRESS	MANAGER
1	choi	최영	abc1234	남자	90/12/25	결혼	155	강남	yusin
2	kang	강감찬	abc1234	남자	90/12/25	이혼	(null)	서대문	yusin
3	kim9	김구	abc1234	남자	90/12/25	결혼	280	강남	(null)
4	an	안중근	abc1234	남자	90/12/25	결혼	360	서대문	kim9
5	nongae	논개	abc1234	여자	90/12/25	미혼	(null)	강남	soon
6	shin	신사임당	abc1234	여자	90/12/25	미혼	215	서대문	kim9
7	myoung	명성왕후	abc1234	여자	90/12/25	이혼	215	강남	soon
8	maria	조마리아	abc1234	여자	90/12/25	이혼	215	서대문	soon

주소가 '서대문'과 '강남'을 제외한 다른 지역에 거주하는 회원을 삭제하세요. 이번 예시에서는 in 키워드와 not 키워드를 같이 사용하는 not in 구문을 사용해야 합니다.

```
rollback ;
delete from employees where address not in ( '서대문', '강남' ) ;
select * from employees ;
```

	ID	NAME	PASSWORD	GENDER	BIRTH	MARRIAGE	SALARY	ADDRESS	MANAGER
1	choi	최영	abc1234	남자	90/12/25	결혼	155	강남	yusin
2	kang	강감찬	abc1234	남자	90/12/25	이혼	(null)	서대문	yusin
3	kim9	김구	abc1234	남자	90/12/25	결혼	280	강남	(null)
4	an	안중근	abc1234	남자	90/12/25	결혼	360	서대문	kim9
5	nongae	논개	abc1234	여자	90/12/25	미혼	(null)	강남	soon
6	shin	신사임당	abc1234	여자	90/12/25	미혼	215	서대문	kim9
7	myoung	명성왕후	abc1234	여자	90/12/25	이혼	215	강남	soon
8	maria	조마리아	abc1234	여자	90/12/25	이혼	215	서대문	soon

위의 사항들을 롤백 하도록 합니다.

```
rollback ;
select * from employees ;
```

다음 실습을 위하여 급여의 값을 조금 수정해 보도록 하겠습니다. 우선 의사 컬럼 rownum 컬럼부터 설명드리도록 하겠습니다. 우선 다음 구문을 실습해 보세요.

```
select rownum, id, name, salary from employees ;
```

ROWNUM	ID	NAME	SALARY
1	yusin	김유신	242
2	lee	이순신	242
3	choi	최영	170.5
4	kang	강감찬	(null)
5	yoon	윤봉길	253
6	kim9	김구	308
7	general	김좌진	423.5
8	an	안중근	396
9	nongae	논개	200
10	queen	선덕여왕	300
11	soon	유관순	(null)
12	shin	신사임당	236.5
13	hwang	황진이	236.5
14	myoung	명성왕후	236.5
15	maria	조마리아	236.5
16	princess	덕혜옹주	236.5

출력 결과를 보면 '김유신' rownum이 1이고, '덕혜옹주'의 rownum은 16입니다. rownum은 오라클에서 지원하는 의사 컬럼으로 데이터가 들어간 순서대로 1부터 하나씩 증가하여 숫자가 붙어 있는 컬럼입니다. 즉, 행이 들어간 순서 번호를 기억하고 있는 의사 컬럼입니다. 이 컬럼을 이용하여 다음과 같이 데이터를 수정하도록 합니다. 모든 사원들의 급여 정보는 100*rownum의 값으로 변경이 됩니다.

```
update employees set salary = 100 * rownum ;
commit ;
select * from employees ;
```

	ID	NAME	PASSWORD	GENDER	BIRTH	MARRIAGE	SALARY	ADDRESS	MANAGER
1	yusin	김유신	abc1234	남자	90/12/25	결혼	100	용산	(null)
2	lee	이순신	abc1234	남자	90/12/25	이혼	200	마포	yusin
3	choi	최영	abc1234	남자	90/12/25	결혼	300	강남	yusin
4	kang	강감찬	abc1234	남자	90/12/25	이혼	400	서대문	yusin
5	yoon	윤봉길	abc1234	남자	90/12/25	미혼	500	용산	yusin
6	kim9	김구	abc1234	남자	90/12/25	결혼	600	강남	(null)
7	general	김좌진	abc1234	남자	90/12/25	이혼	700	마포	kim9
8	an	안중근	abc1234	남자	90/12/25	결혼	800	서대문	kim9
9	nongae	논개	abc1234	여자	90/12/25	미혼	900	강남	soon
10	queen	선덕여왕	abc1234	여자	90/12/25	결혼	1000	용산	soon
11	soon	유관순	abc1234	여자	90/12/25	미혼	1100	마포	(null)
12	shin	신사임당	abc1234	여자	90/12/25	미혼	1200	서대문	kim9
13	hwang	황진이	abc1234	여자	90/12/25	결혼	1300	용산	kim9
14	myoung	명성왕후	abc1234	여자	90/12/25	이혼	1400	강남	soon
15	maria	조마리아	abc1234	여자	90/12/25	이혼	1500	서대문	soon
16	princess	덕혜옹주	abc1234	여자	90/12/25	결혼	1600	마포	soon

6.6 트랜잭션 개요

트랜잭션이란 데이터 처리에 있어 하나의 논리적 단위를 말합니다. 오라클에서 발생하는 여러 개의 dml 구문을 하나의 논리적인 단위로 묶을 수 있는 데, 이것을 트랜잭션(Transaction)이라고 합니다. 이러한 트랜잭션이 필요한 이유는 데이터의 무결성을 유지하고, 일관성 있게 안정적으로 데이터를 유지하기 위함입니다.

왜 이런, 트랜잭션이라는 개념이 필요한지 다음 예시를 이용하여 설명해 보도록 하겠습니다. 예를 들어서 특정 쇼핑몰에서 "강감찬"이라는 고객이 특정 상품들을 구매하는 구매 시스템을 살펴 보기로 하겠습니다.

트랜잭션의 개념

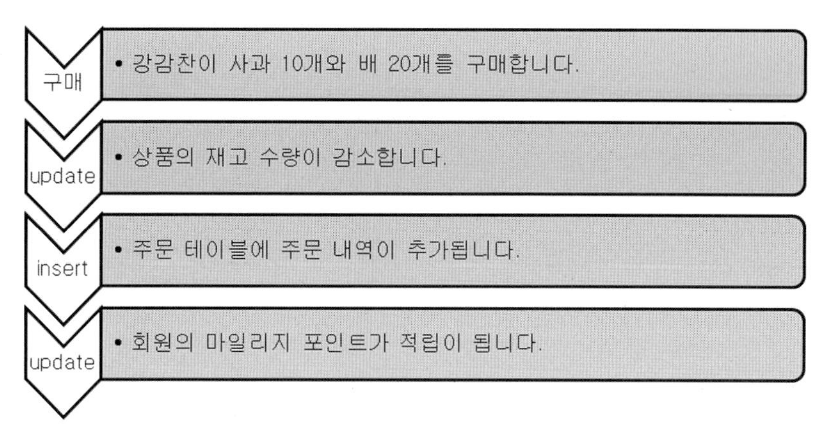

위의 구매 과정은 쇼핑몰 시스템에 별다른 문제점이 없다면 정상적으로 구매 처리가 잘 되어야 합니다. 하지만, 상품의 재고 수량의 부족한 상황이거나, 쇼핑몰 자체의 시스템적인 어떠한 문제로 정상적으로 처리가 되지 않는다면 모든 작업은 없던 일로 처리가 되어야 합니다. 위의 예시는 물리적으로 보았을 때, 4건의 업무입니다. 하지만, 위의 업무는 논리적으로 보았을 때 하나의 묶음 단위로 처리가 되어야 합니다. 이러한 논리적인 묶음의 단위를 데이터 베이스에서는 트랜잭션이라고 합니다.

특징 중에 ALL-OR-NOTHING이라는 개념은 위에서 언급한 물리적인 4건의 업무 단위가 처리가 된다면 4건 모두가 처리가 되어야 함(ALL)을 의미하며, 그렇지 않고 문제가 있다면 어느 것도 실행이 되면 않됨(NOTHING)을 의미합니다.

항목	설명
개념	데이터를 처리하는 하나의 논리적인 처리 단위를 의미합니다.
목적	일관성 유지(데이터 무결성이 보장됩니다.) 안정적인 데이터를 복구하기 위함입니다.
특징	ALL-OR-NOTHING 방식입니다. 논리적으로 연관된 작업을 그룹화할 수 있습니다.

6.7 트랜잭션 제어어

행 단위로 데이터를 추가/수정/삭제 등의 작업을 수행해 보았습니다. 이러한 데이터 조작어(dml)는 해당 작업이 실행 됨과 동시에 트랜잭션이 시작됩니다. 이러한 작업이 영구적으로 저장이 되려면 commit 명령어를 해당 작업들을 취소하기 위해서는 rollback 명령어를 사용하면 됩니다. 이 commit과 rollback 명령어를 트랜잭션 제어어(Transaction Control Language)라고 합니다. commit 명령어와 rollback 명령어는 상호 배타적입니다.

명령어	의미
commit(커밋)	트랜잭션의 처리 과정을 데이터 베이스에 영구히 저장시키기 위한 명령어입니다. 이전에 수행했던 dml 구문들에 대하여 데이터가 완전히 업데이트 됩니다. 모든 사용자가 변경된 데이터의 결과를 볼 수 있습니다.
rollback(롤백)	이전에 수행했던 dml 구문들에 대하여 데이터 변경 요청을 취소하는 명령어입니다. 이전 commit을 수행했던 지점까지 복구가 됩니다.

6.7.1 커밋(commit)

커밋은 이전에 수행했던 모든 작업들을 영구적으로 저장하겠다고 데이터 베이스에게 알려 주는 명령어입니다. commit 명령어를 사용하게 되면 해당 지점까지 하나의 트랜잭션이 종료하게 됩니다. 데이터 베이스 운영자 홍길동씨는 오늘 출근을 해서 다음과 같은 작업을 수행했다고 가정합니다.

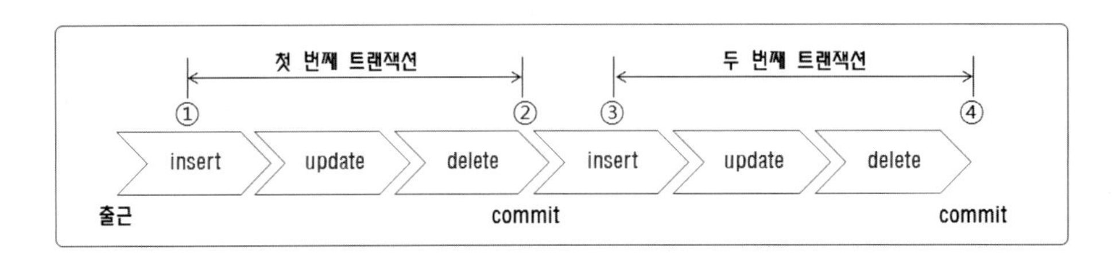

결론부터 말하자면 위의 작업은 2번의 트랜잭션이 발생했습니다. 우선 트랜잭션의 시작은 최초 dml 구문을 실행한 지점(①지점)입니다. 이후, update, delete 이후에 commit(②지점)라는 명령어를 사용함으로써 첫 번째 트랜잭션이 종료 됩니다. 이후 새로운 insert 구문이 시작되는 지점(③지점)에서 새로운 트랜잭션이 다시 시작되고, 그다음 commit 지점(④지점)에서 트랜잭션이 종료가 됩니다.

6.7.2 롤백(rollback)

롤백은 작업을 수행하다가 사용자의 실수로 인한 명령어 취소 또는 어떠한 문제가 발생하였을 때 발생했던 모든 변경 사항들을 취소하고자 할 때 사용하는 명령어입니다.

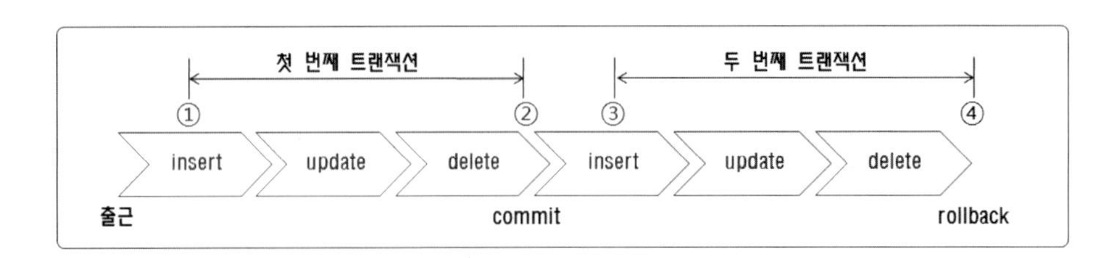

예시에서 첫 번째 트랜잭션 이후 새로운 insert 구문이 시작되는 지점(③지점)에서 새로운 트랜잭션이 다시 시작되고, 그다음 rollback 지점(④지점)에서 트랜잭션이 종료가 됩니다. 다만 차이점은, ②지점 이후에 수행되었던, insert, update, delete 명령어는 이전 상태로 원상 복귀를 수행합니다.

항목	설명
트랜잭션 시작	최초 DML 문장이 실행됨과 동시에 트랜잭션이 시작됩니다.
트랜잭션 종료	commit(영구 저장) 명령어 또는 rollback(이전 작업 취소) 명령어를 사용하면 종료됩니다.

6.7.3 저장점(savepoint)

저장점(savepoint)은 큰 트랜잭션을 작게 분할하는 기법입니다. 중간 중간에 저장된 저장점까지 rollback을 수행할 수 있습니다. rollback to savepoint 구문을 사용하면 지정한 저장점까지 rollback 가능합니다.

사용 형식

```
-- savepoint 명령어로 특정 위치을 저장점으로 만드는 방법
savapoint 레이블_이름 ;

-- savepoint 명령어를 사용하여 특정 저장점으로 이동하기 위한 명령어
rollback to 레이블_이름 ;
```

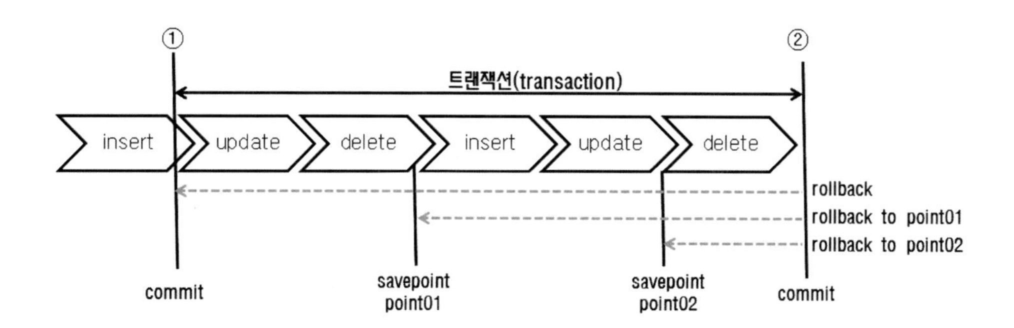

중간 중간에 savepoint를 만들어 두면, 가장 마지막 commit이나 rollback 지점까지 이동하지 않고 지정한 savepoint 까지 롤백을 수행할 수 있습니다.

6.8 트랜잭션 실습

트랜잭션 실습을 하기 위하여 다음과 같이 employees 테이블을 복제하여 myemp 테이블을 생성하도록 합니다.

create table 테이블이름 as select 구문은 CTAS 기법이라고 합니다. CTAS 기법은 집합 연산자 파트에서 좀 더 세부적으로 다루도록 하겠습니다.

```
create table myemp as
select id, name, salary, marriage, gender from employees where marriage in ('결혼') ;
select * from myemp ;
```

ID	NAME	SALARY	MARRIAGE	GENDER
yusin	김유신	100	결혼	남자
choi	최영	300	결혼	남자
kim9	김구	600	결혼	남자
an	안중근	800	결혼	남자
queen	선덕여왕	1000	결혼	여자
hwang	황진이	1300	결혼	여자
princess	덕혜옹주	1600	결혼	여자

모든 회원 정보를 삭제해 봅니다. 모두 제거 되었으므로 0건의 데이터가 조회됩니다.

이 문장은 마지막 rollback 이후의 첫 번째 문자이므로, 여기서부터 트랜잭션이 시작됩니다.

```
delete from myemp ;
select * from myemp ;
-- 조회되는 데이터가 없습니다.
```

롤백을 수행하면, 이전 데이터 정보가 다시 조회됩니다.

롤백이나 커밋을 수행하게 되면, 명시적인 트랜잭션이 끝이 납니다.

```
rollback ;
select * from myemp ;
```

	ID	NAME	SALARY	MARRIAGE	GENDER
1	yusin	김유신	100	결혼	남자
2	choi	최영	300	결혼	남자
3	kim9	김구	600	결혼	남자
4	an	안중근	800	결혼	남자
5	queen	선덕여왕	1000	결혼	여자
6	hwang	황진이	1300	결혼	여자
7	princess	덕혜옹주	1600	결혼	여자

다음 update 구문은 신규 dml 문장이므로 새로운 트랜잭션이 됩니다. 성별이 여자인 회원들의 급여를 1000원으로 통일합니다. 데이터를 영구적으로 저장하기 위하여 커밋을 수행

합니다. 그리고, 커밋이 수행되면 데이터가 영구 저장되면서 트랜잭션을 다시 종료하게 됩니다.

```
update myemp set salary = 1000 where gender = '여자' ;
commit ;
select * from myemp ;
```

ID	NAME	SALARY	MARRIAGE	GENDER
yusin	김유신	100	결혼	남자
choi	최영	300	결혼	남자
kim9	김구	600	결혼	남자
an	안중근	800	결혼	남자
queen	선덕여왕	1000	결혼	여자
hwang	황진이	1000	결혼	여자
princess	덕혜옹주	1000	결혼	여자

savepoint 실습을 수행하기 위하여 이전 테이블을 삭제하고, CTAS 기법을 사용하여 테이블을 다시 생성합니다.

```
drop table myemp purge ;

create table myemp as
select id, name, salary, marriage, gender from employees where marriage in ('결혼') ;
-- Table MYEMP이(가) 생성되었습니다.

select * from myemp ;
```

	ID	NAME	SALARY	MARRIAGE	GENDER
1	yusin	김유신	100	결혼	남자
2	choi	최영	300	결혼	남자
3	kim9	김구	600	결혼	남자
4	an	안중근	800	결혼	남자
5	queen	선덕여왕	1000	결혼	여자
6	hwang	황진이	1300	결혼	여자
7	princess	덕혜옹주	1600	결혼	여자

최초의 상태를 기억하기 위하여 savepoint point01을 생성해 둡니다. 성별이 여자인 회원들의 급여를 1000원으로 통일합니다.

```
savepoint point01 ;
update myemp set salary = 1000 where gender = '여자' ;
select * from myemp ;
```

ID	NAME	SALARY	MARRIAGE	GENDER
yusin	김유신	100	결혼	남자
choi	최영	300	결혼	남자
kim9	김구	600	결혼	남자
an	안중근	800	결혼	남자
queen	선덕여왕	1000	결혼	여자
hwang	황진이	1000	결혼	여자
princess	덕혜옹주	1000	결혼	여자

현재 상태를 기억하기 위하여 savepoint point02을 생성해 둡니다. 남자 회원들의 정보를 삭제합니다.

```
savepoint point02 ;
delete from myemp where gender = '남자' ;
select * from myemp ;
```

ID	NAME	SALARY	MARRIAGE	GENDER
queen	선덕여왕	1000	결혼	여자
hwang	황진이	1000	결혼	여자
princess	덕혜옹주	1000	결혼	여자

savepoint point02 지점으로 이동하기 위하여 rollback to 구문을 사용합니다. 삭제된 남자 회원들의 정보를 다시 되돌려 줍니다.

```
rollback to point02 ;
select * from myemp ;
```

ID	NAME	SALARY	MARRIAGE	GENDER
yusin	김유신	100	결혼	남자
choi	최영	300	결혼	남자
kim9	김구	600	결혼	남자
an	안중근	800	결혼	남자
queen	선덕여왕	1000	결혼	여자
hwang	황진이	1000	결혼	여자
princess	덕혜옹주	1000	결혼	여자

savepoint point01 지점으로 이동하기 위하여 rollback to 구문을 사용합니다. 1000원으로 변경이 되었던 여자 회원들의 급여 정보가 초기 값으로 되돌아 갑니다.

```
rollback to point01 ;
select * from myemp ;
```

ID	NAME	SALARY	MARRIAGE	GENDER
yusin	김유신	100	결혼	남자
choi	최영	300	결혼	남자
kim9	김구	600	결혼	남자
an	안중근	800	결혼	남자
queen	선덕여왕	1000	결혼	여자
hwang	황진이	1300	결혼	여자

요점 정리

- DML의 Full Name은 (Data Manipuliation Language) 이고, 데이터 (조작)어 라고 합니다.
- DML 작업시 영구 저장을 위한 명령어는 (커밋(commit))입니다.
- 이전 DML 동작에 대한 취소를 수행하기 위한 명령어는 (롤백(rollback))입니다.
- 행 추가는 (insert)을 행 수정은 (update) 구문을, 행 삭제는 (delete) 구문을 사용합니다.
- 트랜잭션이란 물리적인 업무 단위 여러 개를 하나의 논리적인 묶음 단위로 묶어 놓은 것을 의미합니다.
- 트랜잭션의 내용을 실제 데이터 베이스에 저장하기 위해서는 (commit 명령어)를 사용합니다.
- 트랜잭션의 내용을 취소하기 위해서는 (rollback 명령어)를 사용합니다.
- 저장점(savepoint)은 큰 트랜잭션을 작게 분할하는 기법입니다.

연습 문제

- 다음 빈칸에 DML과 관련된 명령어를 작성해 보세요.

명령어	의미
	테이블에 새로운 행을 추가합니다.
	이미 들어 있는 테이블의 행에 대한 정보를 수정합니다.
	테이블의 특정 행 정보를 삭제합니다.

- 다음의 간략한 의미를 보고 이에 적절한 연산자 기호를 작성해 보세요.

연산자	의미
	같습니다.
	같지 않습니다.
	좌측이 큽니다.
	좌측이 크거나 같습니다.
	좌측이 작습니다.
	좌측이 작거나 같습니다.

- '곰돌이' 사용자에서 다음 테이블을 생성하도록 합니다.

BOOKS

열 | 데이터 | Model | 제약 조건 | 권한 부여 | 통계 | 트리거 | 플래시백 | 종속성 | 세부정보 | 분할 영역 | 인덱스 | SQL

작업...

	COLUMN_NAME	DATA_TYPE	NULLABLE	DATA_DEFAULT	COLUMN_ID	COMMENTS
1	BID	VARCHAR2(30 BYTE)	No	(null)	1	(null)
2	BNAME	VARCHAR2(40 BYTE)	Yes	(null)	2	(null)
3	PUBLISHER	VARCHAR2(40 BYTE)	Yes	(null)	3	(null)
4	PRICE	NUMBER	Yes	(null)	4	(null)
5	INPUTDATE	DATE	Yes	sysdate	5	(null)

- '곰돌이' 사용자의 books 테이블에 데이터를 추가하도록 해주세요.

	BID	BNAME	PUBLISHER	PRICE	INPUTDATE
1	java	자바 프로그래밍	대한 출판사	7000	70/08/28
2	jsp	jsp 프로그래밍	대한 Books	8000	80/08/15
3	python	파이썬 프로그래밍	민국 미디어	9000	90/07/17
4	r	R 프로그래밍	민국 미디어	35000	75/11/11
5	database	데이터 베이스 개론	대한 출판사	8000	78/03/01
6	mybatis	마이바티스	대한 출판사	7500	45/08/15
7	spring	스프링 Framework	소셜 미디어	20000	50/06/25
8	xml	xml 프로그래밍	소셜 미디어	13000	70/06/06
9	story	프로그래밍 이야기	지한 출판사	6000	70/09/09
10	timeseries	시계열 예측	지한 출판사	13000	50/06/25

- 모든 책들의 단가를 1000원으로 변경해 보세요.

	BID	BNAME	PUBLISHER	PRICE	INPUTDATE
1	java	자바 프로그래밍	대한 출판사	1000	70/08/28
2	jsp	jsp 프로그래밍	대한 Books	1000	80/08/15
3	python	파이썬 프로그래밍	민국 미디어	1000	90/07/17
4	r	R 프로그래밍	민국 미디어	1000	75/11/11
5	database	데이터 베이스 개론	대한 출판사	1000	78/03/01
6	mybatis	마이바티스	대한 출판사	1000	45/08/15
7	spring	스프링 Framework	소셜 미디어	1000	50/06/25
8	xml	xml 프로그래밍	소셜 미디어	1000	70/06/06
9	story	프로그래밍 이야기	지한 출판사	1000	70/09/09
10	timeseries	시계열 예측	지한 출판사	1000	50/06/25

- 모든 출판사의 이름을 '가나 출판사'으로 변경해 보세요.

	BID	BNAME	PUBLISHER	PRICE	INPUTDATE
1	java	자바 프로그래밍	가나 출판사	1000	70/08/28
2	jsp	jsp 프로그래밍	가나 출판사	1000	80/08/15
3	python	파이썬 프로그래밍	가나 출판사	1000	90/07/17
4	r	R 프로그래밍	가나 출판사	1000	75/11/11
5	database	데이터 베이스 개론	가나 출판사	1000	78/03/01
6	mybatis	마이바티스	가나 출판사	1000	45/08/15
7	spring	스프링 Framework	가나 출판사	1000	50/06/25
8	xml	xml 프로그래밍	가나 출판사	1000	70/06/06
9	story	프로그래밍 이야기	가나 출판사	1000	70/09/09
10	timeseries	시계열 예측	가나 출판사	1000	50/06/25

- 모든 출판사의 이름을 '대한 출판사'로 단가를 5000으로 변경해 보세요.

	BID	BNAME	PUBLISHER	PRICE	INPUTDATE
1	java	자바 프로그래밍	대한 출판사	5000	70/08/28
2	jsp	jsp 프로그래밍	대한 출판사	5000	80/08/15
3	python	파이썬 프로그래밍	대한 출판사	5000	90/07/17
4	r	R 프로그래밍	대한 출판사	5000	75/11/11
5	database	데이터 베이스 개론	대한 출판사	5000	78/03/01
6	mybatis	마이바티스	대한 출판사	5000	45/08/15
7	spring	스프링 Framework	대한 출판사	5000	50/06/25
8	xml	xml 프로그래밍	대한 출판사	5000	70/06/06
9	story	프로그래밍 이야기	대한 출판사	5000	70/09/09
10	timeseries	시계열 예측	대한 출판사	5000	50/06/25

- 데이터를 롤백하시고, 서적 아이디가 'java'인 서적의 단가를 4000으로 변경해 보세요.

	BID	BNAME	PUBLISHER	PRICE	INPUTDATE
1	java	자바 프로그래밍	대한 출판사	4000	70/08/28

연습 문제

- 모든 서적들에 대하여 값을 10%씩 인상해 보세요.

	BID	BNAME	PUBLISHER	PRICE	INPUTDATE
1	java	자바 프로그래밍	대한 출판사	4400	70/08/28
2	jsp	jsp 프로그래밍	대한 Books	8800	80/08/15
3	python	파이썬 프로그래밍	민국 미디어	9900	90/07/17
4	r	R 프로그래밍	민국 미디어	38500	75/11/11
5	database	데이터 베이스 개론	대한 출판사	8800	78/03/01
6	mybatis	마이바티스	대한 출판사	8250	45/08/15
7	spring	스프링 Framework	소셜 미디어	22000	50/06/25
8	xml	xml 프로그래밍	소셜 미디어	14300	70/06/06
9	story	프로그래밍 이야기	지한 출판사	6600	70/09/09
10	timeseries	시계열 예측	지한 출판사	14300	50/06/25

- 아이디가 'database'이거나 'xml'인 책의 단가를 2배수로 만들어 보세요.

	BID	BNAME	PUBLISHER	PRICE	INPUTDATE
1	database	데이터 베이스 개론	대한 출판사	17600	78/03/01
2	xml	xml 프로그래밍	소셜 미디어	28600	70/06/06

- 서적 아이디가 'database'인 서적의 단가를 100만큼 뺄셈하세요.

	BID	BNAME	PUBLISHER	PRICE	INPUTDATE
1	database	데이터 베이스 개론	대한 출판사	17500	78/03/01

- 서적 아이디가 'java'인 서적의 단가가 50원 인상이 되었고, 이름은 '자바'로 변경이 되었습니다.

	BID	BNAME	PUBLISHER	PRICE	INPUTDATE
1	java	자바	대한 출판사	4450	70/08/28

- 서적 아이디가 'python'인 서적의 이름을 '파이썬'으로 변경하세요.

	BID	BNAME	PUBLISHER	PRICE	INPUTDATE
1	python	파이썬	민국 미디어	9900	90/07/17

- 서적 아이디가 'python'인 서적의 단가를 600으로 변경하세요.

	BID	BNAME	PUBLISHER	PRICE	INPUTDATE
1	python	파이썬	민국 미디어	600	90/07/17

단가가 5,000원이하인 항목들의 단가를 3,000원으로 변경하세요.

	BID	BNAME	PUBLISHER	PRICE	INPUTDATE
1	java	자바	대한 출판사	3000	70/08/28
2	jsp	jsp 프로그래밍	대한 Books	3000	80/08/15
3	python	파이썬	민국 미디어	3000	90/07/17
4	r	R 프로그래밍	민국 미디어	38500	75/11/11
5	database	데이터 베이스 개론	대한 출판사	17500	78/03/01
6	mybatis	마이바티스	대한 출판사	3000	45/08/15
7	spring	스프링 Framework	소셜 미디어	22000	50/06/25
8	xml	xml 프로그래밍	소셜 미디어	28600	70/06/06
9	story	프로그래밍 이야기	지한 출판사	3000	70/09/09
10	timeseries	시계열 예측	지한 출판사	14300	50/06/25

단가가 10,000원 이상이고 서적 아이디가 'java' 또는 'xml'인 서적들의 단가를 13,000으로 변경하세요.

	BID	BNAME	PUBLISHER	PRICE	INPUTDATE
1	java	자바	대한 출판사	3000	70/08/28
2	jsp	jsp 프로그래밍	대한 Books	3000	80/08/15
3	python	파이썬	민국 미디어	3000	90/07/17
4	r	R 프로그래밍	민국 미디어	38500	75/11/11
5	database	데이터 베이스 개론	대한 출판사	17500	78/03/01
6	mybatis	마이바티스	대한 출판사	3000	45/08/15
7	spring	스프링 Framework	소셜 미디어	22000	50/06/25
8	xml	xml 프로그래밍	소셜 미디어	13000	70/06/06
9	story	프로그래밍 이야기	지한 출판사	3000	70/09/09
10	timeseries	시계열 예측	지한 출판사	14300	50/06/25

서적 아이디가 'java'또는 'spring'인 서적의 단가를 450으로 변경해 보세요.

	BID	BNAME	PUBLISHER	PRICE	INPUTDATE
1	java	자바	대한 출판사	450	70/08/28
2	spring	스프링 Framework	소셜 미디어	450	50/06/25

서적 아이디가 'java'또는 'spring'인 서적의 단가를 450으로 변경해 보세요.
in 연산자를 이용하여 다시 풀어 보세요.

	BID	BNAME	PUBLISHER	PRICE	INPUTDATE
1	java	자바	대한 출판사	450	70/08/28
2	spring	스프링 Framework	소셜 미디어	450	50/06/25

연습 문제

롤백하세요.
출판사 '민국 미디어'를 '영문 출판사'로 변경해 보세요.

	BID	BNAME	PUBLISHER	PRICE	INPUTDATE
1	python	파이썬 프로그래밍	영문 출판사	9000	90/07/17
2	r	R 프로그래밍	영문 출판사	35000	75/11/11

위의 사항들을 롤백하시오.
모든 변경이 되었던 내용에 대하여 다시 원래 데이터로 복귀했는지 확인하도록 합니다.

	BID	BNAME	PUBLISHER	PRICE	INPUTDATE
1	java	자바 프로그래밍	대한 출판사	7000	70/08/28
2	jsp	jsp 프로그래밍	대한 Books	8000	80/08/15
3	python	파이썬 프로그래밍	민국 미디어	9000	90/07/17
4	r	R 프로그래밍	민국 미디어	35000	75/11/11
5	database	데이터 베이스 개론	대한 출판사	8000	78/03/01
6	mybatis	마이바티스	대한 출판사	7500	45/08/15
7	spring	스프링 Framework	소셜 미디어	20000	50/06/25
8	xml	xml 프로그래밍	소셜 미디어	13000	70/06/06
9	story	프로그래밍 이야기	지한 출판사	6000	70/09/09
10	timeseries	시계열 예측	지한 출판사	13000	50/06/25

이후의 모든 실습후 각각 롤백을 수행하면서 다음 실습을 진행하도록 합니다.
모든 서적을 삭제한 다음 조회를 수행해 보세요.

서적 아이디가 'mybatis'인 서적을 삭제해 보세요.

	BID	BNAME	PUBLISHER	PRICE	INPUTDATE
1	java	자바 프로그래밍	대한 출판사	7000	70/08/28
2	jsp	jsp 프로그래밍	대한 Books	8000	80/08/15
3	python	파이썬 프로그래밍	민국 미디어	9000	90/07/17
4	r	R 프로그래밍	민국 미디어	35000	75/11/11
5	database	데이터 베이스 개론	대한 출판사	8000	78/03/01
6	spring	스프링 Framework	소셜 미디어	20000	50/06/25
7	xml	xml 프로그래밍	소셜 미디어	13000	70/06/06
8	story	프로그래밍 이야기	지한 출판사	6000	70/09/09
9	timeseries	시계열 예측	지한 출판사	13000	50/06/25

출판사가 '민국 미디어'인 서적을 삭제해 보세요.

	BID	BNAME	PUBLISHER	PRICE	INPUTDATE
1	java	자바 프로그래밍	대한 출판사	7000	70/08/28
2	jsp	jsp 프로그래밍	대한 Books	8000	80/08/15
3	database	데이터 베이스 개론	대한 출판사	8000	78/03/01
4	mybatis	마이바티스	대한 출판사	7500	45/08/15
5	spring	스프링 Framework	소셜 미디어	20000	50/06/25
6	xml	xml 프로그래밍	소셜 미디어	13000	70/06/06
7	story	프로그래밍 이야기	지한 출판사	6000	70/09/09
8	timeseries	시계열 예측	지한 출판사	13000	50/06/25

출판사가 '민국 미디어'와 '지한 출판사'인 서적들을 삭제해 보세요.

	BID	BNAME	PUBLISHER	PRICE	INPUTDATE
1	java	자바 프로그래밍	대한 출판사	7000	70/08/28
2	jsp	jsp 프로그래밍	대한 Books	8000	80/08/15
3	database	데이터 베이스 개론	대한 출판사	8000	78/03/01
4	mybatis	마이바티스	대한 출판사	7500	45/08/15
5	spring	스프링 Framework	소셜 미디어	20000	50/06/25
6	xml	xml 프로그래밍	소셜 미디어	13000	70/06/06

출판사가 '소셜 미디어'인 서적 중에서 단가가 10,000원이상인 서적들을 삭제해 보세요.

	BID	BNAME	PUBLISHER	PRICE	INPUTDATE
1	java	자바 프로그래밍	대한 출판사	7000	70/08/28
2	jsp	jsp 프로그래밍	대한 Books	8000	80/08/15
3	python	파이썬 프로그래밍	민국 미디어	9000	90/07/17
4	r	R 프로그래밍	민국 미디어	35000	75/11/11
5	database	데이터 베이스 개론	대한 출판사	8000	78/03/01
6	mybatis	마이바티스	대한 출판사	7500	45/08/15
7	story	프로그래밍 이야기	지한 출판사	6000	70/09/09
8	timeseries	시계열 예측	지한 출판사	13000	50/06/25

단가가 8,000원 미만이거나 13,000원이상인 서적들을 삭제해 보세요.

	BID	BNAME	PUBLISHER	PRICE	INPUTDATE
1	jsp	jsp 프로그래밍	대한 Books	8000	80/08/15
2	python	파이썬 프로그래밍	민국 미디어	9000	90/07/17
3	database	데이터 베이스 개론	대한 출판사	8000	78/03/01

출판사가 '지한 출판사'과 '소셜 미디어'을 제외한 다른 출판사의 서적들을 모두 삭제하세요. 이번 예시에서는 in 키워드와 not 키워드를 같이 사용하는 not in 구문을 사용하면 됩니다.

	BID	BNAME	PUBLISHER	PRICE	INPUTDATE
1	spring	스프링 Framework	소셜 미디어	20000	50/06/25
2	xml	xml 프로그래밍	소셜 미디어	13000	70/06/06
3	story	프로그래밍 이야기	지한 출판사	6000	70/09/09
4	timeseries	시계열 예측	지한 출판사	13000	50/06/25

서적 아이디 'jsp'가 절판이 되었습니다.

	BID	BNAME	PUBLISHER	PRICE	INPUTDATE
1	java	자바 프로그래밍	대한 출판사	7000	70/08/28
2	python	파이썬 프로그래밍	민국 미디어	9000	90/07/17
3	r	R 프로그래밍	민국 미디어	35000	75/11/11
4	database	데이터 베이스 개론	대한 출판사	8000	78/03/01
5	mybatis	마이바티스	대한 출판사	7500	45/08/15
6	spring	스프링 Framework	소셜 미디어	20000	50/06/25
7	xml	xml 프로그래밍	소셜 미디어	13000	70/06/06
8	story	프로그래밍 이야기	지한 출판사	6000	70/09/09
9	timeseries	시계열 예측	지한 출판사	13000	50/06/25

연습 문제

서적 아이디 'java', 'spring'이 절판되었습니다.

	BID	BNAME	PUBLISHER	PRICE	INPUTDATE
1	jsp	jsp 프로그래밍	대한 Books	8000	80/08/15
2	python	파이썬 프로그래밍	민국 미디어	9000	90/07/17
3	r	R 프로그래밍	민국 미디어	35000	75/11/11
4	database	데이터 베이스 개론	대한 출판사	8000	78/03/01
5	mybatis	마이바티스	대한 출판사	7500	45/08/15
6	xml	xml 프로그래밍	소셜 미디어	13000	70/06/06
7	story	프로그래밍 이야기	지한 출판사	6000	70/09/09
8	timeseries	시계열 예측	지한 출판사	13000	50/06/25

위의 사항들을 롤백 하시오.

	BID	BNAME	PUBLISHER	PRICE	INPUTDATE
1	java	자바 프로그래밍	대한 출판사	7000	70/08/28
2	jsp	jsp 프로그래밍	대한 Books	8000	80/08/15
3	python	파이썬 프로그래밍	민국 미디어	9000	90/07/17
4	r	R 프로그래밍	민국 미디어	35000	75/11/11
5	database	데이터 베이스 개론	대한 출판사	8000	78/03/01
6	mybatis	마이바티스	대한 출판사	7500	45/08/15
7	spring	스프링 Framework	소셜 미디어	20000	50/06/25
8	xml	xml 프로그래밍	소셜 미디어	13000	70/06/06
9	story	프로그래밍 이야기	지한 출판사	6000	70/09/09
10	timeseries	시계열 예측	지한 출판사	13000	50/06/25

savepoint를 실습합니다.
샘플용 테이블 mybook을 다음과 같이 생성하도록 합니다.

	BID	BNAME	PRICE
1	java	자바 프로그래밍	7000
2	jsp	jsp 프로그래밍	8000
3	python	파이썬 프로그래밍	9000
4	database	데이터 베이스 개론	8000
5	mybatis	마이바티스	7500
6	story	프로그래밍 이야기	6000

savepoint point01을 다음과 같이 생성합니다. 그리고, 현재 상황은 데이터가 총 6건임을 확인합니다.

	BID	BNAME	PRICE
1	jsp	jsp 프로그래밍	8000
2	python	파이썬 프로그래밍	9000
3	database	데이터 베이스 개론	8000

savepoint point02을 다음과 같이 생성합니다. 그리고, 현재 상황에서 단가가 8,000원 미만인 서적은 삭제되었습니다.

모든 서적의 단가를 10,000원으로 수정합니다.
현재 상황) 모든 서적의 단가가 10,000원입니다.

	BID	BNAME	PRICE
1	jsp	jsp 프로그래밍	10000
2	python	파이썬 프로그래밍	10000
3	database	데이터 베이스 개론	10000

point02 지점으로 이동하면, 여자들의 급여가 이전 상태로 돌아갑니다.
모든 서적들의 단가가 이전의 값으로 되돌아 갈것이라고 기대됩니다.

	BID	BNAME	PRICE
1	jsp	jsp 프로그래밍	8000
2	python	파이썬 프로그래밍	9000
3	database	데이터 베이스 개론	8000

point01 지점으로 이동하면, 8,000원 이하인 서적들도 보여야 합니다.
8,000원짜리 이하의 서적 목록도 보입니다.

	BID	BNAME	PRICE
1	java	자바 프로그래밍	7000
2	jsp	jsp 프로그래밍	8000
3	python	파이썬 프로그래밍	9000
4	database	데이터 베이스 개론	8000
5	mybatis	마이바티스	7500
6	story	프로그래밍 이야기	6000

다음과 같이 고객 테이블에 다음과 같이 데이터를 추가해 주세요.

	ID	NAME	ADDRESS	PHONE	MANAGER	SALARY
1	yoon	윤봉길	중국 상하이	000-1111-1111	shin	100
2	yusin	김유신	신라 경주	000-2222-2222	shin	200
3	shin	신사임당	백제 공주	000-3333-3333	(null)	300
4	an	안중근	조선 강원도	000-4444-4444	hong	400
5	hong	홍범도	일제 시대 간도	(null)	(null)	500

연습 문제

◎ 다음과 같이 주문 테이블에 다음과 같이 데이터를 추가해 주세요.

	OID	CID	BID	SALEPRICE	SALEDATE
1	1	yoon	java	6000	21/07/01
2	2	yoon	python	21000	21/07/03
3	3	yusin	database	8000	21/07/03
4	4	shin	jsp	6000	21/07/04
5	5	an	spring	20000	21/07/05
6	6	yoon	jsp	12000	21/07/07
7	7	an	jsp	13000	21/08/15
8	8	shin	java	12000	21/03/01
9	9	yusin	java	7000	21/12/25
10	10	shin	python	13000	21/07/10

MEMO

Chapter

07

데이터 질의어 (DQL)

Summary

데이터 베이스에서 필요한 데이터 정보를 추출하기 위해서는 select 구문을 사용합니다. 모든 데이터를 추출하거나, where 절을 사용하여 특정 행만 제한시켜서 확인할 수 있습니다. not 키워드를 사용하여 특정 조건을 만족하지 않는 데이터를 출력해 보도록 합니다. 이와 관련된 연산자들에 대하여 다뤄 보고, 데이터의 정렬 방식에 대하여 살펴 보도록 합니다.

SQL에서 가장 빈번하게 자주 사용되는 명령어는 바로 select 구문입니다. 이 구문을 사용하는 이유는 질의(query)를 수행하기 위해서입니다. 질의(query)는 데이터 베이스에게 어떠한 데이터를 요청하거나, 특정한 데이터에 대한 조작을 요청하는 행위를 말합니다. 좁은 의미의 질의(query)는 데이터를 요청하는 행위를 일컫으며, 주로 select 구문에 해당하는 내용만 언급됩니다.

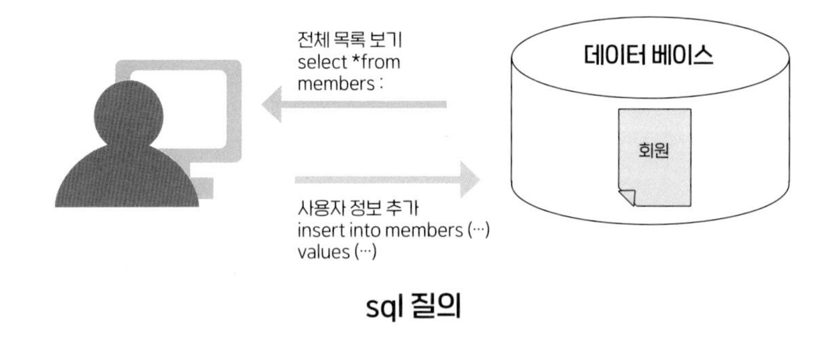

sql 질의

즉, 사용자들은 원하는 데이터를 추출하기 위하여 select 구눈을 사용하면 되는 깃입니다. select 구문은 데이터를 질의하는 구문이므로 DQL 문이라고 하며, 혹자는 DML 구문에 포함시키기도 합니다.

7.1 select 구문의 기본 구조

기본 구조를 다루기 전에 우선 sql 구문을 작성하기 위한 기본 지침을 살펴 보도록 하겠습니다.

7.1.1 SQL 구문 작성 지침

SQL 구문을 작성함에 있어서 특별히 정해진 규칙은 없습니다. 하지만 다음과 같이 일반적인 작성을 위한 가이드 라인은 존재합니다. 다음은 SQL 구문 작성에 대한 지침입니다. 동시에 여러 명이 공동 개발을 수행하는 경우에 있어서 공동 지침을 만들어 두고 유용하게 사용할 수 있습니다.

SQL 구문 작성 지침
키워드 예약어 등에 대한 대소문자 구분이 없습니다. 여러 라인에 걸쳐서 작성 가능합니다. 키워드는 줄여서 쓰거나 나뉘어 사용하면 안됩니다. 절(clause)과 절(clause)은 나뉘어 사용해야 합니다. 적절한 들여 쓰기는 가독성을 향상시킵니다. 세미콜론 (;) 을 사용하여 문장의 끝을 표시하도록 합니다.

7.1.2 select 구문의 기본 문형

select 구문의 기본 문형은 다음과 같습니다. 여섯 개의 절(clause)로 구성이 되어 있으며, select 절과 from 절은 필수 사항입니다. select 구문을 사용한다고 해서, 데이터 베이스 내에 들어 있는 원본 테이블을 내용은 변하지 않습니다.

원본 데이터는 변형 없이 그대로 보존이 됩니다.

기본 문형	항목 설명	필수 여부
select *|{[distinct] column 리스트|표현식, [alias],}	조회하고자 하는 목록을 열거합니다. *, 컬럼, 별칭, 파생 컬럼 등을 명시합니다.	O
from 테이블 1[, 테이블 2, …]	사용될 테이블 이름을 명시합니다.	O
[where condition]	조건절을 명시합니다. 연산자에 대한 이해가 필요합니다.	X
[group by column]	데이터를 그룹핑하여 좀더 작은 그룹으로 나눌 때 사용합니다. 엑셀의 부분 합/평균 등의 기능과 동일한 개념입니다.	X
[having column]	그룹핑에 대한 조건절을 명시하고자 할 때 사용합니다.	X
[order by column];	정렬 방식을 지정합니다.	X

7.2 기본 Select 구문

지금부터 데이터 조회 구문들을 실습해 보도록 하겠습니다.

모든 회원들의 정보를 조회해 보세요. 컬럼의 이름 대신 *(asterisk)를 사용하면 all columns를 의미합니다.

```
select * from employees ;
```

	ID	NAME	PASSWORD	GENDER	BIRTH	MARRIAGE	SALARY	ADDRESS	MANAGER
1	yusin	김유신	abc1234	남자	90/12/25	결혼	100	용산	(null)
2	lee	이순신	abc1234	남자	90/12/25	이혼	200	마포	yusin
3	choi	최영	abc1234	남자	90/12/25	결혼	300	강남	yusin
4	kang	강감찬	abc1234	남자	90/12/25	이혼	400	서대문	yusin
5	yoon	윤봉길	abc1234	남자	90/12/25	미혼	500	용산	yusin
6	kim9	김구	abc1234	남자	90/12/25	결혼	600	강남	(null)
7	general	김좌진	abc1234	남자	90/12/25	이혼	700	마포	kim9
8	an	안중근	abc1234	남자	90/12/25	결혼	800	서대문	kim9
9	nongae	논개	abc1234	여자	90/12/25	미혼	900	강남	soon
10	queen	선덕여왕	abc1234	여자	90/12/25	결혼	1000	용산	soon
11	soon	유관순	abc1234	여자	90/12/25	미혼	1100	마포	(null)
12	shin	신사임당	abc1234	여자	90/12/25	미혼	1200	서대문	kim9
13	hwang	황진이	abc1234	여자	90/12/25	결혼	1300	용산	kim9
14	myoung	명성왕후	abc1234	여자	90/12/25	이혼	1400	강남	soon
15	maria	조마리아	abc1234	여자	90/12/25	이혼	1500	서대문	soon
16	princess	덕혜옹주	abc1234	여자	90/12/25	결혼	1600	마포	soon

모든 회원들의 아이디, 이름, 급여만 조회해 보세요. 컬럼 개수가 2개 이상인 경우 콤마를 사용하여 열거하면 됩니다.

```
select id, name, salary from employees ;
```

	ID	NAME	SALARY
1	yusin	김유신	100
2	lee	이순신	200
3	choi	최영	300
4	kang	강감찬	400
5	yoon	윤봉길	500
6	kim9	김구	600
7	general	김좌진	700
8	an	안중근	800
9	nongae	논개	900
10	queen	선덕여왕	1000
11	soon	유관순	1100
12	shin	신사임당	1200
13	hwang	황진이	1300
14	myoung	명성왕후	1400
15	maria	조마리아	1500
16	princess	덕혜옹주	1600

컬럼의 순서는 개발자 마음대로 지정하셔도 됩니다. 다음은 모든 회원들의 이름, 급여와 아이디 순서대로 조회하는 구문입니다. 그리고, 테이블은 변형 없이 원형 그대로 보존됩니다.

```
select name, salary, id from employees ;
```

	NAME	SALARY	ID
1	김유신	100	yusin
2	이순신	200	lee
3	최영	300	choi
4	강감찬	400	kang
5	윤봉길	500	yoon
6	김구	600	kim9
7	김좌진	700	general
8	안중근	800	an
9	논개	900	nongae
10	선덕여왕	1000	queen
11	유관순	1100	soon
12	신사임당	1200	shin
13	황진이	1300	hwang
14	명성왕후	1400	myoung
15	조마리아	1500	maria
16	덕혜옹주	1600	princess

distinct 키워드는 중복된 데이터에 한해서 1개 만을 추출합니다. distinct 키워드를 사용하지 않은 구문과 사용한 구문을 동시에 확인해 봅니다(하단 좌측 그림). 키워드 distinct를 사용하면 주로 범주형(category) 데이터의 개수를 파악하는 데 유용하게 사용될 수 있습니다(하단 우측 그림). gender 컬럼이 가질 수 있는 범주의 개수는 2개('남자', '여자')인것으로 파악이 되고 있습니다.

```
select gender from employees ;

select distinct gender from employees ;
```

	GENDER
1	남자
2	남자
3	남자
4	남자
5	남자
6	남자
7	남자
8	남자
9	여자
10	여자
11	여자
12	여자
13	여자
14	여자
15	여자
16	여자

	GENDER
1	여자
2	남자

모든 회원들의 이름, 급여, 100원이 추가된 새 급여를 조회해 보세요. 이렇듯, 기존 컬럼에 다른 연산을 수행하는 파생(派生)이 되는 컬럼을 파생 컬럼(derived column)이라고 합니다.

```
select name, salary, salary + 100 from employees ;
```

	NAME	SALARY	SALARY+100
1	김유신	100	200
2	이순신	200	300
3	최영	300	400
4	강감찬	400	500
5	윤봉길	500	600
6	김구	600	700
7	김좌진	700	800
8	안중근	800	900
9	논개	900	1000
10	선덕여왕	1000	1100
11	유관순	1100	1200
12	신사임당	1200	1300
13	황진이	1300	1400
14	명성왕후	1400	1500
15	조마리아	1500	1600
16	덕혜옹주	1600	1700

산술 연산자 등을 사용하여 파생 컬럼을 만들수 있습니다. 연봉을 급여의 12배라고 가정합니다. 모든 회원들의 이름, 급여, 연봉을 조회해 보세요.

```
select name, salary, 12*salary from employees ;
```

	NAME	SALARY	12*SALARY
1	김유신	100	1200
2	이순신	200	2400
3	최영	300	3600
4	강감찬	400	4800
5	윤봉길	500	6000
6	김구	600	7200
7	김좌진	700	8400
8	안중근	800	9600
9	논개	900	10800
10	선덕여왕	1000	12000
11	유관순	1100	13200
12	신사임당	1200	14400
13	황진이	1300	15600
14	명성왕후	1400	16800
15	조마리아	1500	18000
16	덕혜옹주	1600	19200

7.2.1 alias(별칭)

컬럼 이름을 사용자가 알아 보기 쉬운(?) 이름으로 재정의하는 기법으로, 얼리어스 또는 알리아스라고 표현합니다. 파생 컬럼은 실제 존재하지 않고, 어떤 계산식에 의하여 발생한 컬럼을 의미합니다. 파생 컬럼이나 계산식 등에 유용하게 사용할 수 있습니다. as 키워드는 옵션(Optional) 사항입니다. 스페이스, 특수 문자, 대소문자 등을 유지하려면 쌍따옴표("")를 사용하면 됩니다. 주의 사항으로 JDBC 프로그램에서 사용시 파생된 컬럼은 반드시 alias를 만들어 주도록 합니다. JDBC 프로그램이란 Java와 Database를 연동하여 프로그램을 수행할 수 있도록 중간에 끼여 도움을 주는 MiddleWare 프로그래밍 기법입니다.

alias(별칭) 사용하기

```
컬럼 [as] alias이름
```

모든 회원들의 이름과, 급여와 10% 인상된 금액과 연봉을 출력해 보세요. 급여의 1.1배를 newsalary라는 별칭으로, 급여의 12배 를 "ann sal"이라는 이름으로 별칭을 부여하고 있습니다. "ann sal"은 중간에 띄워 쓰기가 있으므로, 반드시 쌍따옴표를 이용하여 작성해 주어야 합니다.

```
select name, salary, 1.1*salary as newsalary, 12*salary “ ann sal ” from employees ;
```

	NAME	SALARY	NEWSALARY	ann sal
1	김유신	100	110	1200
2	이순신	200	220	2400
3	최영	300	330	3600
4	강감찬	400	440	4800
5	윤봉길	500	550	6000
6	김구	600	660	7200
7	김좌진	700	770	8400
8	안중근	800	880	9600
9	논개	900	990	10800
10	선덕여왕	1000	1100	12000
11	유관순	1100	1210	13200
12	신사임당	1200	1320	14400
13	황진이	1300	1430	15600
14	명성왕후	1400	1540	16800
15	조마리아	1500	1650	18000
16	덕혜옹주	1600	1760	19200

7.2.2 문자열 연결 연산자(||)

컬럼을 다른 문자열 또는 컬럼과 연결하기 위한 용도로 사용합니다. 연산 결과는 최종적으로 문자열이 됩니다. 문자열 연결 연산자는 2개의 수직 바(||)로 구성이 됩니다. 다음과 같은 형식으로 출력이 되도록 문장을 만들어 보세요.

출력 형식

'홍길동의 급여는 100원입니다.'

```
select name || '의 급여는 ' || salary || '원입니다.' as 결과  from employees ;
```

	RESULT
1	김유신의 급여는 100원입니다.
2	이순신의 급여는 200원입니다.
3	최영의 급여는 300원입니다.
4	강감찬의 급여는 400원입니다.
5	윤봉길의 급여는 500원입니다.
6	김구의 급여는 600원입니다.
7	김좌진의 급여는 700원입니다.
8	안중근의 급여는 800원입니다.
9	논개의 급여는 900원입니다.
10	선덕여왕의 급여는 1000원입니다.
11	유관순의 급여는 1100원입니다.
12	신사임당의 급여는 1200원입니다.
13	황진이의 급여는 1300원입니다.
14	명성왕후의 급여는 1400원입니다.
15	조마리아의 급여는 1500원입니다.
16	덕혜옹주의 급여는 1600원입니다.

다음과 같은 형식으로 출력이 되도록 문장을 만들어 보세요.

출력 형식

'이름 : 홍길동, 성별 : 남자, 급여 : 100'

```
select '이름 : ' || name || ', 성별 : ' || gender || ', 급여 : ' || salary as 결과  from employees ;
```

	결과
1	이름 : 김유신, 성별 : 남자, 급여 : 100
2	이름 : 이순신, 성별 : 남자, 급여 : 200
3	이름 : 최영, 성별 : 남자, 급여 : 300
4	이름 : 강감찬, 성별 : 남자, 급여 : 400
5	이름 : 윤봉길, 성별 : 남자, 급여 : 500
6	이름 : 김구, 성별 : 남자, 급여 : 600
7	이름 : 김좌진, 성별 : 남자, 급여 : 700
8	이름 : 안중근, 성별 : 남자, 급여 : 800
9	이름 : 논개, 성별 : 여자, 급여 : 900
10	이름 : 선덕여왕, 성별 : 여자, 급여 : 1000
11	이름 : 유관순, 성별 : 여자, 급여 : 1100
12	이름 : 신사임당, 성별 : 여자, 급여 : 1200
13	이름 : 황진이, 성별 : 여자, 급여 : 1300
14	이름 : 명성왕후, 성별 : 여자, 급여 : 1400
15	이름 : 조마리아, 성별 : 여자, 급여 : 1500
16	이름 : 덕혜옹주, 성별 : 여자, 급여 : 1600

7.3 행의 제한

지금까지는 모든 행에 대하여 데이터를 조회하는 구문을 살펴 보았습니다. 경우에 따라서는 행 단위로 데이터를 검증하여 필요한 행만 추출할 수 있습니다. 예를 들면, 결혼 여부가 '미혼'인 사람만 조회하기, '남자'인 회원만 조회 하기 등등입니다.
그리고, 특정 컬럼을 중심으로 데이터를 오름차순 또는 내림차순으로 정렬하는 방법에 대하여 살펴 봅니다. 이번에 사용해 볼 구문은 where 절과 order by 절에 대하여 살펴 봅니다.

select 기본 문법

```
select *¦{[distinct] column¦expression [alias],}
from table
where 조건식
order by 정렬_방식 ;
```

where 절의 조건식에는 다음과 같은 항목들을 열거할 수 있습니다.

조건식	설명
컬럼 이름	조건식에는 컬럼 이름을 열거할 수 있습니다.
수식/표현식	컬럼에 대한 수식 및 표현식이 나올 수 있습니다.
상수	일정한 값을 가지는 상수가 가능합니다.

다음 그림의 좌측은 모든 행을 조회하고 있고, 우측은 where 구문을 사용하여 '미혼'인 사람들만 조회하고 있습니다.
where 절에는 “조건식”이 따라 오는데, 연산자에 대한 기본적인 이해가 필요합니다.

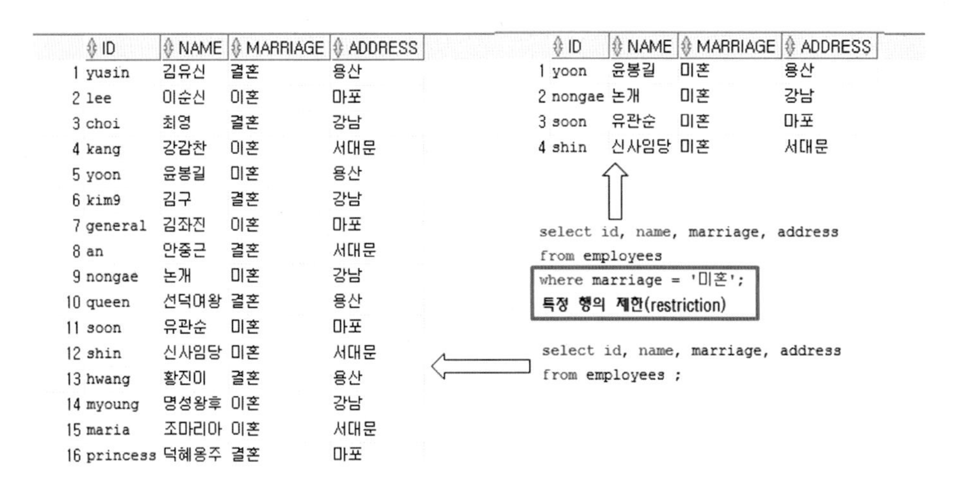

	ID	NAME	MARRIAGE	ADDRESS
1	yusin	김유신	결혼	용산
2	lee	이순신	이혼	마포
3	choi	최영	결혼	강남
4	kang	강감찬	이혼	서대문
5	yoon	윤봉길	미혼	용산
6	kim9	김구	결혼	강남
7	general	김좌진	이혼	마포
8	an	안중근	결혼	서대문
9	nongae	논개	미혼	강남
10	queen	선덕여왕	결혼	용산
11	soon	유관순	미혼	마포
12	shin	신사임당	미혼	서대문
13	hwang	황진이	결혼	용산
14	myoung	명성왕후	이혼	강남
15	maria	조마리아	이혼	서대문
16	princess	덕혜옹주	결혼	마포

	ID	NAME	MARRIAGE	ADDRESS
1	yoon	윤봉길	미혼	용산
2	nongae	논개	미혼	강남
3	soon	유관순	미혼	마포
4	shin	신사임당	미혼	서대문

자, 그럼 지금부터 여러 가지 방식으로 데이터를 조회해 보도록 하겠습니다.

7.3.1 비교 연산자

비교 연산자를 사용하여 다음 문제들을 풀어 보도록 하겠습니다.

아이디가 'an'인 회원을 조회해 보세요. 일치하는 데이터를 찾고자 하는 경우에는 비교 연산자 중에서 '=' 기호를 사용하면 됩니다.

```
select * from employees where id = ‘ an ’ ;
```

	ID	NAME	PASSWORD	GENDER	BIRTH	MARRIAGE	SALARY	ADDRESS	MANAGER
1	an	안중근	abc1234	남자	90/12/25	결혼	800	서대문	kim9

급여가 1,000원 이상인 회원을 조회해 보세요. 비교를 위해서는 >=, >, <, <= 등의 비교 연산자를 사용합니다.

```
select * from employees where salary >= 1000 ;
```

ID	NAME	PASSWORD	GENDER	BIRTH	MARRIAGE	SALARY	ADDRESS	MANAGER
1 queen	선덕여왕	abc1234	여자	90/12/25	결혼	1000	용산	soon
2 soon	유관순	abc1234	여자	90/12/25	미혼	1100	마포	(null)
3 shin	신사임당	abc1234	여자	90/12/25	미혼	1200	서대문	kim9
4 hwang	황진이	abc1234	여자	90/12/25	결혼	1300	용산	kim9
5 myoung	명성왕후	abc1234	여자	90/12/25	이혼	1400	강남	soon
6 maria	조마리아	abc1234	여자	90/12/25	이혼	1500	서대문	soon
7 princess	덕혜옹주	abc1234	여자	90/12/25	결혼	1600	마포	soon

성별이 '남자'인 회원들만 조회해 보세요.

```
select * from employees where gender = '남자' ;
```

ID	NAME	PASSWORD	GENDER	BIRTH	MARRIAGE	SALARY	ADDRESS	MANAGER
1 yusin	김유신	abc1234	남자	90/12/25	결혼	100	용산	(null)
2 lee	이순신	abc1234	남자	90/12/25	이혼	200	마포	yusin
3 choi	최영	abc1234	남자	90/12/25	결혼	300	강남	yusin
4 kang	강감찬	abc1234	남자	90/12/25	이혼	400	서대문	yusin
5 yoon	윤봉길	abc1234	남자	90/12/25	미혼	500	용산	yusin
6 kim9	김구	abc1234	남자	90/12/25	결혼	600	강남	(null)
7 general	김좌진	abc1234	남자	90/12/25	이혼	700	마포	kim9
8 an	안중근	abc1234	남자	90/12/25	결혼	800	서대문	kim9

7.3.2 논리 연산자

급여가 600원 이상이고, 1,000원 이하인 회원을 조회해 보세요. 이것은 and 논리 연산자에 대한 질문입니다.

```
select * from employees where salary >= 600 and salary <= 1000 ;
```

ID	NAME	PASSWORD	GENDER	BIRTH	MARRIAGE	SALARY	ADDRESS	MANAGER
1 kim9	김구	abc1234	남자	90/12/25	결혼	600	강남	(null)
2 general	김좌진	abc1234	남자	90/12/25	이혼	700	마포	kim9
3 an	안중근	abc1234	남자	90/12/25	결혼	800	서대문	kim9
4 nongae	논개	abc1234	여자	90/12/25	미혼	900	강남	soon
5 queen	선덕여왕	abc1234	여자	90/12/25	결혼	1000	용산	soon

급여가 1,100원 이상이거나 400원이하인 이하인 회원을 조회해 보세요. 이것은 or 논리 연산자에 대한 질문입니다.

```
select * from employees where salary >= 1100 or salary <= 400 ;
```

	ID	NAME	PASSWORD	GENDER	BIRTH	MARRIAGE	SALARY	ADDRESS	MANAGER
1	yusin	김유신	abc1234	남자	90/12/25	결혼	100	용산	(null)
2	lee	이순신	abc1234	남자	90/12/25	이혼	200	마포	yusin
3	choi	최영	abc1234	남자	90/12/25	결혼	300	강남	yusin
4	kang	강감찬	abc1234	남자	90/12/25	이혼	400	서대문	yusin
5	soon	유관순	abc1234	여자	90/12/25	미혼	1100	마포	(null)
6	shin	신사임당	abc1234	여자	90/12/25	미혼	1200	서대문	kim9
7	hwang	황진이	abc1234	여자	90/12/25	결혼	1300	용산	kim9
8	myoung	명성황후	abc1234	여자	90/12/25	이혼	1400	강남	soon
9	maria	조마리아	abc1234	여자	90/12/25	이혼	1500	서대문	soon
10	princess	덕혜옹주	abc1234	여자	90/12/25	결혼	1600	마포	soon

아이디가 'an' 또는 'soon'인 회원 정보를 조회해 보세요.

```
select * from employees where id = 'an' or id = 'soon' ;
```

	ID	NAME	PASSWORD	GENDER	BIRTH	MARRIAGE	SALARY	ADDRESS	MANAGER
1	an	안중근	abc1234	남자	90/12/25	결혼	800	서대문	kim9
2	soon	유관순	abc1234	여자	90/12/25	미혼	1100	마포	(null)

급여가 800원이거나 1,000원인 회원들을 조회해 보세요.

```
select name, salary from employees where salary = 800 or salary = 1000 ;
```

	ID	NAME	PASSWORD	GENDER	BIRTH	MARRIAGE	SALARY	ADDRESS	MANAGER
1	an	안중근	abc1234	남자	90/12/25	결혼	800	서대문	kim9
2	queen	선덕여왕	abc1234	여자	90/12/25	결혼	1000	용산	soon

7.3.3 널 데이터(null)

null이란 '비교 판단이 불가능한 정의할 수 없는 어떠한 값'을 의미합니다. 예를 들어 '12 > 7'의 연산 결과는 참이고, '5 > 7'의 연산 결과는 거짓입니다. 하지만, '5 > null'의 결과는 알 수 없습니다. 왜냐 하면 비교가 불가능하기 때문입니다. 또한 'null = null'의 결과 역시 알 수 없습니다. 그리고, '값이 없는 것'과 'null 값'은 서로 의미가 다릅니다.

가나다 순으로 정렬했을 때, '사'와 '자' 사이에 있는 모든 회원들을 조회해 보세요. 문자 역시 between 연산자 사용이 가능합니다. 알파벳은 'abc'순으로, 한글은 '가나다' 순으로 정렬이 되어 있으므로 문제 없이 사용 가능합니다.

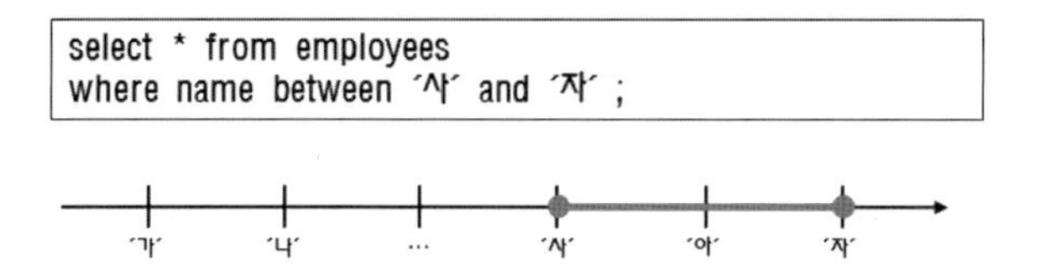


```
select * from employees
where name between '사' and '자' ;
```

	ID	NAME	PASSWORD	GENDER	BIRTH	MARRIAGE	SALARY	ADDRESS	MANAGER
1	lee	이순신	abc1234	남자	90/12/25	미혼	200	마포	yusin
2	yoon	윤봉길	abc1234	남자	90/12/25	미혼	500	용산	yusin
3	an	안중근	abc1234	남자	90/12/25	결혼	800	서대문	kim9
4	queen	선덕여왕	abc1234	여자	90/12/25	결혼	(null)	용산	soon
5	soon	유관순	abc1234	여자	90/12/25	미혼	1100	마포	(null)
6	shin	신사임당	abc1234	여자	90/12/25	미혼	1200	서대문	kim9

7.3.5 in 연산자

in 연산자는 or 연산자의 대체 수단입니다. where 컬럼in ('값1', '값2')의 형식으로 작성하면 됩니다.

연산자	의미
in(set)	or 연산자 대신에 간략히 표현할 목적으로 만든 키워드 입니다. or 연산자의 조합으로 셋트 목록 중의 하나와 일치하는 모두를 의미합니다.

아이디가 'an' 또는 'soon'인 회원의 이름과 급여를 조회해 보세요.

```
select name, salary from employees where id in('an', 'soon') ;
```

	NAME	SALARY
1	안중근	800
2	유관순	1100

급여가 200원이거나 500인 회원들을 조회해 보세요.

```
select name, salary from employees where salary in (200, 500) ;
```

	NAME	SALARY
1	이순신	200
2	윤봉길	500

7.3.6 like 연산자

패턴 매칭이라고 하여 특정한 패턴을 이용하여 검색하는 방식입니다. 예를 들어서 우편 번호를 찾고자 할 때 거주지 동네 이름을 입력하고 검색할 때 사용할 수 있습니다. 숙지해야 할 두 가지 기호는 와일드 카드(Wildcard) 기호입니다.

Wildcard('%' 기호와 '_' 기호)를 사용해야 검색할 수 있습니다.

연산자	의미
like	문자 패턴과 일치(반드시_또는 %와 같이 사용)하는 데이터를 조회합니다.

Wildcard 기호의 각각 의미는 다음과 같습니다.

기호	의미
%	0개 이상의 문자열을 의미합니다.
_	반드시 1개의 문자를 의미합니다.

다음은 몇 가지 사용 예시입니다.

내용	sql 구문
첫 글자가 [선] 인 회원	select name from employees where name like '선%' ;
이름 중에 [연]이라는 글자가 있는 회원	select name from employees where name like '%연%' ;
이름의 2 번째 글자가 [리] 인 회원	select name from employees where name like '_리%' ;
이름 중에 [성] 이 들어 있는 회원	select name from employees where name like '%성%' ;

성씨가 '김'씨만 회원들을 조회해 보세요.

```
select * from employees where name like '김%' ;
```

	ID	NAME	PASSWORD	GENDER	BIRTH	MARRIAGE	SALARY	ADDRESS	MANAGER
1	yusin	김유신	abc1234	남자	90/12/25	결혼	100	용산	(null)
2	kim9	김구	abc1234	남자	90/12/25	결혼	600	강남	(null)
3	general	김좌진	abc1234	남자	90/12/25	이혼	700	마포	kim9

이름에 '신'이라는 단어가 포함된 회원들을 조회해 보세요.

```
select * from employees where name like '%신%' ;
```

	ID	NAME	PASSWORD	GENDER	BIRTH	MARRIAGE	SALARY	ADDRESS	MANAGER
1	yusin	김유신	abc1234	남자	90/12/25	결혼	100	용산	(null)
2	lee	이순신	abc1234	남자	90/12/25	이혼	200	마포	yusin
3	shin	신사임당	abc1234	여자	90/12/25	미혼	1200	서대문	kim9

이름의 2번째 글자에 '순'이 들어 있는 회원들을 조회해 보세요.

```
select * from employees where name like '_순%' ;
```

	ID	NAME	PASSWORD	GENDER	BIRTH	MARRIAGE	SALARY	ADDRESS	MANAGER
1	lee	이순신	abc1234	남자	90/12/25	이혼	200	마포	yusin

이름의 끝에 '후'가 들어 있는 회원들을 조회해 보세요.

```
select * from employees where name like '%후' ;
```

	ID	NAME	PASSWORD	GENDER	BIRTH	MARRIAGE	SALARY	ADDRESS	MANAGER
1	myoung	명성왕후	abc1234	여자	90/12/25	이혼	1400	강남	soon

7.3.7 부정어 사용하기

연산자에 부정어 not을 사용하는 경우에는 다음과 같은 위치에 부정어가 놓이므로, sql 구문 사용시 유의하여 작성하도록 합니다. not 연산자의 위치는 다음과 같이 사용 가능합니다.

not 연산자의 위치

```
where id not in('kim9', 'yusin') ;
where marriage not in('이혼') ;
where salary not between 220 and 230 ;
where name not like '김%' ;
where salary is not null ;
where manager is not null ;
```

'김구'와 '김유신'과 '유관순'을 제외한 모든 회원들을 출력해 보세요.

```
select * from employees where id not in('kim9', 'yusin', 'soon');
```

	ID	NAME	PASSWORD	GENDER	BIRTH	MARRIAGE	SALARY	ADDRESS	MANAGER
1	lee	이순신	abc1234	남자	90/12/25	이혼	200	마포	yusin
2	choi	최영	abc1234	남자	90/12/25	결혼	300	강남	yusin
3	kang	강감찬	abc1234	남자	90/12/25	이혼	(null)	서대문	yusin
4	yoon	윤봉길	abc1234	남자	90/12/25	미혼	500	용산	yusin
5	general	김좌진	abc1234	남자	90/12/25	이혼	700	마포	kim9
6	an	안중근	abc1234	남자	90/12/25	결혼	800	서대문	kim9
7	nongae	논개	abc1234	여자	90/12/25	미혼	(null)	강남	soon
8	queen	선덕여왕	abc1234	여자	90/12/25	결혼	(null)	용산	soon
9	shin	신사임당	abc1234	여자	90/12/25	미혼	1200	서대문	kim9
10	hwang	황진이	abc1234	여자	90/12/25	결혼	1300	용산	kim9
11	myoung	명성왕후	abc1234	여자	90/12/25	이혼	1400	강남	soon
12	maria	조마리아	abc1234	여자	90/12/25	이혼	1500	서대문	soon
13	princess	덕혜옹주	abc1234	여자	90/12/25	결혼	1600	마포	soon

'이혼'한 사람을 제외한 모든 회원들을 출력해 보세요.

```
select * from employees where marriage not in('이혼') ;
```

	ID	NAME	PASSWORD	GENDER	BIRTH	MARRIAGE	SALARY	ADDRESS	MANAGER
1	yusin	김유신	abc1234	남자	90/12/25	결혼	100	용산	(null)
2	choi	최영	abc1234	남자	90/12/25	결혼	300	강남	yusin
3	yoon	윤봉길	abc1234	남자	90/12/25	미혼	500	용산	yusin
4	kim9	김구	abc1234	남자	90/12/25	결혼	600	강남	(null)
5	an	안중근	abc1234	남자	90/12/25	결혼	800	서대문	kim9
6	nongae	논개	abc1234	여자	90/12/25	미혼	(null)	강남	soon
7	queen	선덕여왕	abc1234	여자	90/12/25	결혼	(null)	용산	soon
8	soon	유관순	abc1234	여자	90/12/25	미혼	1100	마포	(null)
9	shin	신사임당	abc1234	여자	90/12/25	미혼	1200	서대문	kim9
10	hwang	황진이	abc1234	여자	90/12/25	결혼	1300	용산	kim9
11	princess	덕혜옹주	abc1234	여자	90/12/25	결혼	1600	마포	soon

급여가 900원과 1,400원 사이에 포함되지 않은 회원들을 출력해 보세요. 주의 사항으로 null은 연산에 반영이 안 됩니다.

```
select * from employees where salary not between 900 and 1400 ;
```

	ID	NAME	PASSWORD	GENDER	BIRTH	MARRIAGE	SALARY	ADDRESS	MANAGER
1	yusin	김유신	abc1234	남자	90/12/25	결혼	100	용산	(null)
2	lee	이순신	abc1234	남자	90/12/25	이혼	200	마포	yusin
3	choi	최영	abc1234	남자	90/12/25	결혼	300	강남	yusin
4	yoon	윤봉길	abc1234	남자	90/12/25	미혼	500	용산	yusin
5	kim9	김구	abc1234	남자	90/12/25	결혼	600	강남	(null)
6	general	김좌진	abc1234	남자	90/12/25	이혼	700	마포	kim9
7	an	안중근	abc1234	남자	90/12/25	결혼	800	서대문	kim9
8	maria	조마리아	abc1234	여자	90/12/25	이혼	1500	서대문	soon
9	princess	덕혜옹주	abc1234	여자	90/12/25	결혼	1600	마포	soon

성씨가 '김'씨가 아닌 모든 회원들을 출력해 보세요.

```
select * from employees where name not like '김%' ;
```

ID	NAME	PASSWORD	GENDER	BIRTH	MARRIAGE	SALARY	ADDRESS	MANAGER
1 lee	이순신	abc1234	남자	90/12/25	이혼	200	마포	yusin
2 choi	최영	abc1234	남자	90/12/25	결혼	300	강남	yusin
3 kang	강감찬	abc1234	남자	90/12/25	이혼	(null)	서대문	yusin
4 yoon	윤봉길	abc1234	남자	90/12/25	미혼	500	용산	yusin
5 an	안중근	abc1234	남자	90/12/25	결혼	800	서대문	kim9
6 nongae	논개	abc1234	여자	90/12/25	미혼	(null)	강남	soon
7 queen	선덕여왕	abc1234	여자	90/12/25	결혼	(null)	용산	soon
8 soon	유관순	abc1234	여자	90/12/25	미혼	1100	마포	(null)
9 shin	신사임당	abc1234	여자	90/12/25	미혼	1200	서대문	kim9
10 hwang	황진이	abc1234	여자	90/12/25	결혼	1300	용산	kim9
11 myoung	명성왕후	abc1234	여자	90/12/25	이혼	1400	강남	soon
12 maria	조마리아	abc1234	여자	90/12/25	이혼	1500	서대문	soon
13 princess	덕혜옹주	abc1234	여자	90/12/25	결혼	1600	마포	soon

연봉 협상이 완료된 회원들을 출력해 보세요. 연봉 협상이 되지 않은 회원은 급여가 null이라고 보시면 됩니다.

```
select * from employees where salary is not null ;
```

ID	NAME	PASSWORD	GENDER	BIRTH	MARRIAGE	SALARY	ADDRESS	MANAGER
1 yusin	김유신	abc1234	남자	90/12/25	결혼	100	용산	(null)
2 lee	이순신	abc1234	남자	90/12/25	이혼	200	마포	yusin
3 choi	최영	abc1234	남자	90/12/25	결혼	300	강남	yusin
4 yoon	윤봉길	abc1234	남자	90/12/25	미혼	500	용산	yusin
5 kim9	김구	abc1234	남자	90/12/25	결혼	600	강남	(null)
6 general	김좌진	abc1234	남자	90/12/25	이혼	700	마포	kim9
7 an	안중근	abc1234	남자	90/12/25	결혼	800	서대문	kim9
8 soon	유관순	abc1234	여자	90/12/25	미혼	1100	마포	(null)
9 shin	신사임당	abc1234	여자	90/12/25	미혼	1200	서대문	kim9
10 hwang	황진이	abc1234	여자	90/12/25	결혼	1300	용산	kim9
11 myoung	명성왕후	abc1234	여자	90/12/25	이혼	1400	강남	soon
12 maria	조마리아	abc1234	여자	90/12/25	이혼	1500	서대문	soon
13 princess	덕혜옹주	abc1234	여자	90/12/25	결혼	1600	마포	soon

관리자가 아닌 일반 회원 목록을 출력해 보세요.

```
select * from employees where manager is not null ;
```

ID	NAME	PASSWORD	GENDER	BIRTH	MARRIAGE	SALARY	ADDRESS	MANAGER
1 lee	이순신	abc1234	남자	90/12/25	이혼	200	마포	yusin
2 choi	최영	abc1234	남자	90/12/25	결혼	300	강남	yusin
3 kang	강감찬	abc1234	남자	90/12/25	이혼	(null)	서대문	yusin
4 yoon	윤봉길	abc1234	남자	90/12/25	미혼	500	용산	yusin
5 general	김좌진	abc1234	남자	90/12/25	이혼	700	마포	kim9
6 an	안중근	abc1234	남자	90/12/25	결혼	800	서대문	kim9
7 nongae	논개	abc1234	여자	90/12/25	미혼	(null)	강남	soon
8 queen	선덕여왕	abc1234	여자	90/12/25	결혼	(null)	용산	soon
9 shin	신사임당	abc1234	여자	90/12/25	미혼	1200	서대문	kim9
10 hwang	황진이	abc1234	여자	90/12/25	결혼	1300	용산	kim9
11 myoung	명성왕후	abc1234	여자	90/12/25	이혼	1400	강남	soon
12 maria	조마리아	abc1234	여자	90/12/25	이혼	1500	서대문	soon
13 princess	덕혜옹주	abc1234	여자	90/12/25	결혼	1600	마포	soon

연봉 협상이 완료된 회원 중에서 일반 회원만 조회해 보세요.

```
select * from employees
where (salary is not null) and (manager is not null) ;
```

	ID	NAME	PASSWORD	GENDER	BIRTH	MARRIAGE	SALARY	ADDRESS	MANAGER
1	lee	이순신	abc1234	남자	90/12/25	미혼	200	마포	yusin
2	choi	최영	abc1234	남자	90/12/25	결혼	300	강남	yusin
3	yoon	윤봉길	abc1234	남자	90/12/25	미혼	500	용산	yusin
4	general	김좌진	abc1234	남자	90/12/25	미혼	700	마포	kim9
5	an	안중근	abc1234	남자	90/12/25	결혼	800	서대문	kim9
6	shin	신사임당	abc1234	여자	90/12/25	미혼	1200	서대문	kim9
7	hwang	황진이	abc1234	여자	90/12/25	결혼	1300	용산	kim9
8	myoung	명성왕후	abc1234	여자	90/12/25	미혼	1400	강남	soon
9	maria	조마리아	abc1234	여자	90/12/25	미혼	1500	서대문	soon
10	princess	덕혜옹주	abc1234	여자	90/12/25	결혼	1600	마포	soon

7.3.8연산자의 복합적 사용

지금까지 작성해 본 여러 가지 키워드들은 복합적으로 사용이 가능합니다. 다음과 같이 몇 가지 예시를 살펴 보도록 하겠습니다. '남자'이면서, 급여가 600미만인 회원들을 출력해 보세요.

```
select * from employees where gender = '남자' and salary < 600 ;
```

	ID	NAME	PASSWORD	GENDER	BIRTH	MARRIAGE	SALARY	ADDRESS	MANAGER
1	yusin	김유신	abc1234	남자	90/12/25	결혼	100	용산	(null)
2	lee	이순신	abc1234	남자	90/12/25	미혼	200	마포	yusin
3	choi	최영	abc1234	남자	90/12/25	결혼	300	강남	yusin
4	yoon	윤봉길	abc1234	남자	90/12/25	미혼	500	용산	yusin

기혼자 중에서, '서대문'에 거주하는 회원들을 출력해 보세요.

```
select * from employees where marriage = '결혼' and address = '서대문';
```

	ID	NAME	PASSWORD	GENDER	BIRTH	MARRIAGE	SALARY	ADDRESS	MANAGER
1	an	안중근	abc1234	남자	90/12/25	결혼	800	서대문	kim9

기혼자이거나, '용산' 또는 '마포'에 거주하는 회원들을 출력하되, 급여 순으로 오름차순 정렬하세요.

```
select * from employees
where marriage = '결혼' or address in ('용산', '마포')
order by salary asc;
```

	ID	NAME	PASSWORD	GENDER	BIRTH	MARRIAGE	SALARY	ADDRESS	MANAGER
1	yusin	김유신	abc1234	남자	90/12/25	결혼	100	용산	(null)
2	lee	이순신	abc1234	남자	90/12/25	이혼	200	마포	yusin
3	choi	최영	abc1234	남자	90/12/25	결혼	300	강남	yusin
4	yoon	윤봉길	abc1234	남자	90/12/25	미혼	500	용산	yusin
5	kim9	김구	abc1234	남자	90/12/25	결혼	600	강남	(null)
6	general	김좌진	abc1234	남자	90/12/25	이혼	700	마포	kim9
7	an	안중근	abc1234	남자	90/12/25	결혼	800	서대문	kim9
8	soon	유관순	abc1234	여자	90/12/25	미혼	1100	마포	(null)
9	hwang	황진이	abc1234	여자	90/12/25	결혼	1300	용산	kim9
10	princess	덕혜옹주	abc1234	여자	90/12/25	결혼	1600	마포	soon
11	queen	선덕여왕	abc1234	여자	90/12/25	결혼	(null)	용산	soon

관리자가 '김구'이면서, '서대문'에 거주하는 회원들을 출력해 보세요.

```
select * from employees where manager = 'kim9' and address = '서대문';
```

	ID	NAME	PASSWORD	GENDER	BIRTH	MARRIAGE	SALARY	ADDRESS	MANAGER
1	an	안중근	abc1234	남자	90/12/25	결혼	800	서대문	kim9
2	shin	신사임당	abc1234	여자	90/12/25	미혼	1200	서대문	kim9

성씨가 '김'씨 이거나 '여자'인 회원들을 출력하되, 이름에 대하여 내림차순 정렬하세요.

```
select * from employees where name like '김%' or gender in ('여자') order by name desc ;
```

	ID	NAME	PASSWORD	GENDER	BIRTH	MARRIAGE	SALARY	ADDRESS	MANAGER
1	hwang	황진이	abc1234	여자	90/12/25	결혼	1300	용산	kim9
2	maria	조마리아	abc1234	여자	90/12/25	이혼	1500	서대문	soon
3	soon	유관순	abc1234	여자	90/12/25	미혼	1100	마포	(null)
4	shin	신사임당	abc1234	여자	90/12/25	미혼	1200	서대문	kim9
5	queen	선덕여왕	abc1234	여자	90/12/25	결혼	(null)	용산	soon
6	myoung	명성왕후	abc1234	여자	90/12/25	이혼	1400	강남	soon
7	princess	덕혜옹주	abc1234	여자	90/12/25	결혼	1600	마포	soon
8	nongae	논개	abc1234	여자	90/12/25	미혼	(null)	강남	soon
9	general	김좌진	abc1234	남자	90/12/25	이혼	700	마포	kim9
10	yusin	김유신	abc1234	남자	90/12/25	결혼	100	용산	(null)
11	kim9	김구	abc1234	남자	90/12/25	결혼	600	강남	(null)

7.4 행의 정렬

경우에 따라서는 이름순으로 조회한다든지, 입사 일자가 빠른 순서로 조회하는 등의 정렬이 필요한 경우도 있습니다.
데이터를 정렬하고자 할 때는 order by 구문을 사용해야 합니다.

7.4.1 오름차순과 내림차순

다음은 데이터 유형별 오름차순, 내림차순 정렬이 보이는 데이터의 예시입니다. 오름차순 정렬(ascending order)시 숫자는 1이 가장 먼저 출력이 되고, 문자열은 'A'가 가장 먼저 출력이 됩니다. 날짜인 경우에는 현재에서 가장 먼 과거 데이터가 먼저 출력이 됩니다. null 데이터는 오름차순 정렬시 가장 후미(後尾)에 출력이 됩니다. 내림차순 정렬(descending order)은 오름차순 정렬과 반대로 이해하시면 됩니다.

정렬	asc(오름차순)	desc(내림차순)
숫자	1 2 3	3 2 1
문자	A B C	C B A
날짜	2009-01-03 2009-02-22 2009-04-15	2009-04-15 2009-02-22 2009-01-03
null	가장 마지막에 추출됩니다.	가장 먼저 추출됩니다.

7.4.2 order by 구문

데이터를 정렬하기 위해서는 'order by' 구문을 사용합니다. 'order by' 구문은 sql 구문의 마지막에 놓여야 합니다.

정렬 방식	설명
기본 값	오름차순이 기본 값(asc ↔ desc)입니다.
위치	order by 절은 select 구문의 마지막에 위치합니다.
특이 사항	해당 컬럼이 select 리스트 목록에 존재하지 않더라도 order by 절에 컬럼을 표시할 수 있습니다.

다음 그림은 동일한 데이터에 대하여 '이름'을 이용하여 각각 오름차순, 내림차순으로 정렬해 보는 예시입니다.
좌측의 그림은 오름차순이므로 '논개', '신사임당', '유관순', '윤봉길'의 가나다순으로 정렬

이 되고 있습니다.

```
select id, name, marriage, address
from employees
where marriage = '미혼'
order by name asc ;
```

	ID	NAME	MARRIAGE	ADDRESS
1	nongae	논개	미혼	강남
2	shin	신사임당	미혼	서대문
3	soon	유관순	미혼	마포
4	yoon	윤봉길	미혼	용산

```
select id, name, marriage, address
from employees
where marriage = '미혼'
order by name desc ;
```

	ID	NAME	MARRIAGE	ADDRESS
1	yoon	윤봉길	미혼	용산
2	soon	유관순	미혼	마포
3	shin	신사임당	미혼	서대문
4	nongae	논개	미혼	강남

정렬 실습을 위하여 다음과 같이 데이터를 수정하도록 합니다.

```
update employees set birth = sysdate where id in( ‘ an ’, ‘ soon ’ ) ;
update employees set birth = null where id in( ‘ queen ’, ‘ yusin ’ ) ;
update employees set birth = ‘ 1988/10/10 ’ where id in( ‘ kang ’, ‘ lee ’ ) ;
commit ;
```

7.4.3 single 컬럼을 이용한 정렬

급여가 적은 순서부터 출력해 보세요. 키워드 asc나 desc를 명시하지 않으면, 기본 값은 asc(오름차순 정렬)입니다. '김유신'의 급여가 가장 적고, '덕혜옹주'의 급여가 가장 높습니다. 그리고, null 값은 가장 마지막에 출력이 되고 있습니다. 키워드 asc는 오름차순을 의미하는 데, 명시하지 않아도 됩니다.

```
select * from employees order by salary ;
select * from employees order by salary asc ;
```

	ID	NAME	PASSWORD	GENDER	BIRTH	MARRIAGE	SALARY	ADDRESS	MANAGER
1	yusin	김유신	abc1234	남자	(null)	결혼	100	용산	(null)
2	lee	이순신	abc1234	남자	88/10/10	이혼	200	마포	yusin
3	choi	최영	abc1234	남자	90/12/25	결혼	300	강남	yusin
4	yoon	윤봉길	abc1234	남자	90/12/25	미혼	500	용산	yusin
5	kim9	김구	abc1234	남자	90/12/25	결혼	600	강남	(null)
6	general	김좌진	abc1234	남자	90/12/25	이혼	700	마포	kim9
7	an	안중근	abc1234	남자	21/04/04	결혼	800	서대문	kim9
8	soon	유관순	abc1234	여자	21/04/04	미혼	1100	마포	(null)
9	shin	신사임당	abc1234	여자	90/12/25	미혼	1200	서대문	kim9
10	hwang	황진이	abc1234	여자	90/12/25	결혼	1300	용산	kim9
11	myoung	명성왕후	abc1234	여자	90/12/25	이혼	1400	강남	soon
12	maria	조마리아	abc1234	여자	90/12/25	이혼	1500	서대문	soon
13	princess	덕혜옹주	abc1234	여자	90/12/25	결혼	1600	마포	soon
14	queen	선덕여왕	abc1234	여자	(null)	결혼	(null)	용산	soon
15	kang	강감찬	abc1234	남자	88/10/10	이혼	(null)	서대문	yusin
16	nongae	논개	abc1234	여자	90/12/25	미혼	(null)	강남	soon

회원 이름에 대하여 오름차순으로 출력해 보세요. '강감찬'이 가장 먼저 출력되고, '황진이'가 가장 나중에 출력이 됩니다.

```
select * from employees order by name asc ;
```

	ID	NAME	PASSWORD	GENDER	BIRTH	MARRIAGE	SALARY	ADDRESS	MANAGER
1	kang	강감찬	abc1234	남자	88/10/10	이혼	(null)	서대문	yusin
2	kim9	김구	abc1234	남자	90/12/25	결혼	600	강남	(null)
3	yusin	김유신	abc1234	남자	(null)	결혼	100	용산	(null)
4	general	김좌진	abc1234	남자	90/12/25	이혼	700	마포	kim9
5	nongae	논개	abc1234	여자	90/12/25	미혼	(null)	강남	soon
6	princess	덕혜옹주	abc1234	여자	90/12/25	결혼	1600	마포	soon
7	myoung	명성왕후	abc1234	여자	90/12/25	이혼	1400	강남	soon
8	queen	선덕여왕	abc1234	여자	(null)	결혼	(null)	용산	soon
9	shin	신사임당	abc1234	여자	90/12/25	미혼	1200	서대문	kim9
10	an	안중근	abc1234	남자	21/04/04	결혼	800	서대문	kim9
11	soon	유관순	abc1234	여자	21/04/04	미혼	1100	마포	(null)
12	yoon	윤봉길	abc1234	남자	90/12/25	미혼	500	용산	yusin
13	lee	이순신	abc1234	남자	88/10/10	이혼	200	마포	yusin
14	maria	조마리아	abc1234	여자	90/12/25	이혼	1500	서대문	soon
15	choi	최영	abc1234	남자	90/12/25	결혼	300	강남	yusin
16	hwang	황진이	abc1234	여자	90/12/25	결혼	1300	용산	kim9

회원 이름에 대하여 내림차순으로 출력해 보세요.

```
select * from employees order by name desc ;
```

	ID	NAME	PASSWORD	GENDER	BIRTH	MARRIAGE	SALARY	ADDRESS	MANAGER
1	hwang	황진이	abc1234	여자	90/12/25	결혼	1300	용산	kim9
2	choi	최영	abc1234	남자	90/12/25	결혼	300	강남	yusin
3	maria	조마리아	abc1234	여자	90/12/25	이혼	1500	서대문	soon
4	lee	이순신	abc1234	남자	88/10/10	이혼	200	마포	yusin
5	yoon	윤봉길	abc1234	남자	90/12/25	미혼	500	용산	yusin
6	soon	유관순	abc1234	여자	21/04/04	미혼	1100	마포	(null)
7	an	안중근	abc1234	남자	21/04/04	결혼	800	서대문	kim9
8	shin	신사임당	abc1234	여자	90/12/25	미혼	1200	서대문	kim9
9	queen	선덕여왕	abc1234	여자	(null)	결혼	(null)	용산	soon
10	myoung	명성왕후	abc1234	여자	90/12/25	이혼	1400	강남	soon
11	princess	덕혜옹주	abc1234	여자	90/12/25	결혼	1600	마포	soon
12	nongae	논개	abc1234	여자	90/12/25	미혼	(null)	강남	soon
13	general	김좌진	abc1234	남자	90/12/25	이혼	700	마포	kim9
14	yusin	김유신	abc1234	남자	(null)	결혼	100	용산	(null)
15	kim9	김구	abc1234	남자	90/12/25	결혼	600	강남	(null)
16	kang	강감찬	abc1234	남자	88/10/10	이혼	(null)	서대문	yusin

나이가 적은 순으로 정렬해 보세요. 역순이므로 우선 null 데이터가 먼저 출력이 됩니다. '유관순'이 가장 젊고, '강감찬'이 가장 나이가 많은 것으로 출력이 됩니다.

```
select * from employees order by birth desc  ;
```

	ID	NAME	PASSWORD	GENDER	BIRTH	MARRIAGE	SALARY	ADDRESS	MANAGER
1	queen	선덕여왕	abc1234	여자	(null)	결혼	(null)	용산	soon
2	yusin	김유신	abc1234	남자	(null)	결혼	100	용산	(null)
3	soon	유관순	abc1234	여자	21/04/04	미혼	1100	마포	(null)
4	an	안중근	abc1234	남자	21/04/04	결혼	800	서대문	kim9
5	nongae	논개	abc1234	여자	90/12/25	미혼	(null)	강남	soon
6	general	김좌진	abc1234	남자	90/12/25	이혼	700	마포	kim9
7	kim9	김구	abc1234	남자	90/12/25	결혼	600	강남	(null)
8	yoon	윤봉길	abc1234	남자	90/12/25	미혼	500	용산	yusin
9	choi	최영	abc1234	남자	90/12/25	결혼	300	강남	yusin
10	maria	조마리아	abc1234	여자	90/12/25	이혼	1500	서대문	soon
11	princess	덕혜옹주	abc1234	여자	90/12/25	결혼	1600	마포	soon
12	shin	신사임당	abc1234	여자	90/12/25	미혼	1200	서대문	kim9
13	hwang	황진이	abc1234	여자	90/12/25	결혼	1300	용산	kim9
14	myoung	명성왕후	abc1234	여자	90/12/25	이혼	1400	강남	soon
15	lee	이순신	abc1234	남자	88/10/10	이혼	200	마포	yusin
16	kang	강감찬	abc1234	남자	88/10/10	이혼	(null)	서대문	yusin

7.4.4 alias를 사용한 데이터 정렬

이름과 연봉을 출력하되, 연봉이 높은 순으로 정렬하세요. 연봉의 별칭(alias)이 annsal이고, 이 별칭을 order by 절에 사용하고 있습니다.

```
select name, 12*salary as annsal from employees order by annsal desc ;
```

	NAME	ANNSAL
1	강감찬	(null)
2	논개	(null)
3	선덕여왕	(null)
4	덕혜옹주	19200
5	조마리아	18000
6	명성왕후	16800
7	황진이	15600
8	신사임당	14400
9	유관순	13200
10	안중근	9600
11	김좌진	8400
12	김구	7200
13	윤봉길	6000
14	최영	3600
15	이순신	2400
16	김유신	1200

컬럼 번호를 이용하여 데이터 정렬이 가능합니다. 'order by 2 desc'에서 숫자 2는 2번째 컬럼, 즉 annsal입니다.
이 컬럼을 사용하여 정렬을 하겠다는 구문입니다.

```
select name, 12*salary as annsal from employees order by 2 desc ;
```

	NAME	ANNSAL
1	강감찬	(null)
2	논개	(null)
3	선덕여왕	(null)
4	덕혜옹주	19200
5	조마리아	18000
6	명성왕후	16800
7	황진이	15600
8	신사임당	14400
9	유관순	13200
10	안중근	9600
11	김좌진	8400
12	김구	7200
13	윤봉길	6000
14	최영	3600
15	이순신	2400
16	김유신	1200

7.4.5 multi 컬럼을 이용한 정렬

데이터 정렬시 컬럼은 여러 개 사용이 가능합니다. '여자'들이 먼저 출력되도록 하되, 급여가 많은 사람들이 먼저 출력되도록 해 보세요. 성별(gender) 컬럼이 우선 order by 절에 명시가 되어야 하고, 콤마를 사용하여 다음 컬럼인 급여(salary) 컬럼을 명시하면 됩니다.

```
select * from employees order by gender desc, salary desc ;
```

	ID	NAME	PASSWORD	GENDER	BIRTH	MARRIAGE	SALARY	ADDRESS	MANAGER
1	nongae	논개	abc1234	여자	90/12/25	미혼	(null)	강남	soon
2	queen	선덕여왕	abc1234	여자	(null)	결혼	(null)	용산	
3	princess	덕혜옹주	abc1234	여자	90/12/25	결혼	1600	마포	
4	maria	조마리아	abc1234	여자	90/12/25	이혼	1500	서대[illegible]	
5	myoung	명성왕후	abc1234	여자	90/12/25	이혼	1400	[illegible]남	soon
6	hwang	황진이	abc1234	여자	90/12/25	결혼	1300	용산	kim9
7	shin	신사임당	abc1234	여자	90/12/25	미혼	1200	서대문	kim9
8	soon	유관순	abc1234	여자	2[illegible]	[illegible]	1100	마포	(null)
9	kang	강감찬	abc1234	남자	[illegible]	[illegible]	(null)	서대문	yusin
10	an	안중근	abc1234	남자	21/04/04	결혼	800	서대문	kim9
11	general	김좌진	abc1234	남자	90/12/25	이혼	700	마포	kim9
12	kim9	김구	abc1234	남자	90/12/25	결혼	600	강남	(null)
13	yoon	윤봉길	abc1234	남자	90/12/25	미혼	500	용산	yusin
14	choi	최영	abc1234	남자	90/12/25	결혼	300	강남	yusin
15	lee	이순신	abc1234	남자	88/10/10	이혼	200	마포	yusin
16	yusin	김유신	abc1234	남자	(null)	결혼	100	용산	(null)

나이가 많은 순서부터 정렬한 다음, 급여가 적은 순으로 정렬하여 출력해 보세요.

```
select * from employees order by birth asc, salary asc ;
```

	ID	NAME	PASSWORD	GENDER	BIRTH	MARRIAGE	SALARY	ADDRESS	MANAGER
1	lee	이순신	abc1234	남자	88/10/10	이혼	200	마포	yusin
2	kang	강감찬	abc1234	남자	88/10/10	이혼	(null)	서대문	yusin
3	choi	최영	abc1234	남자	90/12/25	결혼	300	강남	yusin
4	yoon	윤봉길	abc1234	남자	90/12/25	미혼	500	용산	yusin
5	kim9	김구	abc1234	남자	90/12/25	결혼	600	강남	(null)
6	general	김좌진	abc1234	남자	90/12/25	이혼	700	마포	kim9
7	shin	신사임당	abc1234	여자	90/12/25	미혼	1200	서대문	kim9
8	hwang	황진이	abc1234	여자	90/12/25	결혼	1300	용산	kim9
9	myoung	명성왕후	abc1234	여자	90/12/25	이혼	1400	강남	soon
10	maria	조마리아	abc1234	여자	90/12/25	이혼	1500	서대문	soon
11	princess	덕혜옹주	abc1234	여자	90/12/25	결혼	1600	마포	soon
12	nongae	논개	abc1234	여자	90/12/25	미혼	(null)	강남	soon
13	an	안중근	abc1234	남자	21/04/04	결혼	800	서대문	kim9
14	soon	유관순	abc1234	여자	21/04/04	미혼	1100	마포	(null)
15	yusin	김유신	abc1234	남자	(null)	결혼	100	용산	(null)
16	queen	선덕여왕	abc1234	여자	(null)	결혼	(null)	용산	soon

성별에 대하여 오름차순, 결혼 여부에 대하여 내림차순으로 정렬하세요.

```
select * from employees order by gender asc, marriage desc ;
```

	ID	NAME	PASSWORD	GENDER	BIRTH	MARRIAGE	SALARY	ADDRESS	MANAGER
1	general	김좌진	abc1234	남자	90/12/25	이혼	700	마포	kim9
2	lee	이순신	abc1234	남자	88/10/10	이혼	200	마포	yusin
3	kang	강감찬	abc1234	남자	88/10/10	이혼	(null)	서대문	yusin
4	yoon	윤봉길	abc1234	남자	90/12/25	미혼	500	용산	yusin
5	kim9	김구	abc1234	남자	90/12/25	결혼	600	강남	(null)
6	choi	최영	abc1234	남자	90/12/25	결혼	300	강남	yusin
7	yusin	김유신	abc1234	남자	(null)	결혼	100	용산	(null)
8	an	안중근	abc1234	남자	21/04/04	결혼	800	서대문	kim9
9	myoung	명성왕후	abc1234	여자	90/12/25	이혼	1400	강남	soon
10	maria	조마리아	abc1234	여자	90/12/25	이혼	1500	서대문	soon
11	nongae	논개	abc1234	여자	90/12/25	미혼	(null)	강남	soon
12	soon	유관순	abc1234	여자	21/04/04	미혼	1100	마포	(null)
13	shin	신사임당	abc1234	여자	90/12/25	미혼	1200	서대문	kim9
14	queen	선덕여왕	abc1234	여자	(null)	결혼	(null)	용산	soon
15	hwang	황진이	abc1234	여자	90/12/25	결혼	1300	용산	kim9
16	princess	덕혜옹주	abc1234	여자	90/12/25	결혼	1600	마포	soon

요점 정리

- 특정 데이터를 조회하고자 할 때 사용하는 명령어는 (select) 구문을 사용하면 됩니다.
- 데이터를 조회하고자 할 때 (select)절과 (from) 절은 필수 항목입니다.
- (distinct) 키워드는 중복된 데이터에 한해서 1개 만을 추출합니다.
- 컬럼을 다른 문자열 또는 컬럼과 연결하기 위한 연산자는 (문자열 연결 연산자(||)) 입니다.
- (like) 연산자는 패턴 매칭이라고 하여 특정한 패턴을 이용하여 검색하는 방식입니다.
- like 연산자에 사용되는 와일드 카드 문자는 '%'와 '_'가 있습니다.
- 데이터를 정렬하기 위해서는 (order by) 구문을 사용합니다.
- 데이터를 정렬시 오름차순은 (asc) 키워드, 내림차순은 (desc) 키워드를 사용합니다.

연습 문제

- '곰돌이' 사용자의 테이블 'Books'에 대하여 다음 물음에 대한 sql 구문을 작성해 보세요
다음 실습을 위하여 다음 구문을 수행하도록 합니다.

- 모든 서적들의 정보를 출력해 보세요.

	BID	BNAME	PUBLISHER	PRICE	INPUTDATE
1	java	자바 프로그래밍	대한 출판사	7000	70/08/28
2	jsp	jsp 프로그래밍	대한 Books	8000	80/08/15
3	python	파이썬 프로그래밍	민국 미디어	9000	90/07/17
4	r	R 프로그래밍	민국 미디어	(null)	75/11/11
5	database	데이터 베이스 개론	대한 출판사	(null)	78/03/01
6	mybatis	마이바티스	대한 출판사	(null)	45/08/15
7	spring	스프링 Framework	소셜 미디어	20000	50/06/25
8	xml	xml 프로그래밍	소셜 미디어	13000	70/06/06
9	story	프로그래밍 이야기	지한 출판사	6000	70/09/09
10	timeseries	시계열 예측	지한 출판사	13000	50/06/25

- 모든 서적들의 아이디, 서적 이름, 단가를 조회해 보세요.

	BID	BNAME	PRICE
1	java	자바 프로그래밍	7000
2	jsp	jsp 프로그래밍	8000
3	python	파이썬 프로그래밍	9000
4	r	R 프로그래밍	(null)
5	database	데이터 베이스 개론	(null)
6	mybatis	마이바티스	(null)
7	spring	스프링 Framework	20000
8	xml	xml 프로그래밍	13000
9	story	프로그래밍 이야기	6000
10	timeseries	시계열 예측	13000

- 모든 서적들의 서적 이름, 단가, 아이디를 조회해 보세요.

	BNAME	PRICE	BID
1	자바 프로그래밍	7000	java
2	jsp 프로그래밍	8000	jsp
3	파이썬 프로그래밍	9000	python
4	R 프로그래밍	(null)	r
5	데이터 베이스 개론	(null)	database
6	마이바티스	(null)	mybatis
7	스프링 Framework	20000	spring
8	xml 프로그래밍	13000	xml
9	프로그래밍 이야기	6000	story
10	시계열 예측	13000	timeseries

연습 문제

- 서적의 이름과 10권을 판매한 금액을 출력해 보세요.

	BNAME	10*PRICE
1	자바 프로그래밍	70000
2	jsp 프로그래밍	80000
3	파이썬 프로그래밍	90000
4	R 프로그래밍	(null)
5	데이터 베이스 개론	(null)
6	마이바티스	(null)
7	스프링 Framework	200000
8	xml 프로그래밍	130000
9	프로그래밍 이야기	60000
10	시계열 예측	130000

- 서적의 이름과 가격과 10 퍼센트 할인된 가격 정보를 출력해 보세요.

	BNAME	PRICE	(1-0.1)*PRICE
1	자바 프로그래밍	7000	6300
2	jsp 프로그래밍	8000	7200
3	파이썬 프로그래밍	9000	8100
4	R 프로그래밍	(null)	(null)
5	데이터 베이스 개론	(null)	(null)
6	마이바티스	(null)	(null)
7	스프링 Framework	20000	18000
8	xml 프로그래밍	13000	11700
9	프로그래밍 이야기	6000	5400
10	시계열 예측	13000	11700

- 출판사 이름만 조회해 보세요.

출판사 이름만 조회하되, 중복된 데이터는 하나만 출력되도록 해주세요.

	PUBLISHER
1	대한 출판사
2	대한 Books
3	민국 미디어
4	민국 미디어
5	대한 출판사
6	대한 출판사
7	소셜 미디어
8	소셜 미디어
9	지한 출판사
10	지한 출판사

	PUBLISHER
1	소셜 미디어
2	대한 Books
3	민국 미디어
4	대한 출판사
5	지한 출판사

- 서적의 이름과 단가와 100원 인상된 가격을 출력해 보세요.

	BNAME	PRICE	PRICE+100
1	자바 프로그래밍	7000	7100
2	jsp 프로그래밍	8000	8100
3	파이썬 프로그래밍	9000	9100
4	R 프로그래밍	(null)	(null)
5	데이터 베이스 개론	(null)	(null)
6	마이바티스	(null)	(null)
7	스프링 Framework	20000	20100
8	xml 프로그래밍	13000	13100
9	프로그래밍 이야기	6000	6100
10	시계열 예측	13000	13100

- 서적의 이름과 단가와 50% 인상된 가격을 출력해 보세요.

	BNAME	PRICE	1.5*PRICE
1	자바 프로그래밍	7000	10500
2	jsp 프로그래밍	8000	12000
3	파이썬 프로그래밍	9000	13500
4	R 프로그래밍	(null)	(null)
5	데이터 베이스 개론	(null)	(null)
6	마이바티스	(null)	(null)
7	스프링 Framework	20000	30000
8	xml 프로그래밍	13000	19500
9	프로그래밍 이야기	6000	9000
10	시계열 예측	13000	19500

- 서적의 이름과 단가와 50% 인상된 가격을 출력하되 별칭을 적절히 사용해 보세요.

	BNAME	PRICE	UPPRICE
1	자바 프로그래밍	7000	10500
2	jsp 프로그래밍	8000	12000
3	파이썬 프로그래밍	9000	13500
4	R 프로그래밍	(null)	(null)
5	데이터 베이스 개론	(null)	(null)
6	마이바티스	(null)	(null)
7	스프링 Framework	20000	30000
8	xml 프로그래밍	13000	19500
9	프로그래밍 이야기	6000	9000
10	시계열 예측	13000	19500

- 서적 이름과 단가를 출력하되, 별칭 '서적_이름', '가격'으로 출력해 보세요.

	서적_이름	가격
1	자바 프로그래밍	7000
2	jsp 프로그래밍	8000
3	파이썬 프로그래밍	9000
4	R 프로그래밍	(null)
5	데이터 베이스 개론	(null)
6	마이바티스	(null)
7	스프링 Framework	20000
8	xml 프로그래밍	13000
9	프로그래밍 이야기	6000
10	시계열 예측	13000

- 문자열 연결 연산자를 사용하여 다음과 같이 출력해 보세요.
자바 프로그래밍의 가격은 7,000원입니다.

	RESULT
1	자바 프로그래밍의 가격은 7000원입니다.
2	jsp 프로그래밍의 가격은 8000원입니다.
3	파이썬 프로그래밍의 가격은 9000원입니다.
4	R 프로그래밍의 가격은 원입니다.
5	데이터 베이스 개론의 가격은 원입니다.
6	마이바티스의 가격은 원입니다.
7	스프링 Framework의 가격은 20000원입니다.
8	xml 프로그래밍의 가격은 13000원입니다.
9	프로그래밍 이야기의 가격은 6000원입니다.
10	시계열 예측의 가격은 13000원입니다.

연습 문제

- 서적 이름 : 자바 프로그래밍, 출판사 : 대한 출판사, 가격 : 7000

	결과
1	서적 이름 : 자바 프로그래밍, 출판사 : 대한 출판사, 가격 : 7000
2	서적 이름 : jsp 프로그래밍, 출판사 : 대한 Books, 가격 : 8000
3	서적 이름 : 파이썬 프로그래밍, 출판사 : 민국 미디어, 가격 : 9000
4	서적 이름 : R 프로그래밍, 출판사 : 민국 미디어, 가격 : 35000
5	서적 이름 : 데이터 베이스 개론, 출판사 : 대한 출판사, 가격 : 8000
6	서적 이름 : 마이바티스, 출판사 : 대한 출판사, 가격 : 7500
7	서적 이름 : 스프링 Framework, 출판사 : 소셜 미디어, 가격 : 20000
8	서적 이름 : xml 프로그래밍, 출판사 : 소셜 미디어, 가격 : 13000
9	서적 이름 : 프로그래밍 이야기, 출판사 : 지한 출판사, 가격 : 6000
10	서적 이름 : 시계열 예측, 출판사 : 지한 출판사, 가격 : 13000

행의 제한

- 서적의 아이디가 python인 서적을 조회해 보세요.

	BID	BNAME	PUBLISHER	PRICE	INPUTDATE
1	python	파이썬 프로그래밍	민국 미디어	9000	90/07/17

- 서적 제목이 '파이썬 프로그래밍'인 서적들을 출력해 보세요.

오라클에서 문자는 외따옴표로 사용해야 합니다.

	BID	BNAME	PUBLISHER	PRICE	INPUTDATE
1	python	파이썬 프로그래밍	민국 미디어	9000	90/07/17

- 서적의 단가가 10,000원 이상인 서적을 조회해 보세요.

	BID	BNAME	PUBLISHER	PRICE	INPUTDATE
1	spring	스프링 Framework	소셜 미디어	20000	(null)
2	xml	xml 프로그래밍	소셜 미디어	13000	70/06/06
3	timeseries	시계열 예측	지한 출판사	13000	50/06/25

- 출판사의 이름이 '지한 출판사'인 행들만 조회해 보세요.

	BID	BNAME	PUBLISHER	PRICE	INPUTDATE
1	story	프로그래밍 이야기	지한 출판사	6000	70/09/09
2	timeseries	시계열 예측	지한 출판사	13000	50/06/25

- 서적의 단가가 9,000원이상이고, 13,000원 이하인 서적들을 조회해 보세요.

	BID	BNAME	PUBLISHER	PRICE	INPUTDATE
1	python	파이썬 프로그래밍	민국 미디어	9000	90/07/17
2	xml	xml 프로그래밍	소셜 미디어	13000	70/06/06
3	timeseries	시계열 예측	지한 출판사	13000	50/06/25

- 서적의 단가가 30,000원 이상이거나 7,000원 이하인 서적들을 조회해 보세요.

	BID	BNAME	PUBLISHER	PRICE	INPUTDATE
1	java	자바 프로그래밍	대한 출판사	7000	70/08/28
2	story	프로그래밍 이야기	지한 출판사	6000	70/09/09

- 서적의 아이디가 'python' 또는 'database'인 서적의 서적 이름과 단가를 조회해 보세요.

	BNAME	PRICE
1	데이터 베이스 개론	(null)
2	파이썬 프로그래밍	9000

- 서적의 단가가 8,000원이거나 13,000원인 서적들을 조회해 보세요.

	BNAME	PRICE
1	jsp 프로그래밍	8000
2	xml 프로그래밍	13000
3	시계열 예측	13000

- 서적의 단가가 없는 서적들을 출력해 보세요.

	BID	BNAME	PUBLISHER	PRICE	INPUTDATE
1	r	R 프로그래밍	민국 미디어	(null)	75/11/11
2	database	데이터 베이스 개론	대한 출판사	(null)	78/03/01
3	mybatis	마이바티스	대한 출판사	(null)	45/08/15

- 단가가 존재하는 서적을 출력해 보세요.

	BID	BNAME	PUBLISHER	PRICE	INPUTDATE
1	java	자바 프로그래밍	대한 출판사	7000	70/08/28
2	jsp	jsp 프로그래밍	대한 Books	8000	80/08/15
3	python	파이썬 프로그래밍	민국 미디어	9000	90/07/17
4	spring	스프링 Framework	소셜 미디어	20000	50/06/25
5	xml	xml 프로그래밍	소셜 미디어	13000	70/06/06
6	story	프로그래밍 이야기	지한 출판사	6000	70/09/09
7	timeseries	시계열 예측	지한 출판사	13000	50/06/25

연습 문제

- 모든 서적들의 서적 이름과 단가와 10권 판매된 금액을 조회해 보세요.

	BNAME	PRICE	10*PRICE
1	자바 프로그래밍	7000	70000
2	jsp 프로그래밍	8000	80000
3	파이썬 프로그래밍	9000	90000
4	R 프로그래밍	(null)	(null)
5	데이터 베이스 개론	(null)	(null)
6	마이바티스	(null)	(null)
7	스프링 Framework	20000	200000
8	xml 프로그래밍	13000	130000
9	프로그래밍 이야기	6000	60000
10	시계열 예측	13000	130000

- 서적의 단가가 9,000원 이상, 13,000 이하인 서적들을 조회해 보세요.

	BID	BNAME	PUBLISHER	PRICE	INPUTDATE
1	python	파이썬 프로그래밍	민국 미디어	9000	90/07/17
2	xml	xml 프로그래밍	소셜 미디어	13000	70/06/06
3	timeseries	시계열 예측	지한 출판사	13000	50/06/25

- 서적 이름의 초성이 'ㅅ'으로 시작하고 'ㅈ'으로 끝나는 서적들을 조회해 보세요.

	BID	BNAME	PUBLISHER	PRICE	INPUTDATE
1	spring	스프링 Framework	소셜 미디어	20000	50/06/25
2	timeseries	시계열 예측	지한 출판사	13000	50/06/25

- 출판사 이름이 '소셜 미디어'이거나 '대한 출판사'인 서적들을 조회해 보세요.

	BID	BNAME	PUBLISHER	PRICE	INPUTDATE
1	java	자바 프로그래밍	대한 출판사	7000	70/08/28
2	database	데이터 베이스 개론	대한 출판사	(null)	78/03/01
3	mybatis	마이바티스	대한 출판사	(null)	45/08/15
4	spring	스프링 Framework	소셜 미디어	20000	50/06/25
5	xml	xml 프로그래밍	소셜 미디어	13000	70/06/06

- in 절(clause)을 사용하여 서적의 아이디가 'java', 'python' , 'database'인 행을 출력해 보세요.

	BID	BNAME	PUBLISHER	PRICE	INPUTDATE
1	database	데이터 베이스 개론	대한 출판사	(null)	78/03/01
2	java	자바 프로그래밍	대한 출판사	7000	70/08/28
3	python	파이썬 프로그래밍	민국 미디어	9000	90/07/17

서적 제목이 'R 프로그래밍'이거나 '스프링 Framework'인 서적들은?

	BID	BNAME	PUBLISHER	PRICE	INPUTDATE
1	r	R 프로그래밍	민국 미디어	(null)	75/11/11
2	spring	스프링 Framework	소셜 미디어	20000	50/06/25

like 연산자

서적 이름이 '자'로 시작하는 서적들을 출력해 보세요.

	BID	BNAME	PUBLISHER	PRICE	INPUTDATE
1	java	자바 프로그래밍	대한 출판사	7000	70/08/28

글자 '파'로 시작하는 모든 서적들을 출력해 보세요.

	BID	BNAME	PUBLISHER	PRICE	INPUTDATE
1	python	파이썬 프로그래밍	민국 미디어	9000	90/07/17

서적 이름에 '프로'자가 들어가는 서적들을 출력해 보세요.

	BID	BNAME	PUBLISHER	PRICE	INPUTDATE
1	java	자바 프로그래밍	대한 출판사	7000	70/08/28
2	jsp	jsp 프로그래밍	대한 Books	8000	80/08/15
3	python	파이썬 프로그래밍	민국 미디어	9000	90/07/17
4	r	R 프로그래밍	민국 미디어	(null)	75/11/11
5	xml	xml 프로그래밍	소셜 미디어	13000	70/06/06
6	story	프로그래밍 이야기	지한 출판사	6000	70/09/09

두 번째 글자가 반드시 '이'인 서적들을 출력해 보세요.

	BID	BNAME	PUBLISHER	PRICE	INPUTDATE
1	python	파이썬 프로그래밍	민국 미디어	9000	90/07/17
2	database	데이터 베이스 개론	대한 출판사	(null)	78/03/01
3	mybatis	마이바티스	대한 출판사	(null)	45/08/15

출판사 이름이 '사'로 끝나는 모든 서적들을 출력해 보세요.

	BID	BNAME	PUBLISHER	PRICE	INPUTDATE
1	java	자바 프로그래밍	대한 출판사	7000	70/08/28
2	database	데이터 베이스 개론	대한 출판사	(null)	78/03/01
3	mybatis	마이바티스	대한 출판사	(null)	45/08/15

연습 문제

- 서적 이름이 '프'로 시작하거나, '론'으로 끝나는 모든 서적들을 출력해 보세요.

	BID	BNAME	PUBLISHER	PRICE	INPUTDATE
1	database	데이터 베이스 개론	대한 출판사	(null)	78/03/01
2	story	프로그래밍 이야기	지한 출판사	6000	70/09/09

부정어 사용해보기

- 출판사 이름이 '대한 출판사'와 '지한 출판사'이 아닌 모든 서적들을 출력해 보세요.

	BID	BNAME	PUBLISHER	PRICE	INPUTDATE
1	jsp	jsp 프로그래밍	대한 Books	8000	80/08/15
2	python	파이썬 프로그래밍	민국 미디어	9000	90/07/17
3	r	R 프로그래밍	민국 미디어	(null)	75/11/11
4	spring	스프링 Framework	소셜 미디어	20000	50/06/25
5	xml	xml 프로그래밍	소셜 미디어	13000	70/06/06

- 서적의 아이디가 'r', 'database', 'mybatis'가 아닌 서적들을 출력해 보세요.

	BID	BNAME	PUBLISHER	PRICE	INPUTDATE
1	java	자바 프로그래밍	대한 출판사	7000	70/08/28
2	jsp	jsp 프로그래밍	대한 Books	8000	80/08/15
3	python	파이썬 프로그래밍	민국 미디어	9000	90/07/17
4	spring	스프링 Framework	소셜 미디어	20000	50/06/25
5	xml	xml 프로그래밍	소셜 미디어	13000	70/06/06
6	story	프로그래밍 이야기	지한 출판사	6000	70/09/09
7	timeseries	시계열 예측	지한 출판사	13000	50/06/25

- 단가가 9,000원과 13,000원 사이에 있지 않은 서적들을 출력해 보세요.

	BID	BNAME	PUBLISHER	PRICE	INPUTDATE
1	java	자바 프로그래밍	대한 출판사	7000	70/08/28
2	jsp	jsp 프로그래밍	대한 Books	8000	80/08/15
3	spring	스프링 Framework	소셜 미디어	20000	50/06/25
4	story	프로그래밍 이야기	지한 출판사	6000	70/09/09

- 서적의 이름이 '프로그래밍'으로 끝나지 않은 서적들을 출력해 보세요.

	BID	BNAME	PUBLISHER	PRICE	INPUTDATE
1	database	데이터 베이스 개론	대한 출판사	(null)	78/03/01
2	mybatis	마이바티스	대한 출판사	(null)	45/08/15
3	spring	스프링 Framework	소셜 미디어	20000	50/06/25
4	story	프로그래밍 이야기	지한 출판사	6000	70/09/09
5	timeseries	시계열 예측	지한 출판사	13000	50/06/25

서적의 단가가 결정이 된 서적들을 출력해 보세요.

	BID	BNAME	PUBLISHER	PRICE	INPUTDATE
1	java	자바 프로그래밍	대한 출판사	7000	70/08/28
2	jsp	jsp 프로그래밍	대한 Books	8000	80/08/15
3	python	파이썬 프로그래밍	민국 미디어	9000	90/07/17
4	spring	스프링 Framework	소셜 미디어	20000	50/06/25
5	xml	xml 프로그래밍	소셜 미디어	13000	70/06/06
6	story	프로그래밍 이야기	지한 출판사	6000	70/09/09
7	timeseries	시계열 예측	지한 출판사	13000	50/06/25

연산자의 복합적 사용

출판사 이름이 '대한 출판사'이면서 단가가 10,000원 이하인 서적들을 출력해 보세요.

	BID	BNAME	PUBLISHER	PRICE	INPUTDATE
1	jsp	jsp 프로그래밍	대한 Books	8000	80/08/15
2	python	파이썬 프로그래밍	민국 미디어	9000	90/07/17
3	story	프로그래밍 이야기	지한 출판사	6000	70/09/09

서적의 이름이 '프로그래밍'으로 끝나는 서적 중에서 단가가 8,000원 이하인 서적들을 출력해 보세요.

	BID	BNAME	PUBLISHER	PRICE	INPUTDATE
1	java	자바 프로그래밍	대한 출판사	7000	70/08/28
2	jsp	jsp 프로그래밍	대한 Books	8000	80/08/15

서적의 단가가 결정이 된 서적 중에서 단가가 8,000원과 13,000원 사이에 있지 않은 서적들을 출력해 보세요.

	BID	BNAME	PUBLISHER	PRICE	INPUTDATE
1	java	자바 프로그래밍	대한 출판사	7000	70/08/28
2	spring	스프링 Framework	소셜 미디어	20000	50/06/25
3	story	프로그래밍 이야기	지한 출판사	6000	70/09/09

연습 문제

데이터 정렬하기

● 서적의 단가가 낮은 것부터 출력해 보세요.

	BID	BNAME	PUBLISHER	PRICE	INPUTDATE
1	story	프로그래밍 이야기	지한 출판사	6000	70/09/09
2	java	자바 프로그래밍	대한 출판사	7000	70/08/28
3	jsp	jsp 프로그래밍	대한 Books	8000	80/08/15
4	python	파이썬 프로그래밍	민국 미디어	9000	90/07/17
5	xml	xml 프로그래밍	소셜 미디어	13000	70/06/06
6	timeseries	시계열 예측	지한 출판사	13000	50/06/25
7	spring	스프링 Framework	소셜 미디어	20000	50/06/25
8	mybatis	마이바티스	대한 출판사	(null)	45/08/15
9	r	R 프로그래밍	민국 미디어	(null)	75/11/11
10	database	데이터 베이스 개론	대한 출판사	(null)	78/03/01

● 서적의 이름에 대하여 오름차순으로 출력해 보세요.

	BID	BNAME	PUBLISHER	PRICE	INPUTDATE
1	r	R 프로그래밍	민국 미디어	(null)	75/11/11
2	jsp	jsp 프로그래밍	대한 Books	8000	80/08/15
3	xml	xml 프로그래밍	소셜 미디어	13000	70/06/06
4	database	데이터 베이스 개론	대한 출판사	(null)	78/03/01
5	mybatis	마이바티스	대한 출판사	(null)	45/08/15
6	spring	스프링 Framework	소셜 미디어	20000	50/06/25
7	timeseries	시계열 예측	지한 출판사	13000	50/06/25
8	java	자바 프로그래밍	대한 출판사	7000	70/08/28
9	python	파이썬 프로그래밍	민국 미디어	9000	90/07/17
10	story	프로그래밍 이야기	지한 출판사	6000	70/09/09

● 서적의 이름에 대하여 내림차순으로 출력해 보세요.

	BID	BNAME	PUBLISHER	PRICE	INPUTDATE
1	story	프로그래밍 이야기	지한 출판사	6000	70/09/09
2	python	파이썬 프로그래밍	민국 미디어	9000	90/07/17
3	java	자바 프로그래밍	대한 출판사	7000	70/08/28
4	timeseries	시계열 예측	지한 출판사	13000	50/06/25
5	spring	스프링 Framework	소셜 미디어	20000	50/06/25
6	mybatis	마이바티스	대한 출판사	(null)	45/08/15
7	database	데이터 베이스 개론	대한 출판사	(null)	78/03/01
8	xml	xml 프로그래밍	소셜 미디어	13000	70/06/06
9	jsp	jsp 프로그래밍	대한 Books	8000	80/08/15
10	r	R 프로그래밍	민국 미디어	(null)	75/11/11

● 입고 일자가 빠른 것 부터 정렬해 보세요.

	BID	BNAME	PUBLISHER	PRICE	INPUTDATE
1	timeseries	시계열 예측	지한 출판사	13000	50/06/25
2	spring	스프링 Framework	소셜 미디어	20000	50/06/25
3	xml	xml 프로그래밍	소셜 미디어	13000	70/06/06
4	java	자바 프로그래밍	대한 출판사	7000	70/08/28
5	story	프로그래밍 이야기	지한 출판사	6000	70/09/09
6	r	R 프로그래밍	민국 미디어	(null)	75/11/11
7	database	데이터 베이스 개론	대한 출판사	(null)	78/03/01
8	jsp	jsp 프로그래밍	대한 Books	8000	80/08/15
9	python	파이썬 프로그래밍	민국 미디어	9000	90/07/17
10	mybatis	마이바티스	대한 출판사	(null)	45/08/15

● 출판사 이름으로 내림차순 정렬 후, 단가가 낮은 서적부터 정렬해 보세요.

	BID	BNAME	PUBLISHER	PRICE	INPUTDATE
1	story	프로그래밍 이야기	지한 출판사	6000	70/09/09
2	timeseries	시계열 예측	지한 출판사	13000	50/06/25
3	xml	xml 프로그래밍	소셜 미디어	13000	70/06/06
4	spring	스프링 Framework	소셜 미디어	20000	50/06/25
5	python	파이썬 프로그래밍	민국 미디어	9000	90/07/17
6	r	R 프로그래밍	민국 미디어	(null)	75/11/11
7	java	자바 프로그래밍	대한 출판사	7000	70/08/28
8	mybatis	마이바티스	대한 출판사	(null)	45/08/15
9	database	데이터 베이스 개론	대한 출판사	(null)	78/03/01
10	jsp	jsp 프로그래밍	대한 Books	8000	80/08/15

Chapter 08

집합 연산자

Summary

2개 이상의 테이블에 대하여 데이터를 더하거나 뺄셈 연산을 수행할 수 있습니다. 이러한 기능은 집합 연산자를 이용하여 해결이 가능합니다. 이번 절에서는 집합 연산자 union, union all, minus, intersect 등에 대하여 살펴 보고자 합니다. 그리고, 테스트용 임시 테이블을 빠르게 생성하기 위한 방법인 CTAS 기법에 대하여 공부해 보도록 하겠습니다.

8.1 집합

우리가 일상 생활에서 특정 대상을 명확하게 구분할 수 있는 것들이 있습니다. 예를 들어서, 주사위의 눈금에 대하여 다음을 살펴 보도록 합시다.

집합

주사위의 눈금에서 4이하의 눈금의 모음
주사위의 눈금에서 3이상의 눈금의 모음

아래와 같이 대상을 명확하게 구분할 수 있는 모임을 집합(set)이라고 합니다. 이러한 것을 그림으로 표현하면 다음과 같고, 이것을 우리는 벤 다이어그램이라고 부릅니다.

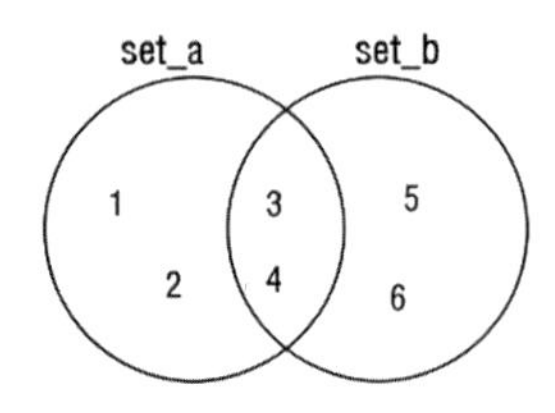

8.1.1 집합 연산자의 개요

SQL에서는 집합과 관련된 연산자들을 제공하는 데 '집합 연산자'라고 합니다. 합집합은 UNION, UNION ALL, 교집합은 INTERSECT, 차집합은 MINUS라는 키워드를 사용합니다. 다음 벤 다이어그램은 각각, A와 B의 합집합, 교집합, 차집합입니다.

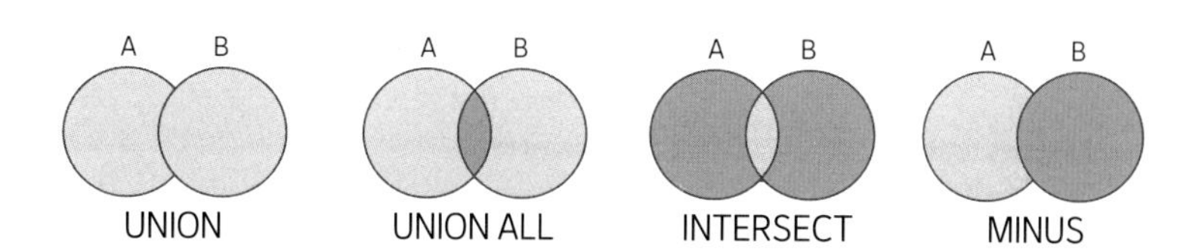

각 키워드는 다음과 같은 의미를 담고 있습니다.

연산자	설명
UNION	각 쿼리에 의해서 선택된 결과 중에 중복된 행은 제거하고 출력합니다.
UNION ALL	각 쿼리에 의해서 선택된 모든 결과를 출력합니다. UNION에 비하여 중복된 데이터는 모두 출력합니다.
INTERSECT	두 개의 쿼리를 모두 만족하는 결과 중에 중복 행을 제거하고 출력합니다.
MINUS	첫 번째 쿼리에 의해서 선택된 결과에서 두 번째 쿼리에 의해서 선택된 결과를 제거하고 출력합니다.

8.1.2 집합 연산자 사용 지침

집합 연산자를 사용할 때 지침 사항은 다음과 같은 항목들이 있습니다.

집합 연산자 사용 지침

각각의 select 문장에 의해서 선택된 컬럼의 개수와 데이터 타입은 반드시 일치해야 합니다.
집합 연산자의 처리 순서는 괄호를 이용하여 변경합니다.
order by 절은 문장의 가장 마지막에 한번만 기술하도록 합니다.
첫 번째 쿼리 문장의 컬럼명, 별칭 또는 컬럼 순번을 지정할 수 있습니다.
첫 번째 쿼리 문장의 컬럼명이 결과에 표시됩니다.

8.1.3 집합 연산자 실습

개념 정리를 위하여 다음과 같이 데이터를 만들고 실습을 간단히 해 보도록 하겠습니다.
테이블 2개를 간단하게 생성하고 set 연산자 실습을 수행해 보도록 합니다.

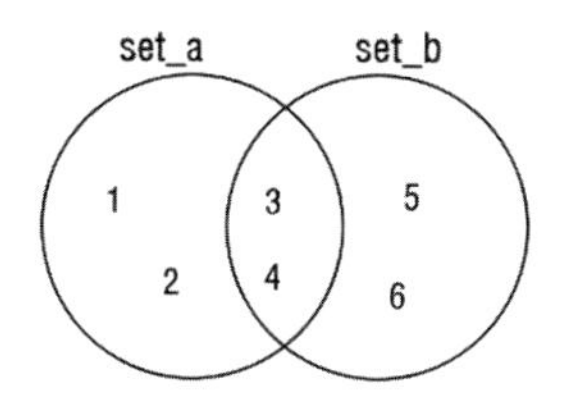

다음과 같이 테이블을 생성하고, 데이터를 추가하도록 합니다.

```
create table set_a(val number);
create table set_b(val number);

insert into set_a(val) values(1);
insert into set_a(val) values(2);
insert into set_a(val) values(3);
insert into set_a(val) values(4);

insert into set_b(val) values(3);
insert into set_b(val) values(4);
insert into set_b(val) values(5);
insert into set_b(val) values(6);
commit ;

-- 하단 좌측 이미지
select * from set_a ;

-- 하단 우측 이미지
select * from set_b ;
```

	VAL
1	1
2	2
3	3
4	4

	VAL
1	3
2	4
3	5
4	6

집합 연산자 사용 형식

```
select … from 구문01
UNION ¦ UNION ALL ¦ INTERSECT ¦ MINUS
select … from 구문02 ;
```

두 테이블의 합집합을 출력해 보도록 하겠습니다. 2개의 select 구문 사이에 union이라는 키워드를 입력하여 조회합니다.
union 키워드는 중복된 데이터가 존재하는 경우 1건만 보여 주는 역할을 합니다. 양쪽 테이블에 공존하는 3과 4는 한 개씩만 출력이 되고 있습니다.

```
select * from set_a union select * from set_b ;
```

	VAL
1	1
2	2
3	3
4	4
5	5
6	6

두 테이블의 합집합을 출력해 보도록 하겠습니다. 중복된 데이터를 모두 표시하려면 union all이라는 키워드를 사용하면 됩니다. 출력 결과에서 숫자 3과 4는 두번씩 출력이 되고 있습니다.

```
select * from set_a union all select * from set_b ;
```

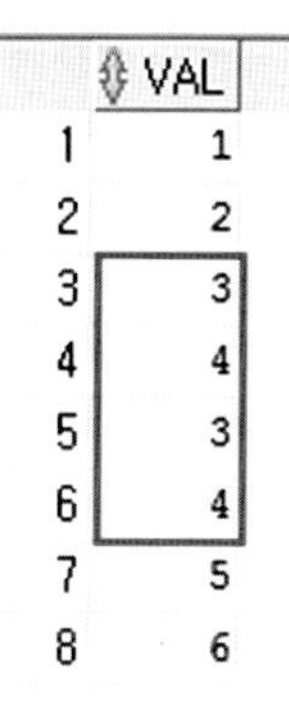

	VAL
1	1
2	2
3	3
4	4
5	3
6	4
7	5
8	6

두 테이블의 교집합을 출력해 보세요. 교집합은 양쪽 테이블에 동시에 존재하는 값만 출력해 줍니다.

```
select * from set_a intersect select * from set_b ;
```

	VAL
1	3
2	4

두 테이블의 차집합을 출력해 보세요. 차집합은 교환 법칙이 성립하지 않습니다. 결과 그림의 좌측과 우측은 각각 (set_a - set_b)의 연산 결과와 (set_b - set_a)의 연산 결과입니다.

```
select * from set_a minus select * from set_b ;

select * from set_b minus select * from set_a ;
```

	VAL
1	1
2	2

	VAL
1	5
2	6

8.2 회원 테이블 실습

집합 연산자에 대하여 간단히 살펴 보았습니다. 이번 절에서는 회원(employees) 테이블을 이용하여 실습용 임시 테이블을 2개 생성하고, 집합 연산자를 실습해 보도록 합니다. 간단하게 테이블을 생성하는 방법 중에 테이블의 전체 또는 일부를 복제하는 방법이 있습니다. 이것은 Create Table As Select의 줄인 말로써 CTAS 기법이라고 합니다.

8.2.1 테이블 복제(CTAS)

테이블 복제란 기존에 존재하던 테이블을 이용하여 다른 테이블을 생성하는 기법입니다. 우선 테이블을 복제하게 되면 다음과 같은 결과물이 생성됩니다. 제약 조건에 대한 내용은 차후 별도의 장에서 살펴 보도록 하겠습니다.

테이블 복제를 하게 되면?

① 테이블의 구조(structure)가 복사됩니다.
② 데이터의 행(row)도 복사됩니다.
③ not null 제약 조건도 복사됩니다.
④ 나머지 제약 조건은 복사되지 않습니다.

8.2.2 샘플용 테이블 복제

테이블복제는 원본 테이블을 수정하지 않고 테스트 용도의 임시 테이블을 생성하고자 할 때 많이 사용합니다.
사용 형식은 다음과 같습니다.

사용 형식(CTAS 방식)

```
create table 테이블_이름
as
select * ¦ 컬럼
from 이전테이블이름 ;
```

회원(employees) 테이블에서 '남자'이면서 급여가 250이상인 회원만 추출하여 테이블 table01을 생성하도록 합니다.
'여자'들 중에서 '미혼자'를 table01에 추가하도록 합니다.

```
-- drop table table01 purge ;
create table table01 as
select * from employees where gender = '남자' and salary >= 250 ;
```

```
insert into table01
select * from employees where gender = '여자' and marriage = '미혼';
commit ;

select * from table01 ;
```

ID	NAME	PASSWORD	GENDER	BIRTH	MARRIAGE	SALARY	ADDRESS	MANAGER
1 choi	최영	abc1234	남자	90/12/25	결혼	300	강남	yusin
2 yoon	윤봉길	abc1234	남자	90/12/25	미혼	500	용산	yusin
3 kim9	김구	abc1234	남자	90/12/25	결혼	600	강남	(null)
4 general	김좌진	abc1234	남자	90/12/25	이혼	700	마포	kim9
5 an	안중근	abc1234	남자	21/04/04	결혼	800	서대문	kim9
6 nongae	논개	abc1234	여자	90/12/25	미혼	(null)	강남	soon
7 soon	유관순	abc1234	여자	21/04/04	미혼	1100	마포	(null)
8 shin	신사임당	abc1234	여자	90/12/25	미혼	1200	서대문	kim9

회원 테이블에서 '기혼자' 중에서 급여가 250 이상인 회원만 추출하여 테이블 table02을 만들어 보세요.
'여자'이면서, '이혼'한 사람의 정보를 table02 테이블에 추가하도록 합니다.

```
--drop table table02 purge ;
create table table02 as
select * from employees  where marriage = '결혼'  and salary >= 250 ;

insert into table02
select * from employees where gender = '여자' and marriage = '이혼';
commit ;

select * from table02;
```

ID	NAME	PASSWORD	GENDER	BIRTH	MARRIAGE	SALARY	ADDRESS	MANAGER
1 choi	최영	abc1234	남자	90/12/25	결혼	300	강남	yusin
2 kim9	김구	abc1234	남자	90/12/25	결혼	600	강남	(null)
3 an	안중근	abc1234	남자	21/04/04	결혼	800	서대문	kim9
4 hwang	황진이	abc1234	여자	90/12/25	결혼	1300	용산	kim9
5 princess	덕혜옹주	abc1234	여자	90/12/25	결혼	1600	마포	soon
6 myoung	명성왕후	abc1234	여자	90/12/25	이혼	1400	강남	soon
7 maria	조마리아	abc1234	여자	90/12/25	이혼	1500	서대문	soon

8.2.3 회원 테이블을 이용한 set 연산자 실습

다음과 같이 2개의 테이블(table01, table02)을 사용하여 set 연산자를 사용해 봅니다. union all 연산자를 사용하게 되면 중복이 되는 행은 모두 표시해 줍니다. 다음 예시에서 회원 '김구'와 '최영'과 '안중근'은 데이터가 2개 출력되고 있습니다.

```
select * from table01 union all select * from table02 order by 1 ;
```

	ID	NAME	PASSWORD	GENDER	BIRTH	MARRIAGE	SALARY	ADDRESS	MANAGER
1	an	안중근	abc1234	남자	21/04/04	결혼	800	서대문	kim9
2	an	안중근	abc1234	남자	21/04/04	결혼	800	서대문	kim9
3	choi	최영	abc1234	남자	90/12/25	결혼	300	강남	yusin
4	choi	최영	abc1234	남자	90/12/25	결혼	300	강남	yusin
5	general	김좌진	abc1234	남자	90/12/25	이혼	700	마포	kim9
6	hwang	황진이	abc1234	여자	90/12/25	결혼	1300	용산	kim9
7	kim9	김구	abc1234	남자	90/12/25	결혼	600	강남	(null)
8	kim9	김구	abc1234	남자	90/12/25	결혼	600	강남	(null)
9	maria	조마리아	abc1234	여자	90/12/25	이혼	1500	서대문	soon
10	myoung	명성왕후	abc1234	여자	90/12/25	이혼	1400	강남	soon
11	nongae	논개	abc1234	여자	90/12/25	미혼	(null)	강남	soon
12	princess	덕혜옹주	abc1234	여자	90/12/25	결혼	1600	마포	soon
13	shin	신사임당	abc1234	여자	90/12/25	미혼	1200	서대문	kim9
14	soon	유관순	abc1234	여자	21/04/04	미혼	1100	마포	(null)
15	yoon	윤봉길	abc1234	남자	90/12/25	미혼	500	용산	yusin

전체 컬럼이 아닌 일부 컬럼도 조회 가능합니다. union 연산자를 사용하게 되면 중복된 데이터는 한건만 표시해 줍니다.

```
select id, name, address from table01  union  select id, name, address from table02 ;
```

	ID	NAME	ADDRESS
1	an	안중근	서대문
2	choi	최영	강남
3	general	김좌진	마포
4	hwang	황진이	용산
5	kim9	김구	강남
6	maria	조마리아	서대문
7	myoung	명성왕후	강남
8	nongae	논개	강남
9	princess	덕혜옹주	마포
10	shin	신사임당	서대문
11	soon	유관순	마포
12	yoon	윤봉길	용산

intersect 연산자를 사용하면 양쪽 테이블에 공통적으로 들어있는 행만 추출해줍니다. 교집합이라고 합니다.

```
select id, name, address from table01 intersect select id, name, address from table02
order by name desc ;
```

	ID	NAME	ADDRESS
1	choi	최영	강남
2	an	안중근	서대문
3	kim9	김구	강남

minus 연산자는 차집합을 의미합니다. 단, 교환 법칙이 성립하지 않습니다. 다음 예시는 table01 테이블에서 table02 테이블의 내용을 차집합 시키는 것입니다. table01 테이블에

있는 데이터만 표시가 됩니다.

```
select id, name, address from table01 minus select id, name, address from table02
order by name desc ;
```

	ID	NAME	ADDRESS
1	yoon	윤봉길	용산
2	soon	유관순	마포
3	shin	신사임당	서대문
4	nongae	논개	강남
5	general	김좌진	마포

```
select id, name, address from table02  minus select id, name, address from table01
order by name desc ;
```

	ID	NAME	ADDRESS
1	hwang	황진이	용산
2	maria	조마리아	서대문
3	myoung	명성왕후	강남
4	princess	덕혜옹주	마포

파생 컬럼도 생성할 수 있습니다. 예를 들어서, table01 테이블의 회원들은 '구회원', table02 테이블의 회원들은 '신회원'이라고 가정하고, alias 이름을 'remark'라고 가정하겠습니다. 이때 별칭은 첫 번째 sql 구문에만 작성해 주면 됩니다.

```
select id, name, address, '구회원' as remark from table01
union
select id, name, address, '신회원' from table02
order by name desc ;
```

	ID	NAME	ADDRESS	REMARK
1	hwang	황진이	용산	신회원
2	choi	최영	강남	구회원
3	choi	최영	강남	신회원
4	maria	조마리아	서대문	신회원
5	yoon	윤봉길	용산	구회원
6	soon	유관순	마포	구회원
7	an	안중근	서대문	구회원
8	an	안중근	서대문	신회원
9	shin	신사임당	서대문	구회원
10	myoung	명성왕후	강남	신회원
11	princess	덕혜옹주	마포	신회원
12	nongae	논개	강남	구회원
13	general	김좌진	마포	구회원
14	kim9	김구	강남	구회원
15	kim9	김구	강남	신회원

다음 문장은 어떠한 문제가 있나요?

```
select id, address, name from table01
union
select id, name, address from table02 ;
```

실행 결과를 보면 컬럼의 이름은 첫 번째 sql 구문의 이름을 따릅니다. 하지만 다음 구문은 논리적으로 문제가 있습니다.

'주소'와 '이름'은 컬럼의 타입은 둘다 문자열이지만, '주소'와 '이름'의 혼재되어 있습니다.

	ID	ADDRESS	NAME
1	an	서대문	안중근
2	an	안중근	서대문
3	choi	강남	최영
4	choi	최영	강남
5	general	마포	김좌진
6	hwang	황진이	용산
7	kim9	강남	김구
8	kim9	김구	강남
9	maria	조마리아	서대문
10	myoung	명성왕후	강남
11	nongae	강남	논개
12	princess	덕혜옹주	마포
13	shin	서대문	신사임당
14	soon	마포	유관순
15	yoon	용산	윤봉길

요점 정리

✔ 다음 공란에 적절한 집합 연산자를 작성해 보세요.

연산자	설명
MINUS	첫 번째 쿼리에 의해서 선택된 결과에서 두 번째 쿼리에 의해서 선택된 결과를 제거하고 출력합니다.
UNION	각 쿼리에 의해서 선택된 결과 중에 중복 행을 제거하고 출력합니다.
INTERSECT	두 개의 쿼리를 모두 만족하는 결과 중에 중복 행을 제거하고 출력합니다.
UNION ALL	각 쿼리에 의해서 선택된 모든 결과를 출력합니다. 중복된 데이터는 모두 출력합니다.

✔ (테이블 복제 기법)은 기존에 존재하던 테이블을 이용하여 다른 테이블을 생성하는 기법입니다.

✔ 테이블 복제 기법은 create table as select 구문을 사용한다고 하여 (CTAS) 기법이라고 합니다.

연습 문제

'곰돌이' 사용자의 테이블 'Books'과 CTAS 기법을 사용하여 다음과 같은 데이터를 만들어 보세요. 이 테이블을 생성한 다음 물음에 답하세요.

출판사의 이름이 '대한'으로 시작하는 도서의 목록을 구하여 테이블 branchA를 생성하세요.

	BID	BNAME	PUBLISHER	PRICE	INPUTDATE
1	java	자바 프로그래밍	대한 출판사	7000	70/08/28
2	jsp	jsp 프로그래밍	대한 Books	8000	80/08/15
3	database	데이터 베이스 개론	대한 출판사	(null)	78/03/01
4	mybatis	마이바티스	대한 출판사	(null)	45/08/15

서적의 이름이 '그래밍'으로 끝나는 도서의 목록을 구하여 테이블 branchB를 생성하세요.

	BID	BNAME	PUBLISHER	PRICE	INPUTDATE
1	java	자바 프로그래밍	대한 출판사	7000	70/08/28
2	jsp	jsp 프로그래밍	대한 Books	8000	80/08/15
3	python	파이썬 프로그래밍	민국 미디어	9000	90/07/17
4	r	R 프로그래밍	민국 미디어	(null)	75/11/11
5	xml	xml 프로그래밍	소셜 미디어	13000	70/06/06

2개 도서의 정보를 합친 결과를 출력하되, 중복된 행은 하나로 출력해 보세요.

	BID	BNAME	PUBLISHER	PRICE	INPUTDATE
1	database	데이터 베이스 개론	대한 출판사	(null)	78/03/01
2	java	자바 프로그래밍	대한 출판사	7000	70/08/28
3	jsp	jsp 프로그래밍	대한 Books	8000	80/08/15
4	mybatis	마이바티스	대한 출판사	(null)	45/08/15
5	python	파이썬 프로그래밍	민국 미디어	9000	90/07/17
6	r	R 프로그래밍	민국 미디어	(null)	75/11/11
7	xml	xml 프로그래밍	소셜 미디어	13000	70/06/06

두 지점의 서적 목록을 합쳐서 출력해 주세요. 단, 중복된 데이터는 모두 출력되어야 합니다.

	BID	BNAME	PUBLISHER	PRICE	INPUTDATE
1	java	자바 프로그래밍	대한 출판사	7000	70/08/28
2	jsp	jsp 프로그래밍	대한 Books	8000	80/08/15
3	database	데이터 베이스 개론	대한 출판사	(null)	78/03/01
4	mybatis	마이바티스	대한 출판사	(null)	45/08/15
5	java	자바 프로그래밍	대한 출판사	7000	70/08/28
6	jsp	jsp 프로그래밍	대한 Books	8000	80/08/15
7	python	파이썬 프로그래밍	민국 미디어	9000	90/07/17
8	r	R 프로그래밍	민국 미디어	(null)	75/11/11
9	xml	xml 프로그래밍	소셜 미디어	13000	70/06/06

연습 문제

● 2개 도서의 정보를 합친 결과를 출력하되, 서적 이름 순으로 정렬하여 보여 주세요.
order by 구문을 사용하고자 할 때는, 모든 컬럼을 일일이 열거해 줘야 합니다.

	BID	BNAME	PUBLISHER	PRICE
1	r	R 프로그래밍	민국 미디어	(null)
2	jsp	jsp 프로그래밍	대한 Books	8000
3	xml	xml 프로그래밍	소셜 미디어	13000
4	database	데이터 베이스 개론	대한 출판사	(null)
5	mybatis	마이바티스	대한 출판사	(null)
6	java	자바 프로그래밍	대한 출판사	7000
7	python	파이썬 프로그래밍	민국 미디어	9000

● 2개 도서의 정보를 합친 결과를 출력하되, 할인된 도서 가격 정보도 같이 조회해 보세요.
BranchA 지점은 10% 할인된, BranchB 지점은 20% 할인된 정보를 출력하도록 한다.

	BID	BNAME	PUBLISHER	PRICE	SALEPRICE
1	r	R 프로그래밍	민국 미디어	(null)	(null)
2	jsp	jsp 프로그래밍	대한 Books	8000	6400
3	jsp	jsp 프로그래밍	대한 Books	8000	7200
4	xml	xml 프로그래밍	소셜 미디어	13000	10400
5	database	데이터 베이스 개론	대한 출판사	(null)	(null)
6	mybatis	마이바티스	대한 출판사	(null)	(null)
7	java	자바 프로그래밍	대한 출판사	7000	5600
8	java	자바 프로그래밍	대한 출판사	7000	6300
9	python	파이썬 프로그래밍	민국 미디어	9000	7200

● 2개의 지점에서 동일하게 보유하고 있는 도서 목록을 출력해 보세요.

	BID	BNAME	PUBLISHER	PRICE
1	java	자바 프로그래밍	대한 출판사	7000
2	jsp	jsp 프로그래밍	대한 Books	8000

● BranchA 지점에서만 보유하고 있는 도서 목록을 출력해 보세요.

	BID	BNAME	PUBLISHER	PRICE	INPUTDATE
1	database	데이터 베이스 개론	대한 출판사	(null)	78/03/01
2	mybatis	마이바티스	대한 출판사	(null)	45/08/15

● BranchB 지점에서만 보유하고 있는 도서 목록을 출력해 보세요.

	BID	BNAME	PUBLISHER	PRICE	INPUTDATE
1	python	파이썬 프로그래밍	민국 미디어	9000	90/07/17
2	r	R 프로그래밍	민국 미디어	(null)	75/11/11
3	xml	xml 프로그래밍	소셜 미디어	13000	70/06/06

2개의 지점에서 동일하게 보유하고 있지 않는 도서 목록을 출력해 보세요.
방법1 : 합집합과 교집합을 구한 다음 차집합을 이용하면 됩니다.

	BID	BNAME	PUBLISHER	PRICE	INPUTDATE
1	database	데이터 베이스 개론	대한 출판사	(null)	78/03/01
2	mybatis	마이바티스	대한 출판사	(null)	45/08/15
3	python	파이썬 프로그래밍	민국 미디어	9000	90/07/17
4	r	R 프로그래밍	민국 미디어	(null)	75/11/11
5	xml	xml 프로그래밍	소셜 미디어	13000	70/06/06

방법2 : 각각의 차집합을 구한 다음 합쳐도 됩니다.

	BID	BNAME	PUBLISHER	PRICE	INPUTDATE
1	database	데이터 베이스 개론	대한 출판사	(null)	78/03/01
2	mybatis	마이바티스	대한 출판사	(null)	45/08/15
3	python	파이썬 프로그래밍	민국 미디어	9000	90/07/17
4	r	R 프로그래밍	민국 미디어	(null)	75/11/11
5	xml	xml 프로그래밍	소셜 미디어	13000	70/06/06

서적의 이름과 단가만 출력해 주세요. 단, 중복된 데이터는 하나로 출력되어야 합니다.

	BNAME	PRICE
1	R 프로그래밍	(null)
2	jsp 프로그래밍	8000
3	xml 프로그래밍	13000
4	데이터 베이스 개론	(null)
5	마이바티스	(null)
6	자바 프로그래밍	7000
7	파이썬 프로그래밍	9000

Chapter

09

함수 다루기

Summary

오라클은 문자열과 숫자형 및 날짜형 데이터들에 대하여 다양한 형태의 함수들을 많이 제공하고 있습니다. 함수의 테스트를 위하여 사용되는 dual 테이블에 대하여 우선 살펴 보도록 합니다. 오라클에서 지원하는 함수는 문자열, 숫자, 날짜, null 값 처리 등의 함수를 제공하고 있습니다. 이번 절에서는 오라클에서 제공하는 함수의 종류들에 대하여 살펴 보고, 각 함수들에 대한 예시들을 살펴 보도록 하겠습니다.

다음 그림에서 정수 3개의 평균은 20이고, 총합은 60입니다. 이와 같이 어떠한 데이터 모음에 대하여 특정한 연산 결과를 수행하여 결과를 도출해 내는 코드를 함수라고 합니다.

```
평균 : mean(10, 20, 30) = 20
총합 : sum(10, 20, 30) = 60
```

오라클에서는 크게 단일 행 함수와 집계 함수로 양분화 되어 있습니다. 단일 행 함수는 각 행별로 별개의 연산을 수행해주는 함수입니다. 행(row)의 개수가 10개이면 단일행 함수는 10개의 결과물을 출력해 줍니다. 반면 단일 행 함수와 대비되는 함수로 집계 함수가 있습니다. 방금 위에서 보았던 평균과 총합이 집계 함수에 해당합니다. 집계 함수는 차후 Chapter. 10 과정에서 별도로 다루어 보도록 하고, 이번 장에서는 단일행 함수에 대하여 살펴 보도록 하겠습니다.

9.1 dual 테이블

함수를 다루기 전에 dual이라는 테이블을 우선 살펴 보도록 합니다. 이 테이블은 모든 사용자들이 간단한 산술 연산 테스트를 하거나, 특정 함수에 대한 결과 값을 확인해 보기 위한 용도로 사용되는 테이블로써, 관리자인 sys가 소유하고 있는 1행 1열 짜리 테이블입니다.

dual 테이블의 정의 및 특징은 다음과 같습니다.

항목	설명
정의	SYS 관리자가 소유하고 있는 1행 1열의 테이블입니다.
특징	모든 USER가 사용할 수 있습니다.
용도	간단한 계산기의 용도로 사용이 됩니다. 특정 함수의 검증에 사용이 됩니다.

9.1.1 간단한 산술 연산 테스트

우선 dual 테이블의 내용을 다음과 같이 확인해 봅니다. 들어 있는 값이 'x'인 1행 1열의 단순한 Table입니다.

```
select * from dual ;
```

	DUMMY
1	X

간단한 산술 연산의 결과를 출력합니다. 곱셈이 먼저 실행된 다음 덧셈을 수행하여 해당 결과를 출력합니다.

```
select 4 * 3 + 2 from dual ;
```

	4*3+2
1	14

다음은 4의 3제곱 결과를 출력합니다.

```
select 4 * 4 * 4 from dual ;
```

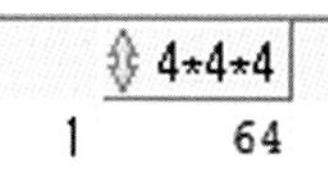

9.1.2 함수 테스트

함수의 실행 결과를 확인해 보기 위하여 사용 가능합니다. 예를 들어 power(a, b)는 a의 b 제곱을 의미하는 데, 함수를 dual 테이블과 사용할 수 있습니다.

```
select power(2, 10) from dual ;
```

	POWER(2,10)
1	1024

다음은 알파벳 문자를 대문자로 변경해주는 함수 upper의 실행 예시입니다.

```
select upper('abc123') from dual ;
```

	UPPER('ABC123')
1	ABC123

함수 mod(a, b)는 a를 b로 나눈 나머지를 구해주는 함수입니다. 12 나누기 5의 나머지는 2임을 확인할 수 있습니다.

```
select mod(12, 5) from dual ;
```

	MOD(12,5)
1	2

9.2 문자열 함수

문자열 함수는 문자열 데이터를 다루는 데 사용되는 함수들의 목록입니다. 문자열 함수는 다음과 같은 종류의 함수들이 존재합니다.

함수의 종류	함수 예시
문자 함수	lower, upper, initcap, concat, substr, length, instr, lpad/rpad, replace, trim/ltrim/rtrim, reverse

9.2.1 대소문자 관련

upper( ) 함수는 대문자를, lower( ) 함수는 소문자를, initcap( ) 함수는 모든 단어의 첫 번째 글자를 대문자로 바꿔 주는 함수입니다. 회원 테이블에서 아이디와 이름을 다음과 같이 출력해 보세요.

```
select id, upper(id), lower(id), initcap(id), name from employees ;
```

	ID	UPPER(ID)	LOWER(ID)	INITCAP(ID)	NAME
1	yusin	YUSIN	yusin	Yusin	김유신
2	lee	LEE	lee	Lee	이순신
3	choi	CHOI	choi	Choi	최영
4	kang	KANG	kang	Kang	강감찬
5	yoon	YOON	yoon	Yoon	윤봉길
6	kim9	KIM9	kim9	Kim9	김구
7	general	GENERAL	general	General	김좌진
8	an	AN	an	An	안중근
9	nongae	NONGAE	nongae	Nongae	논개
10	queen	QUEEN	queen	Queen	선덕여왕
11	soon	SOON	soon	Soon	유관순
12	shin	SHIN	shin	Shin	신사임당
13	hwang	HWANG	hwang	Hwang	황진이
14	myoung	MYOUNG	myoung	Myoung	명성왕후
15	maria	MARIA	maria	Maria	조마리아
16	princess	PRINCESS	princess	Princess	덕혜옹주

9.2.2 문자열 연결

concat( ) 함수는 문자열을 결합(concatenation)해주는 함수입니다. 따라서, 연결 연산자 ||와 동일한 기능을 수행하는 함수입니다. 다음 예시는 모든 회원의 이름에 '아이디 : '라는 문자열을 결합시켜 출력해 주는 예시입니다.

```
select concat('아이디 : ', name) as result from employees ;
```

	RESULT
1	아이디 : 김유신
2	아이디 : 이순신
3	아이디 : 최영
4	아이디 : 강감찬
5	아이디 : 윤봉길
6	아이디 : 김구
7	아이디 : 김좌진
8	아이디 : 안중근
9	아이디 : 논개
10	아이디 : 선덕여왕
11	아이디 : 유관순
12	아이디 : 신사임당
13	아이디 : 황진이
14	아이디 : 명성왕후
15	아이디 : 조마리아
16	아이디 : 덕혜옹주

다음과 같이 출력되도록 concat 함수를 사용하여 풀어 보세요.

출력 형식

이름은 홍길동이고, 급여는 100원입니다.

```
select concat(concat(concat('이름은 ', name), concat('이고, 급여는 ', salary)), '원입니다.') as
result
from employees ;
```

	RESULT
1	이름은 김유신이고, 급여는 100원입니다.
2	이름은 이순신이고, 급여는 200원입니다.
3	이름은 최영이고, 급여는 300원입니다.
4	이름은 강감찬이고, 급여는 원입니다.
5	이름은 윤봉길이고, 급여는 500원입니다.
6	이름은 김구이고, 급여는 600원입니다.
7	이름은 김좌진이고, 급여는 700원입니다.
8	이름은 안중근이고, 급여는 800원입니다.
9	이름은 논개이고, 급여는 원입니다.
10	이름은 선덕여왕이고, 급여는 원입니다.
11	이름은 유관순이고, 급여는 1100원입니다.
12	이름은 신사임당이고, 급여는 1200원입니다.
13	이름은 황진이이고, 급여는 1300원입니다.
14	이름은 명성왕후이고, 급여는 1400원입니다.
15	이름은 조마리아이고, 급여는 1500원입니다.
16	이름은 덕혜옹주이고, 급여는 1600원입니다.

9.2.3 문자열 추출

substr( ) 함수는 전체 문자열에서 특정 부분을 추출해주는 함수입니다. 형식은 substr(추출될문자열, 추출시작위치, 추출할문자갯수)입니다. [추출할문자갯수]가 생략되면 [문자열 끝]까지 추출됩니다. '추출시작위치'의 값이 양수이면 '왼쪽에서 오른쪽 방향으로 카운트' 합니다. 음수이면 '오른쪽에서 왼쪽 방향으로 카운트'합니다.

select substr(password, 4) from employees ;							
색인	1	2	3	4	5	6	7
글자	a	b	c	1	2	3	4

select substr(password, 1, 3) from employees ;							
색인	1	2	3	4	5	6	7
글자	a	b	c	1	2	3	4

select substr(password, -5, 2) from employees ;							
색인	-7	-6	-5	-4	-3	-2	-1
글자	a	b	c	1	2	3	4

substr(password, 4)는 password 컬럼의 4번째 문자부터, 문자열의 끝까지를 추출해 줍니다. 문자열 “1234”가 출력이 됩니다. substr(password, 1, 3)는 1번째부터 시작하여 3글자만 추출하므로 문자열 “abc”를 추출해 줍니다.
substr(password, -5, 2)처럼 숫자에 음수가 붙으면 뒤에서부터 카운터를 합니다. 즉, 뒤에서부터 5번째부터 2글자만 추출해 줍니다.

```
-- 4번째부터 끝까지 추출합니다.
select substr(password, 4) from employees ;

-- 1번째부터 3번째까지 추출합니다.
select substr(password, 1, 3) from employees ;

-- 뒤에서 5번째부터 2개만 추출합니다니다.
select substr(password, -5, 2) from employees ;
```

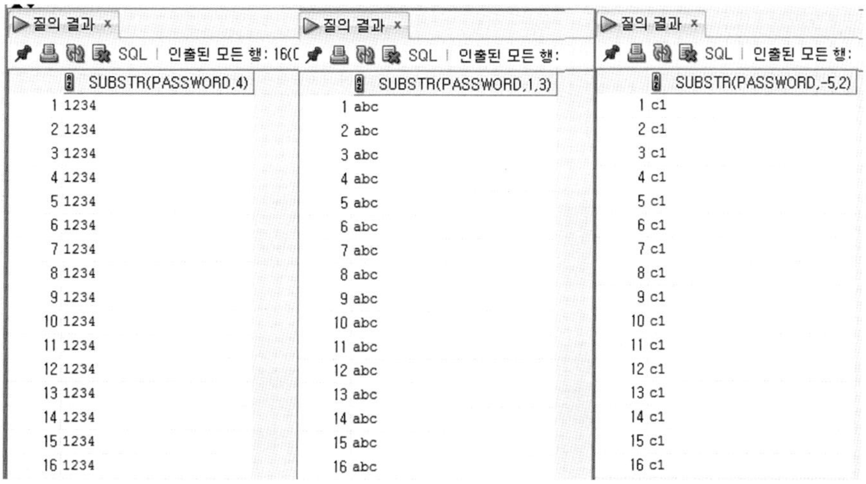

	SUBSTR(PASSWORD,4)		SUBSTR(PASSWORD,1,3)		SUBSTR(PASSWORD,-5,2)
1	1234	1	abc	1	c1
2	1234	2	abc	2	c1
3	1234	3	abc	3	c1
4	1234	4	abc	4	c1
5	1234	5	abc	5	c1
6	1234	6	abc	6	c1
7	1234	7	abc	7	c1
8	1234	8	abc	8	c1
9	1234	9	abc	9	c1
10	1234	10	abc	10	c1
11	1234	11	abc	11	c1
12	1234	12	abc	12	c1
13	1234	13	abc	13	c1
14	1234	14	abc	14	c1
15	1234	15	abc	15	c1
16	1234	16	abc	16	c1

9.2.4 문자열의 길이

length( ) 함수는 문자열의 길이를 정수 값으로 반환해주는 함수입니다. 한글 또한 1글자로 인식을 합니다.
회원의 아이디와 이름이 각각 몇 글자인지 출력해 보세요.

```
select id, length(id), name, length(name) from employees ;
```

	ID	LENGTH(ID)	NAME	LENGTH(NAME)
1	yusin	5	김유신	3
2	lee	3	이순신	3
3	choi	4	최영	2
4	kang	4	강감찬	3
5	yoon	4	윤봉길	3
6	kim9	4	김구	2
7	general	7	김좌진	3
8	an	2	안중근	3
9	nongae	6	논개	2
10	queen	5	선덕여왕	4
11	soon	4	유관순	3
12	shin	4	신사임당	4
13	hwang	5	황진이	3
14	myoung	6	명성왕후	4
15	maria	5	조마리아	4
16	princess	8	덕혜옹주	4

다음과 같이 where 절에도 사용 가능합니다. 사람의 이름이 2글자 또는 4글자인 사람들만 조회해 보세요.

```
select id, name, gender, address from employees where length(name) in (2, 4);
```

	ID	NAME	GENDER	ADDRESS
1	choi	최영	남자	강남
2	kim9	김구	남자	강남
3	nongae	논개	여자	강남
4	queen	선덕여왕	여자	용산
5	shin	신사임당	여자	서대문
6	myoung	명성왕후	여자	강남
7	maria	조마리아	여자	서대문
8	princess	덕혜옹주	여자	마포

9.2.5 특정 문자열의 위치 검색

instr( ) 함수는 특정 문자열 내에서 검색 하고자 하는 문자열의 위치를 정수 값으로 반환해주는 함수입니다. 찾고자 하는 문자열이 2개 이상이면 첫 번째 글자의 위치가 반환됩니다. 사용 형식은 instr(검색될문자열, 검색할문자열, [탐색시작위치, 탐색된회수])입니다. 검색하고자 하는 문자열이 발견이 되지 않으면 값 0을 반환해 줍니다.

회원의 아이디에 'o' 문자가 있는 위치를 출력해 보세요. 출력 결과에서 김유신은 'o' 문자가 존재하지 않고, 최영은 3번째에 'o' 문자가 존재함을 알 수 있습니다.

```
select id, name, instr(id, 'o') from employees ;
```

	ID	NAME	INSTR(ID,'O')
1	yusin	김유신	0
2	lee	이순신	0
3	choi	최영	3
4	kang	강감찬	0
5	yoon	윤봉길	2
6	kim9	김구	0
7	general	김좌진	0
8	an	안중근	0
9	nongae	논개	2
10	queen	선덕여왕	0
11	soon	유관순	2
12	shin	신사임당	0
13	hwang	황진이	0
14	myoung	명성왕후	3
15	maria	조마리아	0
16	princess	덕혜옹주	0

회원의 아이디에 'o'가 들어 있는 모든 회원들을 조회해 보세요. instr() 함수를 사용했을 때 값의 결과가 0이라면, 해당 단어가 존재하지 않음을 의미합니다.

```
select * from employees where instr(id, 'o') > 0 ;
```

	ID	NAME	PASSWORD	GENDER	BIRTH	MARRIAGE	SALARY	ADDRESS	MANAGER
1	choi	최영	abc1234	남자	90/12/25	결혼	300	강남	yusin
2	yoon	윤봉길	abc1234	남자	90/12/25	미혼	500	용산	yusin
3	nongae	논개	abc1234	여자	90/12/25	미혼	(null)	강남	soon
4	soon	유관순	abc1234	여자	21/04/04	미혼	1100	마포	(null)
5	myoung	명성왕후	abc1234	여자	90/12/25	이혼	1400	강남	soon

9.2.6 패딩 넣기

패딩(padding)이란 해당 문자열의 왼쪽/오른쪽에 특정 단어(기호)를 덧붙이는 것을 말합니다. 그리고, 함수의 이름이 'l'로 시작하면 left, 'r'로 시작하면 right의 의미로 보시면 됩니다. 크게 lpad(left padding)와 rpad(right padding)가 있습니다. 사용 형식은 pad(어떤 문자열, 전체문자열길이, 패딩할기호)입니다.

```
select id, lpad(id, 10, '*') from employees ;
select id, rpad(id, 10, '*') from employees ;
```

id 컬럼을 이용하여 10자리로 맞추되 길이가 짧은 경우, *을 채워 넣어 주세요.

	ID	LPAD(ID,10,'*')
1	an	********an
2	choi	******choi
3	general	***general
4	hwang	*****hwang
5	kang	******kang
6	kim9	******kim9
7	lee	*******lee
8	maria	*****maria
9	myoung	****myoung
10	nongae	****nongae
11	princess	**princess
12	queen	*****queen
13	shin	******shin
14	soon	******soon
15	yoon	******yoon
16	yusin	*****yusin

	ID	RPAD(ID,10,'*')
1	an	an********
2	choi	choi******
3	general	general***
4	hwang	hwang*****
5	kang	kang******
6	kim9	kim9******
7	lee	lee*******
8	maria	maria*****
9	myoung	myoung****
10	nongae	nongae****
11	princess	princess**
12	queen	queen*****
13	shin	shin******
14	soon	soon******
15	yoon	yoon******
16	yusin	yusin*****

9.2.7 문자열의 치환

replace( ) 함수는 특정 문자열을 다른 문자열로 치환하고자 할 때 사용합니다. 다음은 회원의 아이디에 들어 있는 문자열 'o'를 'x'로 변경하는 예시입니다.

```
select id, replace(id, 'o', 'x') from employees ;
```

	ID	REPLACE(ID,'O','X')
1	an	an
2	choi	chxi
3	general	general
4	hwang	hwang
5	kang	kang
6	kim9	kim9
7	lee	lee
8	maria	maria
9	myoung	myxung
10	nongae	nxngae
11	princess	princess
12	queen	queen
13	shin	shin
14	soon	sxxn
15	yoon	yxxn
16	yusin	yusin

9.2.8 문자열 잘라 내기

trim( ) 함수는 특정 문자가 첫 번째 글자이거나 마지막 글자이면 잘라 버리고 나머지 문자열만 반환해주는 함수입니다.

trim( ) 함수의 기본 기능은 좌우측 공백 문자열을 없애는 기능을 합니다.

항목	설명
trim(어떤문자열)	좌우의 공백을 제거해 줍니다.
rtrim(어떤문자열, 잘라낼문자열)	오른쪽에서 [잘라낼문자열]을 제거해 줍니다.
ltrim(어떤문자열, 잘라낼문자열)	왼쪽에서 [잘라낼문자열]을 제거해 줍니다.

select trim('abc 123') from dual ; 라는 문장은 좌우측에 공백이 들어 있으므로 이를 제거하고 나머지 문자열을 반환해 줍니다. select rtrim('xxxabc123xxx', 'x') from dual ; 라는 문장은 가장 자리에 'x'라는 문자열을 모두 제거해 주되, 함수 이름에 'r'이 붙어 있으므로 오른쪽에 있는 문자열만 제거해 줍니다. select ltrim('xxxabc123xxx', 'x') from dual ; 라는 문장은 rtrim( ) 함수와 동일한 기능을 수행하되 왼쪽만 제거해주는 역할을 합니다.

```
select trim('    abc   123   ') from dual ;
select rtrim('xxxabc123xxx', 'x') from dual ;
select ltrim('xxxabc123xxx', 'x') from dual ;
```

TRIM('ABC123')	RTRIM('XXXABC123XXX','X')	LTRIM('XXXABC123XXX','X')
1 abc 123	1 xxxabc123	1 abc123xxx

9.2.9 문자열 뒤집기

reverse( ) 함수는 특정 문자열을 뒤집어서 출력해주는 역할을 합니다. 회원의 id와 뒤집어진 id를 조회해 보세요.

한글에 reverse( ) 함수를 사용하는 경우, 한글 깨짐 현상이 발생할 수 있습니다. 이와 같은 경우에는 NLS_LANG 변수의 설정을 변경해 주면 해결할 수 있습니다.

```
select id, reverse(id) from employees ;
```

	ID	REVERSE(ID)
1	an	na
2	choi	iohc
3	general	lareneg
4	hwang	gnawh
5	kang	gnak
6	kim9	9mik
7	lee	eel
8	maria	airam
9	myoung	gnuoym
10	nongae	eagnon
11	princess	ssecnirp
12	queen	neeuq
13	shin	nihs
14	soon	noos
15	yoon	nooy
16	yusin	nisuy

9.3 숫자 함수

숫자 함수들은 말 그대로 숫자를 다루기 위한 함수를 말합니다. 숫자 함수에 대한 실습을 수행하기 전에 다음과 같이 데이터를 변경하고, 진행하도록 하겠습니다. 사실 급여에 마이너스가 입력 되는 것은 테이블 설계를 잘 못 된것입니다. 여기서는, 절대 값에 대한 실습을 하기 위하여 의도적으로 마이너스를 입력 했습니다.

사전 조치 사항

```
update employees set salary = 1.1 * salary ;
update employees set salary = -123.4567 where id in('queen', 'nongae') ;
commit ;
```

9.3.1 절대값

abs 함수는 매개 변수에 대한 절대 값을 구해줍니다. '논개'와 '선덕여왕'의 급여가 절대 값으로 변경 되어 출력됩니다.

```
select id, name, salary, abs(salary) from employees where gender = '여자';
```

	ID	NAME	SALARY	ABS(SALARY)
1	nongae	논개	-123.4567	123.4567
2	queen	선덕여왕	-123.4567	123.4567
3	soon	유관순	1210	1210
4	shin	신사임당	1320	1320
5	hwang	황진이	1430	1430
6	myoung	명성왕후	1540	1540
7	maria	조마리아	1650	1650
8	princess	덕혜옹주	1760	1760

9.3.2 올림/내림

ceil( ) 함수는 올림, floor( ) 함수는 버림 기능을 수행합니다. ceil( ) 함수는 엄밀히 말하면 값이 주어진 매개 변수보다 크거나 같은 정수 값을 반환해 줍니다. floor( ) 함수는 주어진 매개 변수보다 작거나 같은 정수 값을 반환해 줍니다.

```
select id, name, salary, ceil(salary), floor(salary) from employees where gender = '여자';
```

	ID	NAME	SALARY	CEIL(SALARY)	FLOOR(SALARY)
1	nongae	논개	-123.4567	-123	-124
2	queen	선덕여왕	-123.4567	-123	-124
3	soon	유관순	1210	1210	1210
4	shin	신사임당	1320	1320	1320
5	hwang	황진이	1430	1430	1430
6	myoung	명성왕후	1540	1540	1540
7	maria	조마리아	1650	1650	1650
8	princess	덕혜옹주	1760	1760	1760

9.3.3 반올림/절삭

반올림 함수와 절삭 함수는 함수의 형식이 동일합니다. 다만 trunc( ) 함수는 반올림이 아니고 절삭 기능을 수행해주는 함수입니다.

항목	설명
round(a[, b]) trunc(a[, b])	매개 변수 b는 옵션입니다. b가 양수 또는 0인 경우 소수점 오른쪽 지정 자리수까지 반올림해주는 역할을 수행합니다. b가 음수인 경우 소수점 왼쪽의 지정 자리에서 반올림해주는 역할을 수행합니다. b가 생략이 되면 0이라고 보시면 됩니다.

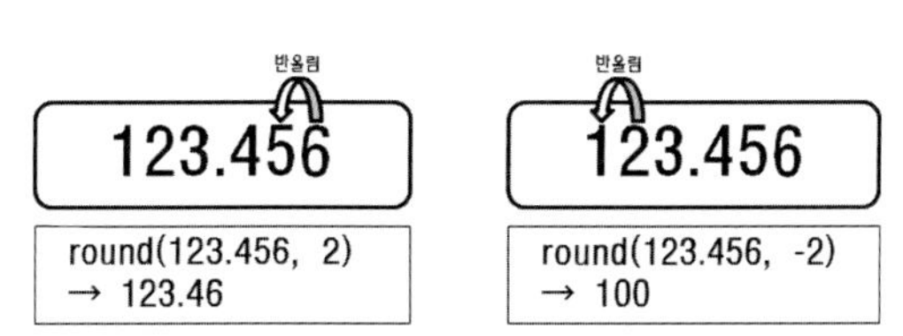

위의 그림에서 round(123.456, 2)는 소수점 2째자리까지 반올림을 수행합니다. 즉, 소수점 3째자리에서 반올림을 하여 2째자리까지 표현해 줍니다. 음수이면 소수점 왼쪽에서 카운트를 수행하시면 됩니다. 예를 들어서, -3이면 '일십백'의 자리에서 -2이면 '일십'의 자리에서 반올림을 수행한다고 보시면 됩니다. 따라서 round(123.456, -2)는 음수 2(십 단위)에서 반올림을 수행합니다. 십 단위 자리의 값이 2이므로 반올림을 수행하면 '내림' 연산을 하므로, 최종 결과는 100이 됩니다.
trunc( ) 함수는 round( ) 함수와 동일한 방식으로 작용하되, 무조건 절삭해 버립니다.

```
select id, name, salary, round(salary), trunc(salary) from employees where gender = '여자';
```

	ID	NAME	SALARY	ROUND(SALARY)	TRUNC(SALARY)
1	nongae	논개	-123.4567	-123	-123
2	queen	선덕여왕	-123.4567	-123	-123
3	soon	유관순	1210	1210	1210
4	shin	신사임당	1320	1320	1320
5	hwang	황진이	1430	1430	1430
6	myoung	명성왕후	1540	1540	1540
7	maria	조마리아	1650	1650	1650
8	princess	덕혜옹주	1760	1760	1760

9.3.4 루트값

sqrt( ) 함수는 루트 (square root) 값을 구해 주는 함수입니다. 루트 함수와 반올림 함수를 중첩하여 사용할 수 있습니다.
모든 함수들은 2개 이상 중첩시켜서 사용 가능합니다.

```
select sqrt(5) from dual ;

select round(sqrt(5), 3) from dual ;
```

	SQRT(5)
1	2.236067977499789696409173668731276235440

	ROUND(SQRT(5),3)
1	2.236

모든 급여에 대하여 절대 값으로 변경하고, 루트를 씌운 결과를 출력하세요.

```
select name, sqrt(abs(salary)) from employees where gender = '여자';
```

	NAME	SQRT(ABS(SALARY))
1	논개	11.11110705555481541639651584896590489796
2	선덕여왕	11.11110705555481541639651584896590489796
3	유관순	34.78505426185217265198782898875990387091
4	신사임당	36.33180424916989998507039371661832439033
5	황진이	37.81534080237807403277910910556466153428
6	명성왕후	39.24283374069716693705200757836354865262
7	조마리아	40.62019202317980180229941784133020174252
8	덕혜옹주	41.95235392680606187965814054719750393901

9.3.5 나머지 연산

mod(n, m) 함수는 n을 m으로 나눈 나머지를 구해 줍니다. 다음은 14를 5로 나누었을 때의 나머지 4를 출력해 줍니다.

```
select mod(14, 5) from dual ;
select mod(1700, 500) from dual ;
```

	MOD(14,5)
1	4

	MOD(1700,500)
1	200

회원의 id 길이가 5의 배수인 회원들만 출력해 보세요. 길이와 관련된 함수는 length()입니다. 이 함수의 결과와 mod 함수를 혼합하여 다음과 같이 구현할 수 있습니다.

```
select * from employees where mod(length(id), 5) = 0 ;
```

실행 결과를 보면 회원의 id 길이가 5인 회원들이 모두 출력되고 있습니다. 아이디의 길이가 5, 10, 15…등의 길이를 가진 모든 회원들이 조회됩니다.

	ID	NAME	PASSWORD	GENDER	BIRTH	MARRIAGE	SALARY	ADDRESS	MANAGER
1	yusin	김유신	abc1234	남자	(null)	결혼	110	용산	(null)
2	queen	선덕여왕	abc1234	여자	(null)	결혼	-123.4567	용산	soon
3	hwang	황진이	abc1234	여자	90/12/25	결혼	1430	용산	kim9
4	maria	조마리아	abc1234	여자	90/12/25	이혼	1650	서대문	soon

9.3.6 거듭 제곱

power(a, b) 함수는 a의 b 거듭 제곱을 수행해 주는 함수입니다. 예시에서는 2의 3제곱인 8을 출력하고 있습니다.

```
select power(2, 3) from dual ;
```

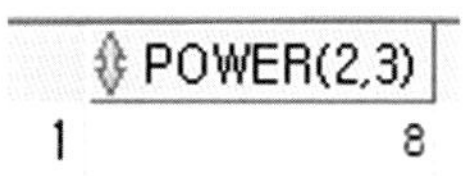

	POWER(2,3)
1	8

다음은 회원들의 id 길이의 제곱 값을 구해 보는 예시입니다. 실제 이러한 문장이 사용될 확률은 희박하지만, 적용할 수 있는 다양한 방법을 찾아 보시면 됩니다.

```
select id, name, power(length(id), 2) from employees where gender = ' 여자 ';
```

실행 결과를 보면 회원 '유관순'의 아이디는 길이가 4이므로, 제곱을 수행하면 16이 됩니다.

	ID	NAME	POWER(LENGTH(ID),2)
1	nongae	논개	36
2	queen	선덕여왕	25
3	soon	유관순	16
4	shin	신사임당	16
5	hwang	황진이	25
6	myoung	명성왕후	36
7	maria	조마리아	25
8	princess	덕혜옹주	64

9.3.7 부호 함수

sign(n) 함수는 숫자 n의 부호를 출력해줍니다. 숫자 n이 음수이면 -1, 0이면 0, 양수이면 1을 반환해주는 함수입니다.

```
select name, salary, sign(salary) from employees where gender = ' 여자 ';
```

회원 '논개', '선덕여왕'은 급여가 음수이므로 -1이 출력 되고 있습니다.

	NAME	SALARY	SIGN(SALARY)
1	논개	-123.4567	-1
2	선덕여왕	-123.4567	-1
3	유관순	1210	1
4	신사임당	1320	1
5	황진이	1430	1
6	명성왕후	1540	1
7	조마리아	1650	1
8	덕혜옹주	1760	1

9.4 날짜 함수

날짜 형식의 데이터를 다루는 데 사용하는 함수입니다. 우선 날짜의 함수들을 살펴 보기 전에 날짜의 연산과 "날짜 포맷"이라는 개념에 대하여 우선 살펴 보겠습니다.

9.4.1 날짜의 연산

오라클에서 날짜와 관련된 수의 단위는 일(日)입니다. 예를 들어서 2.5라고 하면 이것은 '이틀 반나절'을 의미합니다. '1시간'은 1/24, '1분'은 1/24/60, '1초'는 1/24/60/60가 됩니다. 그러면 5분은 → 5 * 1 / 24 / 60으로 표현할 수 있습니다.

날짜의 연산

```
1日 = 24시간(時) = 1440분(分) = 86400초(秒)
5분 → 5 * 1 / 24 / 60 → 5 / 1440
```

그러면, 날짜 사이의 연산도 가능합니다. 예를 들어 '오늘오전10시'에서 '어제오전10시'를 뺄셈하면 결과는 1.0이 됩니다.
'어제오전7시'에 4를 더하면 '지금부터3일뒤오전7시'가 됩니다.

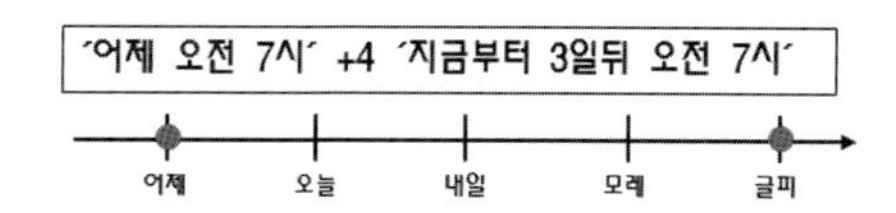

동일한 논리로 다음과 같은 산술 연산들이 가능합니다.

연산의 종류	결과	설명
날짜+숫자	날짜	날짜에 숫자를 덧셈합니다.
날짜+숫자/24	날짜	날짜에 숫자를 덧셈합니다.
날짜-숫자	날짜	날짜에 숫자를 뺄셈합니다.
날짜-날짜	숫자	날짜에 날짜를 뺄셈합니다.

9.4.2 날짜 포맷 변경하기

다음 그림은 동일한 날짜를 3가지 형식의 포맷으로 확인해 보는 그림입니다. 즉, 동일한 날짜이지만 어떠한 형식으로 보는 가에 따라서 출력되는 형식이 다르게 보입니다.

2021-02-06 11:49	2021년 2월 6일 토요일	21年 2月 6日

세션이란 사용자가 데이터 베이스에 접속을 한 시점부터 종료한 시점까지를 의미합니다. 이러한 세션에서 일시적으로 날짜에 대한 출력 형식을 지정해 주기 위한 nls_date_format 이라는 환경 변수가 있습니다.

nls_date_format

세션 관련 날짜 형식을 변경하기 위하여 사용하는 환경 변수입니다.
현재 시간을 어떠한 서식으로 보여 줄인것인가? 를 나타내는 환경 변수입니다.

그리고, 이 환경 변수를 사용하여 날짜 데이터 포맷을 변경하는 방법은 다음과 같습니다.

날짜 데이터 포맷 변경하기

```
alter session set nls_date_format = ' yyyy-mm-dd hh:mi:ss ';
```

session이린, 사용사가 데이터 베이스에 접속한 이후 접속을 해제한 시점까지의 기간을 말합니다. 'alter session set nls_date_format'이라는 구문으로 현재 세션의 nls_date_format 환경 변수의 값을 변경함을 선언합니다. 이때 'yyyy-mm-dd hh:mi:ss'의 형식으로 변경하겠다는 의미입니다. 'yyyy-mm-dd hh:mi:ss' 부분은 "포맷 모델"이라고 부릅니다.

사용 가능한 "포맷 모델"은 다음과 같은 항목들이 있습니다.

포맷 모델의 종류	의미	사용 예시
YYYY	년도 표현(4자리)	2014
YY	년도 표현(2자리)	14
MM	월을 숫자로 표현	03
MON	월을 알파벳으로 표현	JAN
year	연도를 영어 철자로 표현해 줍니다.	nineteen ninety
month	월의 완전한 이름	JANUARY
DAY	요일 표현	SUNDAY
DY	요일을 약어로 표현	SUN
D	주의 일수(일요일은 1, 토요일은 7)	5
AM 또는 PM	오전(AM), 오후(PM) 시각 표시	-
HH 또는 HH2	시간(1~12)	-
HH24	24시간으로 표현(0~23)	-
MI	분 표현	-
SS	초 표현	-
RN	로마식 달(月) 수 표현	XI

9.4.3 시각 조회해 보기

날짜 포맷과 포맷 모델들을 사용하여 다양한 방식으로 날짜들을 조회해 봅니다. 오라클 내장 함수 중에 [현재 시간]을 알려 주는 함수는 sysdate 함수입니다. 이 함수에 nls_date_format 환경 변수를 사용하여 시각을 출력해 보도록 하겠습니다.
오라클의 기본 '포맷 모델'은 'yy/mm/dd'이므로, 두 자리의 연도와 슬래시를 사용하여 다음과 같이 출력해 줍니다.

```
alter session set nls_date_format = ' yy/mm/dd ' ;
select sysdate from dual ;
```

	SYSDATE
1	21/05/06

날짜 서식 포맷을 변경한 다음, 현재 시각을 보여 주세요.

```
alter session set nls_date_format = ' yyyy-mm-dd hh:mi:ss ' ;

select sysdate from dual ;
```

	SYSDATE
1	2021-05-06 12:55:22

하루 뒤의 시각은 현재 시간에서 더하기 1을 연산하여 구할 수 있습니다. 하루 전의 시각도 동일한 방식으로 구할 수 있습니다.

```
select sysdate + 1, sysdate - 1  from dual ;
```

	SYSDATE+1	SYSDATE-1
1	2021-05-07 12:56:06	2021-05-05 12:56:06

현재 시각과 2시간 이후의 시간, 5초전의 시각을 구해 보세요.

```
select sysdate, sysdate + 2 / 24, sysdate - 5/24/60/60  from dual ;
```

	SYSDATE	SYSDATE+2/24	SYSDATE-5/24/60/60
1	2021-05-06 12:56:25	2021-05-06 02:56:25	2021-05-06 12:56:20

회원들의 이름과 생일과 현재까지 살아온 일수를 조회해 보세요.

```
select name, birth, round(sysdate - birth, 3) as "살아온 날수" from employees ;
```

	NAME	BIRTH	살아온 날수
1	김유신	(null)	(null)
2	이순신	1988-10-10 12:00:00	11896.539
3	최영	1990-12-25 12:00:00	11090.539
4	강감찬	1988-10-10 12:00:00	11896.539
5	윤봉길	1990-12-25 12:00:00	11090.539
6	김구	1990-12-25 12:00:00	11090.539
7	김좌진	1990-12-25 12:00:00	11090.539
8	안중근	2021-05-06 12:20:34	0.025
9	논개	1990-12-25 12:00:00	11090.539
10	선덕여왕	(null)	(null)
11	유관순	2021-05-06 12:20:34	0.025
12	신사임당	1990-12-25 12:00:00	11090.539
13	황진이	1990-12-25 12:00:00	11090.539
14	명성왕후	1990-12-25 12:00:00	11090.539
15	조마리아	1990-12-25 12:00:00	11090.539
16	덕혜옹주	1990-12-25 12:00:00	11090.539

9.4.4 날짜 관련 함수

날짜 관련 함수들은 Date(날짜) 유형에 사용이 되는 함수이며, 반환 값은 날짜 혹은 기간 값입니다. 반환이 되는 값은 주로 일(日) 단위의 값이지만, 함수에 따라서는 월(月) 단위로 반환이 되는 경우도 있습니다.

함수의 종류	의미
months_between (date1, date2)	두 날짜 사의의 간격을 월수로 반환해 줍니다.
add_months(data, n)	날짜 date에 n개월을 더해 주는 함수입니다.
next_day(date, char)	명시한 날짜 date를 지나서 1번째로 오는 특정 요일의 날짜를 반환해 줍니다.
last_day()	해당 월의 마지막 날을 반환합니다.
round()	[형식 모델]을 기준으로 반올림합니다.
trunc()	[형식 모델]을 기준으로 절삭(무조건 버림)합니다.

months_between 함수는 2 날짜 사이의 달(月) 수를 반환해주는 함수입니다. 예를 들어서 months_between(이번달14일, 지난달14일)은 1.0(한 달)입니다. 다음 예시는 올 해 몇일이 경과했는지를 구해주는 구문입니다. 결과 값이 10.38이므로 대략 10달 조금 더 지났음을 알려 줍니다.

```
select months_between(sysdate, '2020/01/01') from dual ;
```

	MONTHS_BETWEEN(SYSDATE,'2020/01/01')
1	16.17872386499402628434886499402628434887

회원들의 이름과 생일과 몇 개월 살아 왔는지를 조회하는 구문을 작성해 보세요.

```
select name, birth, round(months_between(sysdate, birth), 3) as result from employees ;
```

	NAME	BIRTH	RESULT
1	김유신	(null)	(null)
2	이순신	1988-10-10 12:00:00	390.888
3	최영	1990-12-25 12:00:00	364.405
4	강감찬	1988-10-10 12:00:00	390.888
5	윤봉길	1990-12-25 12:00:00	364.405
6	김구	1990-12-25 12:00:00	364.405
7	김좌진	1990-12-25 12:00:00	364.405
8	안중근	2021-05-06 12:20:34	0
9	논개	1990-12-25 12:00:00	364.405
10	선덕여왕	(null)	(null)
11	유관순	2021-05-06 12:20:34	0
12	신사임당	1990-12-25 12:00:00	364.405
13	황진이	1990-12-25 12:00:00	364.405
14	명성왕후	1990-12-25 12:00:00	364.405
15	조마리아	1990-12-25 12:00:00	364.405
16	덕혜옹주	1990-12-25 12:00:00	364.405

add_months( ) 함수는 특정 날짜에서 지정된 숫자만큼 개월 수를 더해 주는 함수입니다. 지금부터 3개월 뒤, 5개월 전의 시각을 구해 보세요.

```
select sysdate, add_months(sysdate, 3), add_months(sysdate, -5) from dual ;
```

	SYSDATE	ADD_MONTHS(SYSDATE,3)	ADD_MONTHS(SYSDATE,-5)
1	2021-05-06 12:59:13	2021-08-06 12:59:13	2020-12-06 12:59:13

'김구'와 '김좌진'의 생일을 5개월 이전으로 변경하세요.

```
-- 현재 생일을 확인합니다.
select * from employees where id in('kim9', 'general');

-- 5개월 이전으로 변경합니다.
update employees set birth = add_months(birth, -5) where id in('kim9', 'general');

-- 변경이 되었는 지 확인합니다.
select * from employees where id in('kim9', 'general');
```

	ID	NAME	PASSWORD	GENDER	BIRTH	MARRIAGE	SALARY	ADDRESS	MANAGER
1	general	김좌진	abc1234	남자	1990-12-25 12:00:00	이혼	770	마포	kim9
2	kim9	김구	abc1234	남자	1990-12-25 12:00:00	결혼	660	강남	(null)

'황진이'와 '조마리아'의 생일을 74일 이전으로 변경하세요.

```
select * from employees where id in('hwang', 'maria');

update employees set birth = birth - 74 where id in('hwang', 'maria');

select * from employees where id in('hwang', 'maria');
```

	ID	NAME	PASSWORD	GENDER	BIRTH	MARRIAGE	SALARY	ADDRESS	MANAGER
1	hwang	황진이	abc1234	여자	1990-12-25 12:00:00	결혼	1430	용산	kim9
2	maria	조마리아	abc1234	여자	1990-12-25 12:00:00	이혼	1650	서대문	soon

	ID	NAME	PASSWORD	GENDER	BIRTH	MARRIAGE	SALARY	ADDRESS	MANAGER
1	hwang	황진이	abc1234	여자	1990-10-12 12:00:00	결혼	1430	용산	kim9
2	maria	조마리아	abc1234	여자	1990-10-12 12:00:00	이혼	1650	서대문	soon

next_day( ) 함수는 해당 요일에서 가장 가가운 날짜를 반환해주는 함수입니다. next_day(날짜, 요일표현)에서 지정 날짜 이후에 첫 번째로 해당되는 요일을 반환해 줍니다. '요일표현'에는 한글 비진인 경우에는 '일', '월' 등의 값을, 영문 버전인 경우 'sun', 'mon' 등의 값을 입력하면 됩니다.
돌아 오는 금요일은 몇 일인지를 구해 보세요.

```
select next_day(sysdate, '금') from dual ;
```

	NEXT_DAY(SYSDATE,'금')
1	2021-05-07 01:00:55

last_day(해당날짜) 함수는 '해당날짜'가 속해 있는 달의 마지막 날짜를 반환해주는 함수입니다.
이번 달의 마지막 날짜는 몇 일인가 ?

```
select last_day(sysdate) from dual ;
```

	LAST_DAY(SYSDATE)
1	2021-05-31 01:01:11

round( ) 함수는 숫자 뿐만 아니라 날짜에서도 반올림에 적용할 수 있는 함수입니다. 특정 항목에 대하여 '절반'보다 크면 올리고, 작으면 내림 연산을 수행합니다.

함수	의미
round(날짜, 'month'))	해당 날짜가 이번 달의 절반을 넘게 되면 [다음달 1일] 해당 날짜가 이번 달의 절반을 넘지 않으면 [이번달 1일]

다음 예시는 현재 날짜가 금월의 절반이 지나갔는지 확인해주는 구문입니다.

```
select round(sysdate, 'month') from dual ;
```

```
  ROUND(SYSDATE,'MONTH')
1 2021-05-01 12:00:00
```

함수	의미
round(날짜, 'year')	해당 날짜가 금년의 절반을 넘게 되면 [내년 1월 1일] 해당 날짜가 금년의 절반을 넘지 않으면 [금년 1월 1일]

다음 예시는 현재 날짜가 금년의 절반이 지나갔는지 확인해주는 구문입니다.

```
select round(sysdate, 'year') from dual ;
```

trunc( ) 함수는 기본적으로 round( ) 함수의 사용법과 동일합니다. 단, 반올림이 아닌 절삭 기능을 수행해 줍니다.

```
select trunc(sysdate, 'month') from dual ;
select trunc(sysdate, 'year') from dual ;
```

```
  ROUND(SYSDATE,'YEAR')
1 2021-01-01 12:00:00
```

9.5 타입 변환 함수

경우에 따라서는 숫자를 문자열로, 문자열을 날짜 형식 등으로 변환을 수행해야 하는 경우가 발생합니다. 타입 변환 함수는 데이터의 유형을 변환해 주는 함수입니다. 그리고, 함수 이름의 앞에 'to_'는 '어디어디로'라는 의미로 이해하시면 됩니다.
수식에서 "format_model"는 포맷 모델을 의미합니다.

함수	의미
to_number(expr[, format_model])	[문자형]을 [숫자형] 데이터로 변환해 줍니다.
to_date(char[, format_model])	[문자형]을 [날짜형] 데이터로 변환해 줍니다.
to_char(number|datetime[, format_model])	[날짜형] 혹은 [숫자형]을 [문자형] 데이터로 변환해 줍니다.

9.5.1 to_char() 함수

현재 시각을 출력하되, 날짜 형식과 문자열 형식으로 출력해 보세요. 문자열 형식은 년월일을 각각 하이폰(-)으로 구분하여 출력해 보도록 합니다.

```
select sysdate, to_char(sysdate, 'yyyy-mm-dd') from dual ;
```

	SYSDATE	TO_CHAR(SYSDATE,'YYYY-MM-DD')
1	2021-05-06 01:36:21	2021-05-06

회원들의 이름과 생일을 출력하되, 생일은 '월/일' 형식으로 출력해야 합니다.

```
select name, to_char(birth, 'mm/dd') from employees ;
```

	NAME	TO_CHAR(BIRTH,'MM/DD')
1	김유신	(null)
2	이순신	10/10
3	최영	12/25
4	강감찬	10/10
5	윤봉길	12/25
6	김구	12/25
7	김좌진	12/25
8	안중근	05/06
9	논개	12/25
10	선덕여왕	(null)
11	유관순	05/06
12	신사임당	12/25
13	황진이	10/12
14	명성왕후	12/25
15	조마리아	10/12
16	덕혜옹주	12/25

포맷 모델 'year'는 년도를 2자리씩 숫자 형식으로 보여 줍니다. 예를 들어서 1990년은 'nineteen ninety'으로 출력을 합니다. 포맷 모델 'month'는 7월, 10월 등의 형식으로 출력합니다.

```
select name, to_char(birth, 'year month') from employees ;
```

	NAME	TO_CHAR(BIRTH,'YEARMONTH')
1	김유신	(null)
2	이순신	nineteen eighty-eight 10월
3	최영	nineteen ninety 12월
4	강감찬	nineteen eighty-eight 10월
5	윤봉길	nineteen ninety 12월
6	김구	nineteen ninety 12월
7	김좌진	nineteen ninety 12월
8	안중근	twenty twenty-one 5월
9	논개	nineteen ninety 12월
10	선덕여왕	(null)
11	유관순	twenty twenty-one 5월
12	신사임당	nineteen ninety 12월
13	황진이	nineteen ninety 10월
14	명성왕후	nineteen ninety 12월
15	조마리아	nineteen ninety 10월
16	덕혜옹주	nineteen ninety 12월

포맷 모델(Format Model)에 존재하지 않는 항목은 반드시 쌍따옴표로 둘러 싸야 합니다. 참고로 데이터 베이스에서 쌍따옴표는 '날짜 서식 지정'과 'alias' 적용시 사용 가능합니다. 회원들의 이름과 생일을 출력해 보되, 생일은 'yyyy年mm月dd日' 형식으로 출력해야 합니다.

```
select name, to_char(birth, 'yyyy"年" mm"月" dd"日"') as "생일 정보" from employees ;
```

	NAME	생일 정보
1	김유신	(null)
2	이순신	1988年 10月 10日
3	최영	1990年 12月 25日
4	강감찬	1988年 10月 10日
5	윤봉길	1990年 12月 25日
6	김구	1990年 12月 25日
7	김좌진	1990年 12月 25日
8	안중근	2021年 05月 06日
9	논개	1990年 12月 25日
10	선덕여왕	(null)
11	유관순	2021年 05月 06日
12	신사임당	1990年 12月 25日
13	황진이	1990年 10月 12日
14	명성왕후	1990年 12月 25日
15	조마리아	1990年 10月 12日
16	덕혜옹주	1990年 12月 25日

다음 문장은 암시적 형변환이 이루어 집니다. 암시적 형변환은 오라클 시스템이 자동으로 형변환을 수행해 주는 것을 의미합니다. 예시 ['abc' || 123] 구문은 ['abc' || to_char(123)]으로 스스로 변환해 줍니다.

```
select 'abc' || 123 from dual ;
select 'abc' || to_char(123) from dual ;
```

	'ABC'||123	'ABC'||TO_CHAR(123)
1	abc123	abc123

다음 예시는 숫자형 데이터를 문자열로 변경해 보는 예시입니다.

```
select
to_char(12345, '$999,999.00') as salary01,
to_char(12345, '$000,000.00') as salary02,
to_char(12345, 'L999,999.00') as salary03,
to_char(12345, '000,000.00') as salary04
from dual ;
```

	SALARY01	SALARY02	SALARY03	SALARY04
1	$12,345.00	$012,345.00	₩12,345.00	012,345.00

위의 예시에 사용된 숫자형 포맷 모델의 의미는 다음과 같습니다.

포맷 모델	의미	사용 예시	결과
9	한 자리의 숫자 표현해 줍니다.	to_char(1234, '99999')	1234
0	앞부분을 0으로 표현해 줍니다.	to_char(1234, '099999')	001234
$	달러 기호를 앞에 표현해 줍니다.	to_char(1234, '$99999')	$1234
.	소수점을 표시	to_char(1234, '99999.99')	1234.00
,	특정 위치에 , 표시	to_char(1234, '99,9999')	1,111
MI	오른쪽에 - 기호 표시	to_char(1234, '99999MI')	1234-
PR	음수 값을 <>으로 표현해 줍니다.	to_char(-1234, '99999PR')	<1234>
EEEE	과학적으로 표기법으로 표현해 줍니다.	to_char(1234, '9.999EEEE')	1.234E+03
B	공백을 0으로 표현해 줍니다.	to_char(1234, 'B9999.99)	1234.00
L	지역 통화(Local currency)	to_char(1234, 'L99999')	₩1234

9.5.2 to_number() 함수

특정 데이터를 숫자형으로 변환해 주는 함수입니다. 다음 문장은 암시적 형변환이 이루어집니다.

즉, [100 + '100']이라는 구문은 오라클 시스템이 암시적으로 [100 + to_number('100')]으로 변경을 하여 연산합니다.

```
select 100 + '100' from dual ;
select 100 + to_number('100') from dual ;
```

	100+'100'		100+TO_NUMBER('100')
1	200	1	200

9.6 null 처리 함수

null 처리 함수는 null 데이터에 대한 처리를 수행해주는 함수입니다.
원활한 실습을 수행하기 위하여 다음과 같이 사전 준비를 수행합니다.

null 처리 함수 실습을 위한 사전 준비

```
update employees set salary = 200.0 where id = 'nongae' ;
update employees set salary = 300.0 where id = 'queen' ;
commit ;
```

9.6.1 nvl 함수

null 값을 처리하는 가장 일반적인 함수입니다.
쿼리의 결과나 연산을 수행할 때 null 값이 사용되지 못하도록 치환하는 역할을 수행합니다.

함수	의미
nvl(수식1, 수식2)	'수식1'이 null이면 '수식2'의 값을 취하는 함수입니다. 주로 각 데이터 유형들이 null 값을 가질 때 다른 기본 값으로 치환할 때 많이 사용됩니다. 예를 들어서 '숫자형 컬럼'에 null이 있으면 0으로 치환할 수 있습니다. '문자형 컬럼'에 null이 있으면 빈 문자열로 치환할 수 있습니다. '날짜형 컬럼'에 null이 있으면 현재 시각(sysdate 함수)으로 치환할 수 있습니다.

다음 예시에서 nvl('가나다', '하하')는 수식1에 해당 하는 값이 '가나다'입니다. null 값이 아니므로, '가나다'가 그대로 출력이 됩니다. 반면, nvl(null, '하하')는 수식1이 null이므로 수식2에 해당하는 '하하'가 출력되고 있습니다.

```
select nvl('가나다', '하하') from dual ;
select nvl(null, '하하') from dual ;
```

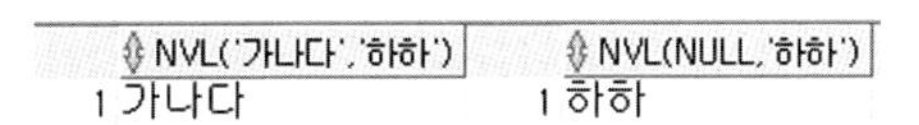

모든 '남자' 회원들의 이름과 급여를 조회해 보세요. 단, 급여가 존재하지 않는 회원은 기본 값으로 100이라고 가정합니다.

```
select name, salary, nvl(salary, 100) newsalary from employees where gender = '남자' ;
```

출력 결과를 보면 회원 '강감찬'의 급여는 null입니다. 따라서, nvl 함수를 사용하여 기본값으로 변경이 되고 있습니다.

	NAME	SALARY	NEWSALARY
1	김유신	110	110
2	이순신	220	220
3	최영	330	330
4	강감찬	(null)	100
5	윤봉길	550	550
6	김구	660	660
7	김좌진	770	770
8	안중근	880	880

모든 '여자' 회원들의 이름과 관리자 아이디를 조회해 보세요. 관리자인 회원들은 기본 값으로 '관리자'이라고 출력되어야 합니다.

```
select name, nvl(manager, '관리자') newmanager from employees where gender = '여자' ;
```

회원 '유관순'은 관리자입니다. 따라서, nvl 함수에 의하여 newmanager 컬럼이 '관리자'로 표시 되고 있습니다.

	NAME	NEWMANAGER
1	논개	soon
2	선덕여왕	soon
3	유관순	관리자
4	신사임당	kim9
5	황진이	kim9
6	명성왕후	soon
7	조마리아	soon
8	덕혜옹주	soon

모든 '남자' 회원들의 이름과 급여와 연봉을 조회해 보세요. 단, 급여가 존재하지 않는 회원은 기본 값으로 100이라고 가정합니다.

```
select name, salary, nvl(salary, 100) newsalary, 12 * nvl(salary, 100) annsal  from employees
where gender = '남자' ;
```

출력 결과를 보면 회원 '강감찬'의 급여는 100으로 변경이 되었고, 이 값을 이용하여 연봉을 구하므로 1200이 출력이 됩니다.

	NAME	SALARY	NEWSALARY	ANNSAL
1	김유신	110	110	1320
2	이순신	220	220	2640
3	최영	330	330	3960
4	강감찬	(null)	100	1200
5	윤봉길	550	550	6600
6	김구	660	660	7920
7	김좌진	770	770	9240
8	안중근	880	880	10560

9.6.2 nvl2 함수

nvl2 함수는 nvl 함수와 동일하게 null을 처리해주는 함수입니다. 차이점은 입력해야 할 인자의 개수가 3개이어야 합니다.

함수	의미
nvl2 (수식1, 수식2, 수식3)	'수식1'이 null이 아니면 '수식2'의 값을 취하고 null이면 '수식3'의 값을 취하는 함수입니다. '수식1'의 데이터 유형에 상관없이 '수식2'와 '수식3'의 데이터 유형만 동일하면 됩니다. 프로그래밍의 if … else 구문과 동일 방식으로 동작합니다.

모든 '남자' 회원들의 이름과 급여를 조회해 보세요. 그리고, 급여의 존재 여부에 대하여 코멘트를 작성하도록 하세요.

```
select name, salary, nvl2(salary, '급여 존재함', '급여가 null임') from employees where gender = '남자';
```

	NAME	SALARY	NVL2(SALARY,'급여존재함','급여가NULL임')
1	김유신	110	급여 존재함
2	이순신	220	급여 존재함
3	최영	330	급여 존재함
4	강감찬	(null)	급여가 null임
5	윤봉길	550	급여 존재함
6	김구	660	급여 존재함
7	김좌진	770	급여 존재함
8	안중근	880	급여 존재함

9.6.3 nullif 함수

2개의 수식이 동일하지 않으면 첫 번째 항목을, 동일하면 null 값을 반환해 주는 함수입니다.

함수	의미
nullif (수식1, 수식2)	[수식1]과 [수식2]가 값이 동일하면 null 값을, 아니면 [수식1]의 값을 취합니다.

모든 '남자' 회원의 이름과 결혼 여부와 상태를 조회하시오. 단, 상태는 결혼 여부가 '미혼'인 회원들은 null 값으로 대체 하세요.

```
select id, name, marriage, nullif(marriage, '미혼') as result from employees where gender = '남자'
;
```

	ID	NAME	MARRIAGE	RESULT
1	yusin	김유신	결혼	결혼
2	lee	이순신	이혼	이혼
3	choi	최영	결혼	결혼
4	kang	강감찬	이혼	이혼
5	yoon	윤봉길	미혼	(null)
6	kim9	김구	결혼	결혼
7	general	김좌진	이혼	이혼
8	an	안중근	결혼	결혼

9.6.4 coalesce 함수

나열된 수식에서 null 값이 아닌 첫 번째 항목의 값을 반환해 줍니다.

함수	의미
coalesce (수식1, 수식2, … , 식n)	열거한 목록 중에서 첫 번째로 널이 아닌 값을 취합니다. 주의 사항으로 열거하는 모든 [수식]들의 타입은 반드시 일치해야 합니다. 프로그래밍의 다중 if 구문과 동일하게 동작합니다.

모든 '여자' 회원의 다음 구문을 실습해 보세요. 회원 '유관순'은 급여와 매니저 id가 모두 null 값을 가지고 있으므로 '모두 널'이라고 출력이 됩니다.

```
update employees set salary = null where id = 'soon' ;
commit ;

select name, coalesce(manager, to_char(salary), '모두 널') as result from employees
where gender = '여자' ;
```

	NAME	RESULT
1	논개	soon
2	선덕여왕	soon
3	유관순	모두 널
4	신사임당	kim9
5	황진이	kim9
6	명성왕후	soon
7	조마리아	soon
8	덕혜옹주	soon

9.7 decode 함수와 case 표현식

decode 함수는 프로그래밍 언어에서 사용되는 다중 case 구문과 동일한 기능을 수행해주는 함수입니다.
if-then-else 문장의 조건적 조회를 가능하게 해주는 함수입니다.

사용 형식

```
decode(표현식, 조건01, 값01, 조건02, 값02, 조건03, 값03, ... 기타일경우의값)
```

manger 컬럼을 이용하여 관리자 정보를 출력해보세요.

```
select id, name, manager, decode(manager, 'yusin', '김유신 장군', 'soon', '유관순 누나',
'kim9', '김구 선생님', '관리자') as result
from employees ;
```

	ID	NAME	MANAGER	RESULT
1	yusin	김유신	(null)	관리자
2	lee	이순신	yusin	김유신 장군
3	choi	최영	yusin	김유신 장군
4	kang	강감찬	yusin	김유신 장군
5	yoon	윤봉길	yusin	김유신 장군
6	kim9	김구	(null)	관리자
7	general	김좌진	kim9	김구 선생님
8	an	안중근	kim9	김구 선생님
9	nongae	논개	soon	유관순 누나
10	queen	선덕여왕	soon	유관순 누나
11	soon	유관순	(null)	관리자
12	shin	신사임당	kim9	김구 선생님
13	hwang	황진이	kim9	김구 선생님
14	myoung	명성왕후	soon	유관순 누나
15	maria	조마리아	soon	유관순 누나
16	princess	덕혜옹주	soon	유관순 누나

case 표현식은 decode 함수에 비하여 좀더 다양한 연산이 가능합니다. decode 함수는 비교 연산자 =만 사용 가능하지만, case 표현식은 '크거나 작다' 등의 범위를 지정할 수 있습니다. decode 함수는 오라클 전용함수이지만, case 표현식은 다양한 유형의 DBMS에서 사용 가능합니다.
case 표현식은 simple case 표현식과 searched case 표현식의 두 가지 방식이 존재합니다.

simple case 표현식

```
case 조건식
   when 값01 then 리턴표현수식01
   when 값02 then 리턴표현수식02
   when 값0n then 리턴표현수식0n
   else else_표현식
end
```

manger 컬럼을 이용하여 관리자 정보를 출력해보세요.

```
select id, name, manager,
case manager
when 'yusin' then '김유신 장군'
when 'soon' then '유관순 누나'
when 'kim9' then '김구 선생님'
else '관리자'
end
as result
from employees ;
```

	ID	NAME	MANAGER	RESULT
1	yusin	김유신	(null)	관리자
2	lee	이순신	yusin	김유신 장군
3	choi	최영	yusin	김유신 장군
4	kang	강감찬	yusin	김유신 장군
5	yoon	윤봉길	yusin	김유신 장군
6	kim9	김구	(null)	관리자
7	general	김좌진	kim9	김구 선생님
8	an	안중근	kim9	김구 선생님
9	nongae	논개	soon	유관순 누나
10	queen	선덕여왕	soon	유관순 누나
11	soon	유관순	(null)	관리자
12	shin	신사임당	kim9	김구 선생님
13	hwang	황진이	kim9	김구 선생님
14	myoung	명성왕후	soon	유관순 누나
15	maria	조마리아	soon	유관순 누나
16	princess	덕혜옹주	soon	유관순 누나

회원들의 이름과 급여와 파생 결과를 출력해보세요. 파생 결과는 관리자가 'yusin'이면, 급여의 10% 인상액, 관리자가 'soon'이면, 20%, 관리자가 'kim9'이면, 30%, 나머지는 원래 급여를 그대로 출력해야 합니다. 단, 급여가 null이면 기본 값으로 100원을 지정하도록 합니다.

```
select id, name, manager, salary,
case manager
when 'yusin' then 1.1*nvl(salary, 100)
when 'soon' then 1.2*nvl(salary, 100)
when 'kim9' then 1.3*nvl(salary, 100)
else nvl(salary, 100) end as newsalary
from employees ;
```

ID	NAME	MANAGER	SALARY	NEWSALARY
1 yusin	김유신	(null)	110	110
2 lee	이순신	yusin	220	242
3 choi	최영	yusin	330	363
4 kang	강감찬	yusin	(null)	110
5 yoon	윤봉길	yusin	550	605
6 kim9	김구	(null)	660	660
7 general	김좌진	kim9	770	1001
8 an	안중근	kim9	880	1144
9 nongae	논개	soon	200	240
10 queen	선덕여왕	soon	300	360
11 soon	유관순	(null)	(null)	100
12 shin	신사임당	kim9	1320	1716
13 hwang	황진이	kim9	1430	1859
14 myoung	명성왕후	soon	1540	1848
15 maria	조마리아	soon	1650	1980
16 princess	덕혜옹주	soon	1760	2112

searched case 표현식

```
case
   when 조건식_01 then 리턴표현수식01
   when 조건식_02 then 리턴표현수식02
   when 조건식_0n then 리턴표현수식0n
   else else_표현식
end
```

회원들의 이름과 급여와 파생 결과를 출력해보세요. 급여가 200미만이면 'low', 240미만이면 'middle', 240이상이면 'high'를 출력해 보세요.

```
select name, nvl(salary, 100),
case
when nvl(salary, 100) < 200 then 'low'
when nvl(salary, 100) < 240 then 'middle'
else 'high' end as result
from employees ;
```

NAME	NVL(SALARY,100)	RESULT
1 김유신	110	low
2 이순신	220	middle
3 최영	330	high
4 강감찬	100	low
5 윤봉길	550	high
6 김구	660	high
7 김좌진	770	high
8 안중근	880	high
9 논개	200	middle
10 선덕여왕	300	high
11 유관순	100	low
12 신사임당	1320	high
13 황진이	1430	high
14 명성왕후	1540	high
15 조마리아	1650	high
16 덕혜옹주	1760	high

회원들의 이름과 생일과 분기를 출력해 보세요.

힌트) 금일의 분기를 확인하려면 다음 구문을 사용하면 됩니다.
select to_char(sysdate, 'Q') from dual ;

```
select name, to_char(nvl(birth, sysdate), 'yyyy/mm/dd') as birth,
case to_number(to_char(birth, 'Q'))
when 1 then '1사분기'
when 2 then '2사분기'
when 3 then '3사분기'
else '4사분기' end as quarter
from employees ;
```

	NAME	BIRTH	QUARTER
1	김유신	2021/05/06	4사분기
2	이순신	1988/10/10	4사분기
3	최영	1990/12/25	4사분기
4	강감찬	1988/10/10	4사분기
5	윤봉길	1990/12/25	4사분기
6	김구	1990/12/25	4사분기
7	김좌진	1990/12/25	4사분기
8	안중근	2021/05/06	2사분기
9	논개	1990/12/25	4사분기
10	선덕여왕	2021/05/06	4사분기
11	유관순	2021/05/06	2사분기
12	신사임당	1990/12/25	4사분기
13	황진이	1990/10/12	4사분기
14	명성왕후	1990/12/25	4사분기
15	조마리아	1990/10/12	4사분기
16	덕혜옹주	1990/12/25	4사분기

요점 정리

- (dual) 테이블은 간단한 산술 연산 테스트를 하거나, 특정 함수에 대한 결과 값을 확인해 보기 위한 용도로 사용되는 1행 1열 짜리 테이블입니다.
- 함수는 크게 (문자열), (숫자), (날짜), (타입 변환), (null 처리) 함수등으로 구성이 되어 있습니다.
- 환경 변수 (nls_date_format)는 세션 관련 날짜 형식을 변경하기 위하여 사용하는 환경 변수입니다.

함수의 종류	함수 예시
문자 함수	lower, upper, initcap, concat, substr, length, instr, lpad/rpad, replace, trim/ltrim/rtrim, reverse
숫자 함수	ceil, floor, sqrt, abs, round, trunc, mod
날짜 함수	months_between, add_months, next_day, last_day, round, trunc
변환 함수	to_char, to_number, to_date
일반 함수	nvl, nvl2, nullif, coalesce, case, decode

연습 문제

'곰돌이' 사용자의 'Books' 테이블에 대하여 적절한 함수를 사용하여 풀어 보세요

문자열 함수부터 먼저 풀어 보도록 하겠습니다.
서적의 이름을 대문자, 소문자 등으로 변경해 보세요.

	BNAME	UPPER(BNAME)	LOWER(BNAME)	INITCAP(BNAME)
1	자바 프로그래밍	자바 프로그래밍	자바 프로그래밍	자바 프로그래밍
2	jsp 프로그래밍	JSP 프로그래밍	jsp 프로그래밍	Jsp 프로그래밍
3	파이썬 프로그래밍	파이썬 프로그래밍	파이썬 프로그래밍	파이썬 프로그래밍
4	R 프로그래밍	R 프로그래밍	r 프로그래밍	R 프로그래밍
5	데이터 베이스 개론	데이터 베이스 개론	데이터 베이스 개론	데이터 베이스 개론
6	마이바티스	마이바티스	마이바티스	마이바티스
7	스프링 Framework	스프링 FRAMEWORK	스프링 framework	스프링 Framework
8	xml 프로그래밍	XML 프로그래밍	xml 프로그래밍	Xml 프로그래밍
9	프로그래밍 이야기	프로그래밍 이야기	프로그래밍 이야기	프로그래밍 이야기
10	시계열 예측	시계열 예측	시계열 예측	시계열 예측

반드시 concat 함수를 사용하여 다음 예시와 같이 출력되도록 하세요.
제목 : 자바 프로그래밍, 출판사 : 대한 출판사

	CONCAT(CONCAT('제목:',BNAME),CONCAT(',출판사:',PUBLISHER))
1	제목 : 자바 프로그래밍, 출판사 : 대한 출판사
2	제목 : jsp 프로그래밍, 출판사 : 대한 Books
3	제목 : 파이썬 프로그래밍, 출판사 : 민국 미디어
4	제목 : R 프로그래밍, 출판사 : 민국 미디어
5	제목 : 데이터 베이스 개론, 출판사 : 대한 출판사
6	제목 : 마이바티스, 출판사 : 대한 출판사
7	제목 : 스프링 Framework, 출판사 : 소셜 미디어
8	제목 : xml 프로그래밍, 출판사 : 소셜 미디어
9	제목 : 프로그래밍 이야기, 출판사 : 지한 출판사
10	제목 : 시계열 예측, 출판사 : 지한 출판사

서적 이름의 5번째 글자부터 끝까지 추출해 보세요.

	BNAME	SUBSTR(BNAME,5)
1	자바 프로그래밍	로그래밍
2	jsp 프로그래밍	프로그래밍
3	파이썬 프로그래밍	프로그래밍
4	R 프로그래밍	그래밍
5	데이터 베이스 개론	베이스 개론
6	마이바티스	스
7	스프링 Framework	Framework
8	xml 프로그래밍	프로그래밍
9	프로그래밍 이야기	밍 이야기
10	시계열 예측	예측

연습 문제

서적 이름의 앞 3글자만 추출해 보세요.

	BNAME	SUBSTR(BNAME,1,3)
1	자바 프로그래밍	자바
2	jsp 프로그래밍	jsp
3	파이썬 프로그래밍	파이썬
4	R 프로그래밍	R 프
5	데이터 베이스 개론	데이터
6	마이바티스	마이바
7	스프링 Framework	스프링
8	xml 프로그래밍	xml
9	프로그래밍 이야기	프로그
10	시계열 예측	시계열

서적과 출판사의 이름과 이름의 길이를 조회해 보세요.

	BNAME	LENGTH(BNAME)	PUBLISHER	LENGTH(PUBLISHER)
1	자바 프로그래밍	8	대한 출판사	6
2	jsp 프로그래밍	9	대한 Books	8
3	파이썬 프로그래밍	9	민국 미디어	6
4	R 프로그래밍	7	민국 미디어	6
5	데이터 베이스 개론	10	대한 출판사	6
6	마이바티스	5	대한 출판사	6
7	스프링 Framework	13	소셜 미디어	6
8	xml 프로그래밍	9	소셜 미디어	6
9	프로그래밍 이야기	9	지한 출판사	6
10	시계열 예측	6	지한 출판사	6

서적 이름이 9자리 이상인 항목만 조회해 보세요.

	BID	BNAME	PUBLISHER	PRICE	INPUTDATE
1	jsp	jsp 프로그래밍	대한 Books	8000	80/08/15
2	python	파이썬 프로그래밍	민국 미디어	9000	90/07/17
3	database	데이터 베이스 개론	대한 출판사	(null)	78/03/01
4	spring	스프링 Framework	소셜 미디어	20000	50/06/25
5	xml	xml 프로그래밍	소셜 미디어	13000	70/06/06
6	story	프로그래밍 이야기	지한 출판사	6000	70/09/09

instr 함수()를 사용하여 책의 이름에 '프로그래밍'라는 단어가 들어있는 행만 조회하세요.

	BID	BNAME	PUBLISHER	PRICE	INPUTDATE
1	java	자바 프로그래밍	대한 출판사	7000	70/08/28
2	jsp	jsp 프로그래밍	대한 Books	8000	80/08/15
3	python	파이썬 프로그래밍	민국 미디어	9000	90/07/17
4	r	R 프로그래밍	민국 미디어	(null)	75/11/11
5	xml	xml 프로그래밍	소셜 미디어	13000	70/06/06
6	story	프로그래밍 이야기	지한 출판사	6000	70/09/09

lpad 함수를 사용하여 price 컬럼을 전체 10자리 형식으로 채워 주세요.
모자란 공간은 '*' 기호로 채우도록 하세요.

	BID	BNAME	PUBLISHER	LPAD(PRICE,10,'*')
1	java	자바 프로그래밍	대한 출판사	******7000
2	jsp	jsp 프로그래밍	대한 Books	******8000
3	python	파이썬 프로그래밍	민국 미디어	******9000
4	r	R 프로그래밍	민국 미디어	(null)
5	database	데이터 베이스 개론	대한 출판사	(null)
6	mybatis	마이바티스	대한 출판사	(null)
7	spring	스프링 Framework	소셜 미디어	*****20000
8	xml	xml 프로그래밍	소셜 미디어	*****13000
9	story	프로그래밍 이야기	지한 출판사	******6000
10	timeseries	시계열 예측	지한 출판사	*****13000

price 컬럼의 값과 (책이름의 문자열 길이)의 제곱 값을 더한 결과를 출력해보세요.
예를 들어서 price=8000이고, 책이름이 "자바 프로그래밍"(8자리)이면 64이므로 최종 결과는 8064이 되어야 합니다.

	BID	BNAME	PUBLISHER	PRICE	PRICE+LENGTH(BNAME)*LENGTH(BNAME)
1	java	자바 프로그래밍	대한 출판사	7000	7064
2	jsp	jsp 프로그래밍	대한 Books	8000	8081
3	python	파이썬 프로그래밍	민국 미디어	9000	9081
4	r	R 프로그래밍	민국 미디어	(null)	(null)
5	database	데이터 베이스 개론	대한 출판사	(null)	(null)
6	mybatis	마이바티스	대한 출판사	(null)	(null)
7	spring	스프링 Framework	소셜 미디어	20000	20169
8	xml	xml 프로그래밍	소셜 미디어	13000	13081
9	story	프로그래밍 이야기	지한 출판사	6000	6081
10	timeseries	시계열 예측	지한 출판사	13000	13036

서적 이름에 '프로그래밍'을 'programming'으로 치환해 보세요.

	BNAME	REPLACE(BNAME,'프로그래밍','PROGRAMMING')
1	자바 프로그래밍	자바 programming
2	jsp 프로그래밍	jsp programming
3	파이썬 프로그래밍	파이썬 programming
4	R 프로그래밍	R programming
5	데이터 베이스 개론	데이터 베이스 개론
6	마이바티스	마이바티스
7	스프링 Framework	스프링 Framework
8	xml 프로그래밍	xml programming
9	프로그래밍 이야기	programming 이야기
10	시계열 예측	시계열 예측

연습 문제

rtrim() 함수를 사용하여 서적 이름에 '프로그래밍'이라는 단어를 삭제해 보세요.

	BNAME	RTRIM(BNAME,'프로그래밍')
1	자바 프로그래밍	자바
2	jsp 프로그래밍	jsp
3	파이썬 프로그래밍	파이썬
4	R 프로그래밍	R
5	데이터 베이스 개론	데이터 베이스 개론
6	마이바티스	마이바티스
7	스프링 Framework	스프링 Framework
8	xml 프로그래밍	xml
9	프로그래밍 이야기	프로그래밍 이야기
10	시계열 예측	시계열 예측

서적의 아이디의 길이가 3의 배수인 행들만 조회해 보세요.

	BID	BNAME	PUBLISHER	PRICE	INPUTDATE
1	jsp	jsp 프로그래밍	대한 Books	8000	80/08/15
2	python	파이썬 프로그래밍	민국 미디어	9000	90/07/17
3	spring	스프링 Framework	소셜 미디어	20000	50/06/25
4	xml	xml 프로그래밍	소셜 미디어	13000	70/06/06

다음은 customers 테이블에서 실습하도록 합니다.
주소 컬럼에서 국가 이름만 출력해 보세요.

	NAME	SUBSTR(ADDRESS,1,INSTR(ADDRESS,''))
1	윤봉길	중국
2	김유신	신라
3	신사임당	백제
4	안중근	조선
5	홍범도	일제

instr 함수()를 사용하여 전화 번호에 '3333'이 들어 있는 행만 조회해 보세요.

	ID	NAME	ADDRESS	PHONE	MANAGER	SALARY
1	shin	신사임당	백제 공주	000-3333-3333	(null)	300

substr 함수()를 사용하여, 성씨를 제외하고, 이름만 추출해 보세요.

	NAME	SUBSTR(NAME,2)
1	윤봉길	봉길
2	김유신	유신
3	신사임당	사임당
4	안중근	중근
5	홍범도	범도

숫자형 함수 실습을 위하여 다음 문장을 우선 실행하도록 합니다.

단가에 대한 절대 값을 구해 보세요.

	BID	BNAME	PRICE	ABS(PRICE)
1	java	자바 프로그래밍	7700	7700
2	jsp	jsp 프로그래밍	8800	8800
3	python	파이썬 프로그래밍	-123.4567	123.4567
4	r	R 프로그래밍	-123.4567	123.4567
5	database	데이터 베이스 개론	-123.4567	123.4567
6	mybatis	마이바티스	(null)	(null)
7	spring	스프링 Framework	22000	22000
8	xml	xml 프로그래밍	14300	14300
9	story	프로그래밍 이야기	6600	6600
10	timeseries	시계열 예측	14300	14300

서적의 아이디가 'r', 'database', 'mybatis', 'spring'인 서적에 대하여 가격을 올림/버림해 보세요.

	BID	BNAME	PRICE	CEIL(PRICE)	FLOOR(PRICE)
1	database	데이터 베이스 개론	-123.4567	-123	-124
2	mybatis	마이바티스	(null)	(null)	(null)
3	r	R 프로그래밍	-123.4567	-123	-124
4	spring	스프링 Framework	22000	22000	22000

단가들을 정수 값으로 반올림 및 절삭해보세요.

	BID	BNAME	PRICE	ROUND(PRICE)	TRUNC(PRICE)
1	java	자바 프로그래밍	7700	7700	7700
2	jsp	jsp 프로그래밍	8800	8800	8800
3	python	파이썬 프로그래밍	-123.4567	-123	-123
4	r	R 프로그래밍	-123.4567	-123	-123
5	database	데이터 베이스 개론	-123.4567	-123	-123
6	mybatis	마이바티스	(null)	(null)	(null)
7	spring	스프링 Framework	22000	22000	22000
8	xml	xml 프로그래밍	14300	14300	14300
9	story	프로그래밍 이야기	6600	6600	6600
10	timeseries	시계열 예측	14300	14300	14300

연습 문제

- 모든 단가에 대하여 절대 값으로 변경하고, 루트를 씌운 결과를 출력하세요.

	BNAME	SQRT(ABS(PRICE))	ROUND(SQRT(ABS(PRICE)),3)
1	자바 프로그래밍	87.749643873921220604063883074163O9560875	87.75
2	jsp 프로그래밍	93.808315196468591091312602270889325611 76	93.808
3	파이썬 프로그래밍	11.1111070555548154163965158489659O489796	11.111
4	R 프로그래밍	11.111107055554815416396515848965904897 96	11.111
5	데이터 베이스 개론	11.1111070555548154163965158489659O489796	11.111
6	마이바티스	(null)	(null)
7	스프링 Framework	148.3239697419132589742279488160142 6122	148.324
8	xml 프로그래밍	119.5826074310139802112984075619561 6614	119.583
9	프로그래밍 이야기	81.240384046359603604598835682660403485 04	81.24
10	시계열 예측	119.5826074310139802112984075619561 6614	119.583

- 서적 이름의 길이가 5의 배수인 서적들을 출력해 보세요.

	BID	BNAME	PUBLISHER	PRICE	INPUTDATE
1	database	데이터 베이스 개론	대한 출판사	-123.4567	78/03/01
2	mybatis	마이바티스	대한 출판사	(null)	45/08/15

- 서적 이름의 길이를 3제곱하는 문장을 만들어 보세요.

	BID	BNAME	POWER(LENGTH(BNAME),3)
1	java	자바 프로그래밍	512
2	jsp	jsp 프로그래밍	729
3	python	파이썬 프로그래밍	729
4	r	R 프로그래밍	343
5	database	데이터 베이스 개론	1000
6	mybatis	마이바티스	125
7	spring	스프링 Framework	2197
8	xml	xml 프로그래밍	729
9	story	프로그래밍 이야기	729
10	timeseries	시계열 예측	216

● 단가에서 서적 이름의 길이의 2제곱을 뺄셈하는 문장을 만들어 보세요.

	BNAME	LENGTH(BNAME)	PRICE	PRICE-POWER(LENGTH(BNAME),2)
1	자바 프로그래밍	8	7700	7636
2	jsp 프로그래밍	9	8800	8719
3	파이썬 프로그래밍	9	-123.4567	-204.4567
4	R 프로그래밍	7	-123.4567	-172.4567
5	데이터 베이스 개론	10	-123.4567	-223.4567
6	마이바티스	5	(null)	(null)
7	스프링 Framework	13	22000	21831
8	xml 프로그래밍	9	14300	14219
9	프로그래밍 이야기	9	6600	6519
10	시계열 예측	6	14300	14264

● 서적의 단가에 부호 함수를 적용해 보세요.

	BNAME	PRICE	SIGN(PRICE)
1	자바 프로그래밍	7700	1
2	jsp 프로그래밍	8800	1
3	파이썬 프로그래밍	-123.4567	-1
4	R 프로그래밍	-123.4567	-1
5	데이터 베이스 개론	-123.4567	-1
6	마이바티스	(null)	(null)
7	스프링 Framework	22000	1
8	xml 프로그래밍	14300	1
9	프로그래밍 이야기	6600	1
10	시계열 예측	14300	1

● 절대 값 함수인 abs를 사용하지 않고 서적의 단가에 대하여 절대값으로 변경해 보세요.

	BNAME	PRICE	PRICE*SIGN(PRICE)
1	자바 프로그래밍	7700	7700
2	jsp 프로그래밍	8800	8800
3	파이썬 프로그래밍	-123.4567	123.4567
4	R 프로그래밍	-123.4567	123.4567
5	데이터 베이스 개론	-123.4567	123.4567
6	마이바티스	(null)	(null)
7	스프링 Framework	22000	22000
8	xml 프로그래밍	14300	14300
9	프로그래밍 이야기	6600	6600
10	시계열 예측	14300	14300

연습 문제

날짜 함수

서적들의 이름과 입고 날짜부터 경과한 일수를 조회해 보세요.

	BNAME	INPUTDATE	입고 경과 날짜
1	자바 프로그래밍	1970-08-28 12:00:00	18552.72
2	jsp 프로그래밍	1980-08-15 12:00:00	14912.72
3	파이썬 프로그래밍	1990-07-17 12:00:00	11289.72
4	R 프로그래밍	1975-11-11 12:00:00	16651.72
5	데이터 베이스 개론	1978-03-01 12:00:00	15810.72
6	마이바티스	2045-08-15 12:00:00	-8828.28
7	스프링 Framework	1950-06-25 12:00:00	25921.72
8	xml 프로그래밍	1970-06-06 12:00:00	18635.72
9	프로그래밍 이야기	1970-09-09 12:00:00	18540.72
10	시계열 예측	1950-06-25 12:00:00	25921.72

서적들의 이름과 입고 날짜부터 경과한 월수를 소수점 3째자리까지 보여 주세요.

	BNAME	INPUTDATE	PASSDATE
1	자바 프로그래밍	1970-08-28 12:00:00	609.539
2	jsp 프로그래밍	1980-08-15 12:00:00	489.959
3	파이썬 프로그래밍	1990-07-17 12:00:00	370.894
4	R 프로그래밍	1975-11-11 12:00:00	547.088
5	데이터 베이스 개론	1978-03-01 12:00:00	519.41
6	마이바티스	2045-08-15 12:00:00	-290.041
7	스프링 Framework	1950-06-25 12:00:00	851.636
8	xml 프로그래밍	1970-06-06 12:00:00	612.249
9	프로그래밍 이야기	1970-09-09 12:00:00	609.152
10	시계열 예측	1950-06-25 12:00:00	851.636

서적의 아이디가 'r', 'database'인 서적의 입고 일자를 3개월 전으로 변경하세요. 변경 전의 데이터와 변경 후의 데이터를 동시에 출력해 봅니다.

	BID	BNAME	PUBLISHER	PRICE	INPUTDATE
1	database	데이터 베이스 개론	대한 출판사	-123.4567	1977-12-01 12:00:00
2	r	R 프로그래밍	민국 미디어	-123.4567	1975-08-11 12:00:00

서적의 아이디가 'python', 'spring'인 서적의 입고 일자를 5일전으로 변경해 보세요. 변경 전의 데이터와 변경 후의 데이터를 동시에 출력해 봅니다.

	BID	BNAME	PUBLISHER	PRICE	INPUTDATE
1	python	파이썬 프로그래밍	민국 미디어	-123.4567	1990-07-12 12:00:00
2	spring	스프링 Framework	소셜 미디어	22000	1950-06-20 12:00:00

아이디가 'python', 'spring'인 서적의 입고 일자를 돌아오는 금요일로 변경해 보세요.

	BID	BNAME	PUBLISHER	PRICE	INPUTDATE
1	python	파이썬 프로그래밍	민국 미디어	-123.4567	2021-06-18 05:20:51
2	spring	스프링 Framework	소셜 미디어	22000	2021-06-18 05:20:51

타입 변환 함수

서적의 입고 일자를 '월/일' 형식으로 출력해 보세요.
서적의 입고 일자를 'yyyy年 mm월 dd일' 형식으로 출력해 보세요.

	BNAME	TO_CHAR(INPUTDATE,'MM/DD')
1	자바 프로그래밍	08/28
2	jsp 프로그래밍	08/15
3	파이썬 프로그래밍	05/14
4	R 프로그래밍	08/11
5	데이터 베이스 개론	12/01
6	마이바티스	08/15
7	스프링 Framework	05/14
8	xml 프로그래밍	06/06
9	프로그래밍 이야기	09/09
10	시계열 예측	06/25

	BNAME	TO_CHAR(INPUTDATE,'YYYY"年"MM"월"DD
1	자바 프로그래밍	1970年 08월 28일
2	jsp 프로그래밍	1980年 08월 15일
3	파이썬 프로그래밍	2021年 05월 14일
4	R 프로그래밍	1975年 08월 11일
5	데이터 베이스 개론	1977年 12월 01일
6	마이바티스	2045年 08월 15일
7	스프링 Framework	2021年 05월 14일
8	xml 프로그래밍	1970年 06월 06일
9	프로그래밍 이야기	1970年 09월 09일
10	시계열 예측	1950年 06월 25일

다음 문장을 실행하고, 그 결과를 예측해 보세요.

	PRICE01	PRICE02	PRICE03	PRICE04
1	$7,700.00	$007,700.00	₩7,700.00	007,700.00
2	$8,800.00	$008,800.00	₩8,800.00	008,800.00
3	-$123.46	-$000,123.46	-₩123.46	-000,123.46
4	-$123.46	-$000,123.46	-₩123.46	-000,123.46
5	-$123.46	-$000,123.46	-₩123.46	-000,123.46
6	(null)	(null)	(null)	(null)
7	$22,000.00	$022,000.00	₩22,000.00	022,000.00
8	$14,300.00	$014,300.00	₩14,300.00	014,300.00
9	$6,600.00	$006,600.00	₩6,600.00	006,600.00
10	$14,300.00	$014,300.00	₩14,300.00	014,300.00

연습 문제

● null 처리 함수 실습을 위하여 다음 문장을 우선 실습해 주세요.
서적의 이름과 입고 일자를 출력해 보세요.
입고 일자가 존재하지 않는 데이터는 현재 시각으로 출력해보세요.

	BNAME	INPUTDATE	NEWDATA
1	자바 프로그래밍	1970-08-28 12:00:00	1970-08-28 12:00:00
2	jsp 프로그래밍	1980-08-15 12:00:00	1980-08-15 12:00:00
3	파이썬 프로그래밍	(null)	2021-05-07 02:19:56
4	R 프로그래밍	1975-08-11 12:00:00	1975-08-11 12:00:00
5	데이터 베이스 개론	1977-12-01 12:00:00	1977-12-01 12:00:00
6	마이바티스	2045-08-15 12:00:00	2045-08-15 12:00:00
7	스프링 Framework	(null)	2021-05-07 02:19:56
8	xml 프로그래밍	1970-06-06 12:00:00	1970-06-06 12:00:00
9	프로그래밍 이야기	1970-09-09 12:00:00	1970-09-09 12:00:00
10	시계열 예측	1950-06-25 12:00:00	1950-06-25 12:00:00

● 서적의 이름과 단가를 출력해 보세요.
단가가 존재하지 않는 데이터는 1,000원으로 출력해보세요.

	BNAME	PRICE	NEWDATA
1	자바 프로그래밍	8470	8470
2	jsp 프로그래밍	9680	9680
3	파이썬 프로그래밍	-123.4567	-123.4567
4	R 프로그래밍	-123.4567	-123.4567
5	데이터 베이스 개론	-123.4567	-123.4567
6	마이바티스	(null)	1000
7	스프링 Framework	24200	24200
8	xml 프로그래밍	15730	15730
9	프로그래밍 이야기	7260	7260
10	시계열 예측	15730	15730

● 서적들의 이름과 단가를 조회해 보세요.
단가의 존재 여부에 대하여 코멘트('단가 존재함', '단가가 null임')를 작성해 보세요.

	BNAME	PRICE	NVL2(PRICE,'단가존재함','단가가NULL임')
1	자바 프로그래밍	8470	단가 존재함
2	jsp 프로그래밍	9680	단가 존재함
3	파이썬 프로그래밍	-123.4567	단가 존재함
4	R 프로그래밍	-123.4567	단가 존재함
5	데이터 베이스 개론	-123.4567	단가 존재함
6	마이바티스	(null)	단가가 null임
7	스프링 Framework	24200	단가 존재함
8	xml 프로그래밍	15730	단가 존재함
9	프로그래밍 이야기	7260	단가 존재함
10	시계열 예측	15730	단가 존재함

서적의 이름과 출판사를 조회하시오.
단, 출판사 '소셜 미디어'인 출판사는 null 값으로 대체 하세요.

	BNAME	PUBLISHER	RESULT
1	자바 프로그래밍	대한 출판사	대한 출판사
2	jsp 프로그래밍	대한 Books	대한 Books
3	파이썬 프로그래밍	민국 미디어	민국 미디어
4	R 프로그래밍	민국 미디어	민국 미디어
5	데이터 베이스 개론	대한 출판사	대한 출판사
6	마이바티스	대한 출판사	대한 출판사
7	스프링 Framework	소셜 미디어	(null)
8	xml 프로그래밍	소셜 미디어	(null)
9	프로그래밍 이야기	지한 출판사	지한 출판사
10	시계열 예측	지한 출판사	지한 출판사

출판사의 이름이 '민국 미디어'이면 'm'을, '대한 출판사'이면 'd'를, '지한 출판사'이면 's'를 나머지는 'x'를 출력하는 코드를 작성해 보세요.

	BID	BNAME	PUBLISHER	RESULT
1	java	자바 프로그래밍	대한 출판사	d
2	jsp	jsp 프로그래밍	대한 Books	x
3	python	파이썬 프로그래밍	민국 미디어	m
4	r	R 프로그래밍	민국 미디어	m
5	database	데이터 베이스 개론	대한 출판사	d
6	mybatis	마이바티스	대한 출판사	d
7	spring	스프링 Framework	소셜 미디어	x
8	xml	xml 프로그래밍	소셜 미디어	x
9	story	프로그래밍 이야기	지한 출판사	s
10	timeseries	시계열 예측	지한 출판사	s

위의 문제를 case 표현식으로 다시 풀어 보세요.

	BID	BNAME	PUBLISHER	RESULT
1	java	자바 프로그래밍	대한 출판사	d
2	jsp	jsp 프로그래밍	대한 Books	x
3	python	파이썬 프로그래밍	민국 미디어	m
4	r	R 프로그래밍	민국 미디어	m
5	database	데이터 베이스 개론	대한 출판사	d
6	mybatis	마이바티스	대한 출판사	d
7	spring	스프링 Framework	소셜 미디어	x
8	xml	xml 프로그래밍	소셜 미디어	x
9	story	프로그래밍 이야기	지한 출판사	s
10	timeseries	시계열 예측	지한 출판사	s

연습 문제

서적들의 아이디, 이름, 출판사, 단가 및 파생 결과를 출력해보세요. 파생 결과는 출판사가 '민국 미디어'이면, 단가의 10% 인상액, 출판사가 '대한 출판사'이면, 20%, 출판사가 '지한 출판사'이면, 30%, 나머지는 원래 단가를 그대로 출력해야 합니다. 단, 단가가 null이면 기본 값으로 100원을 지정하도록 합니다.

	BID	BNAME	PUBLISHER	PRICE	NEWPRICE
1	java	자바 프로그래밍	대한 출판사	7700	9240
2	jsp	jsp 프로그래밍	대한 Books	8800	8800
3	python	파이썬 프로그래밍	민국 미디어	-123.4567	-135.80237
4	r	R 프로그래밍	민국 미디어	-123.4567	-135.80237
5	database	데이터 베이스 개론	대한 출판사	-123.4567	-148.14804
6	mybatis	마이바티스	대한 출판사	(null)	120
7	spring	스프링 Framework	소설 미디어	22000	22000
8	xml	xml 프로그래밍	소설 미디어	14300	14300
9	story	프로그래밍 이야기	지한 출판사	6600	8580
10	timeseries	시계열 예측	지한 출판사	14300	18590

orders 테이블

orders 테이블에 대하여 다음과 같이 출력이 되는 sql 구문을 작성해 보세요.
cid 컬럼과 case 구문을 사용하여 고객 아이디와 이름을 출력해 보세요.
단, 판매가가, 존재하지 않으면 10,000원으로 출력하세요.
판매가는 21,000일때, ₩21,000.00의 형식으로 출력하세요.
단, 주문 일자가, 존재하지 않으면 현재 시각으로 출력하세요.
주문 일자는 '2014年 07月 13日'의 형식으로 출력하세요.

	OID	CID	RESULT	BID	SALEPRICE	SALEDATE
1	1	yoon	윤봉길	java	₩10,000.00	2021年 05月 07日
2	2	yoon	윤봉길	python	₩21,000.00	2021年 05月 07日
3	3	yusin	김유신	database	₩10,000.00	2021年 05月 07日
4	4	shin	신사임당	jsp	₩06,000.00	2021年 07月 04日
5	5	an	안중근	spring	₩10,000.00	2021年 07月 05日
6	6	yoon	윤봉길	jsp	₩12,000.00	2021年 07月 07日
7	7	an	안중근	jsp	₩13,000.00	2021年 08月 15日
8	8	shin	신사임당	java	₩12,000.00	2021年 03月 01日
9	9	yusin	김유신	java	₩07,000.00	2021年 12月 25日
10	10	shin	신사임당	python	₩13,000.00	2021年 07月 10日

MEMO

Chapter 10

그룹(집계) 함수

Summary

그룹 함수 또는 집계 함수는 전체 데이터를 특정 컬럼으로 그룹화시켜 통계적인 집계 데이터를 구해 주는 구문입니다. 이번 장에서는 그룹 함수들의 개념과 사용법에 대하여 살펴 보겠습니다. 그룹 함수들의 종류와 데이터를 그룹화시키기 위하여 사용하는 group by절과 having절을 사용하여 그룹별로 조건을 지정하는 방법에 대하여 살펴 보겠습니다.

그룹 함수는 1개 이상의 행을 그룹화 시켜서 총합이나, 평균, 최대/최소 등의 결과를 도출하는 함수입니다.

10.1 그룹 함수

그룹 함수를 살펴 보기 전에 우선 다음 구문을 실습하여 보겠습니다. 이전 함수 시간에 다루었던 대문자로 변경해주는 upper( ) 함수를 사용하고 있습니다. 현재 16개의 행에 대하여 16개의 결과물이 출력됩니다. 결과를 보면 upper( ) 함수는 각각의 행에 적용이 되고 있기 때문에, 이를 단일행(single row) 함수라고 합니다.

```
select id, upper(id), name from employees ;
```

	ID	UPPER(ID)	NAME
1	yusin	YUSIN	김유신
2	lee	LEE	이순신
3	choi	CHOI	최영
4	kang	KANG	강감찬
5	yoon	YOON	윤봉길
6	kim9	KIM9	김구
7	general	GENERAL	김좌진
8	an	AN	안중근
9	nongae	NONGAE	논개
10	queen	QUEEN	선덕여왕
11	soon	SOON	유관순
12	shin	SHIN	신사임당
13	hwang	HWANG	황진이
14	myoung	MYOUNG	명성왕후
15	maria	MARIA	조마리아
16	princess	PRINCESS	덕혜옹주

이번에는 다음 문제를 살펴 보도록 하겠습니다. 전체 회원이 몇 명인지, 그리고 전체 회원의 급여의 총합이 얼마인지 구해 보는 문장입니다. 전체 인원 16명에 대하여 각각의 결과는 1개의 행으로 도출이 되고 있습니다. 이와 같이 전체를 대상으로 하나의 통계적인 수치 데이터를 추출해 내는 함수들을 그룹 함수라고 합니다.

```
select count(name), sum(salary) from employees ;
```

	COUNT(NAME)	SUM(SALARY)
1	16	11720

다음은 그룹 함수의 종류와 사용 가능한 영역입니다.

그룹 함수	설명	숫자	문자/날짜
avg	평균, 널 값은 무시합니다.	O	X
count	count(*) : null 값을 포함하여 전체 행수를 표현합니다. count(expr) : null 값을 제외한 개수를 표현합니다. count(distinct expr) : 중복된 데이터는 하나로 개수를 표현합니다.	O	O
max	최대 값, 널 값은 무시합니다.	O	O
min	최소 값, 널 값은 무시합니다.	O	O
sum	합계, 널 값은 무시합니다.	O	X

10.1.1 개수 구하기(count)

count( ) 함수는 테이블에서 행의 개수를 구해 주는 함수입니다. *을 사용하면 null 값의 여부와 상관 없이 모든 행을 카운트 합니다. 다음 예시는 사원들이 총 몇 명인지를 확인하는 구문입니다.

```
select count(*) from employees;
```

	COUNT(*)
1	16

다음은 급여가 null이 아닌 사원의 수를 구해주는 예제입니다. 기본 값으로 count( ) 함수는 null에 대한 개수를 카운트 하지 않습니다. 전체가 16행인데, 14가 출력되었다는 것은 2개의 행이 급여가 책정 되지 않았음을 의미합니다.

```
select count(salary) from employees;
```

	COUNT(SALARY)
1	14

count(*)와 count(salary)를 뺄셈 연산하면 급여가 null인 행수를 구할 수 있습니다.

```
select (count(*) - count(salary)) as result from employees;
```

	RESULT
1	2

marriage 컬럼에는 총 몇 건의 데이터가 들어 있는 지 확인하려면 다음과 같이 count( ) 함수에 marriage 컬럼 이름을 지정하면 됩니다.

```
select count(marriage) from employees;
```

	COUNT(MARRIAGE)
1	16

marriage 컬럼에는 몇 가지 유형의 데이터가 있나요? 이러한 경우에는 데이터가 중복이 되지 않는 개수를 구해야 합니다. distinct 중복 제거를 위한 키워드를 사용하면 가능합니다.

```
select count(distinct marriage) from employees;
```

	COUNT(DISTINCTMARRIAGE)
1	3

10.1.2 평균 구하기(avg)

avg( ) 함수는 명시한 컬럼에 대한 평균 값을 구해 주는 함수입니다. 해당 컬럼에 null이 들어 있는 경우, 이 값을 제외하고 계산을 수행해 줍니다. 다음 예시는 급여의 평균 값을 구하는 예시입니다.

```
select avg(salary) from employees;
```

	AVG(SALARY)
1	837.142857142857142857142857142857142857

급여의 평균을 구하되, null인 사원은 100이라는 값으로 치환하여 계산을 다시 해보세요.

```
select avg(nvl(salary, 100)) from employees;
```

	AVG(NVL(SALARY,100))
1	745

10.1.3 합계 구하기(sum)

sum( ) 함수는 해당 컬럼 값에 대한 총합을 구해 주는 함수입니다. 해당 컬럼에 null이 들어 있는 경우, 이 값을 제외하고 계산을 수행해 줍니다. 다음 예시는 급여의 총금액을 구해 보는 예시입니다.

```
select sum(salary) from employees;
```

	SUM(SALARY)
1	11720

급여의 총금액을 구하되, null인 사원은 100으로 치환하여 계산하세요.

```
select sum(nvl(salary, 100)) from employees;
```

	SUM(NVL(SALARY,100))
1	11920

10.1.4 최대와 최소(max/min)

지정한 컬럼에서 가장 큰 값을 구하는 함수는 max, 가장 작은 값은 min 함수를 사용하면 됩니다. 다음 예시는 최대 급여와 최소 급여는 각각 얼마인지를 확인하는 코드입니다.

```
select max(salary), min(salary) from employees;
```

	MAX(SALARY)	MIN(SALARY)
1	1760	110

아이디를 기준으로 가장 먼저 조회되는 아이디를 구하려면, min( ) 함수를 사용하면 됩니다. 한글은 '가나다' 순으로, 영문은 'abc' 순으로 자체 정렬을 수행하기 때문입니다. 동일한 개념으로 이름를 기준으로 가장 나중에 조회되는 이름을 구하고자 하는 경우 max( ) 함수를 사용하면 됩니다.

```
select min(id), max(name) from employees;
```

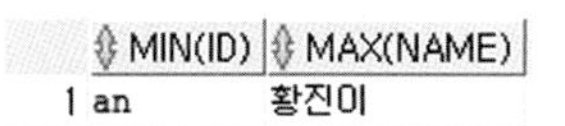

	MIN(ID)	MAX(NAME)
1	an	황진이

10.2 Group By 절

특정 컬럼을 기준으로 데이터를 그룹화 하고자 하는 경우가 있습니다. 예를 들어서 남녀별로 구분하는 경우, 지역별로 구분하는 경우가 여기에 해당합니다. select 절에 group by절을 추가하면 이를 구현할 수 있습니다.

그룹핑 기본 문법

```
select 컬럼_리스트
from table
group by 컬럼리스트
having 조건식 ;
```

그룹 함수와 group by 절을 사용하고자 할 때 주의할 점은 group by 절이후에 alias 사용은 불가능하고, 반드시 컬럼 이름을 기술해 주어야 합니다. 다음은 그룹핑을 위한 사용 지침입니다.

그룹핑 사용 지침

1) 그룹화할 컬럼을 결정하여 group by 절에 명시하세요.
2) 동일한 컬럼들을 select 절에 명시하세요.
3) 요구한 그룹 함수를 select 절에 명시하세요.
◈ select 절의 그룹 함수가 아닌 컬럼은 무조건 group by에 포함시켜야 합니다.
◈ group by 절에 Alias 사용 불가 (반드시 컬럼명)
◈ where : 조건절(일반 컬럼 , 단일행 함수)
◈ Having : 조건절(그룹 함수에 대한 조건 / 일반 함수 조건)

10.2.1 group by 예시

남녀 성별로 각각 각 몇 명인지를 확인하는 sql 구문을 만들어 보겠습니다. 우선 성별로 그룹핑을 수행해야 하므로, group by 절에 gender 컬럼을 명시합니다. 이 컬럼은 동시에 select 절에도, 명시합니다. 마지막으로, 몇 명인지를 파악하므로, 다음과 같이 count( ) 함수를 사용하면 됩니다.

```
select gender, count(*) as cnt from employees
group by gender order by gender desc ;
```

	GENDER	CNT
1	여자	8
2	남자	8

남녀 각각 급여의 총합 및 최소 급여를 구해보도록 하겠습니다. 단, 급여가 null이면 100으로 치환하여 계산해야 합니다.
성별로 그룹화를 수행해야 하므로, group by 절에 gender 컬럼을 명시합니다. 총합은 sum( ) 함수를, 최소 급여를 위해서는 min( ) 함수를 사용하면 됩니다. null 값에 대한 처리는 nvl( ) 함수를 사용하면 가능합니다.

```
select gender, sum(nvl(salary, 100)) as sumsal, min(nvl(salary, 100)) as minsal
from employees group by gender ;
```

	GENDER	SUMSAL	MINSAL
1	여자	8300	100
2	남자	3620	100

결혼 유형(marriage 컬럼) 별로 각각 몇 명인지 확인해보도록 합니다. 이 예시는 성별로 몇 명인지를 파악하는 구문과 본질적으로 동일합니다. 다만, 성별 컬럼이 아니고, 결혼 유형 컬럼으로 그룹핑하는 것이 다를 뿐입니다.

```
select marriage, count(*) cnt
from employees group by marriage ;
```

	MARRIAGE	CNT
1	결혼	7
2	이혼	5
3	미혼	4

지역별(address 컬럼) 각각 몇 명이 거주하고 있는 파악해보는 구문은 다음과 같습니다.

```
select address, count(*) cnt
from employees group by address ;
```

	ADDRESS	CNT
1	용산	4
2	서대문	4
3	마포	4
4	강남	4

성별, 지역별 남녀의 인원수를 파악해 보겠습니다. 이와 같은 경우에는 우선 성별로 그룹화를 수행합니다. 이 그룹화된 소그룹을 다시, 지역으로 그룹화를 수행합니다. 마지막으로 count( ) 함수를 사용하여 인원 수를 셉니다. 이전 예시와 다르게, group by 절에 컬럼이 2개 입력이 되어야 하는 예시입니다.

```
select gender, address, count(*) as cnt from employees
group by gender, address order by gender, address ;
```

	GENDER	ADDRESS	CNT
1	남자	강남	2
2	남자	마포	2
3	남자	서대문	2
4	남자	용산	2
5	여자	강남	2
6	여자	마포	2
7	여자	서대문	2
8	여자	용산	2

동일한 방법으로 성별, 결혼 유무별 각각 몇 명인지를 파악하는 구문은 다음과 같습니다. 우선 성별(gender) 컬럼으로 그룹핑 한다음, 결혼 유무(marriage)별 컬럼으로 그룹핑을 합니다. 인원수를 파악해야 하므로, count( ) 함수를 적용합니다.

```
select gender, marriage, count(*) as cnt from employees
group by gender, marriage order by gender, marriage ;
```

	GENDER	MARRIAGE	CNT
1	남자	결혼	4
2	남자	미혼	1
3	남자	이혼	3
4	여자	결혼	3
5	여자	미혼	3
6	여자	이혼	2

'서대문'에 거주하는 남녀는 각각 몇 명인가요? 그룹핑을 하면서, 특정 컬럼에 대한 필터링을 수행할 수 있습니다. where 절을 사용하여 특정한 조건(서대문 거주자)을 이용하여 필터링합니다.

```
select gender, count(*) as cnt  from employees
where address = ' 서대문 ' group by gender ;
```

	GENDER	CNT
1	여자	2
2	남자	2

생일이 존재하는 기혼자의 남녀별 급여의 총액을 구하는 방법은 다음과 같습니다. where 절을 사용하여 생일(birth) 컬럼이 null이 아닌 사람과, 결혼 유무(marriage) 컬럼이 '결혼'인 사람을 추출하도록 합니다.

```
select gender, sum(salary) as sumsal from employees
where birth is not null and marriage = '결혼' group by gender ;
```

	GENDER	SUMSAL
1	여자	3190
2	남자	1870

10.3 Having 조건

select 절에 대한 조건절은 where 절인 반면에, group by절에 대한 조건절은 having 절입니다. 즉, having절은 그룹 함수 사용시 그룹 함수를 사용하여 도출된 결과 값 중에서 원하는 조건에 맞는 데이터를 추출하고자 할때 사용하는 절입니다.

10.3.1 having 예시

성별, 결혼 유무별 각각 몇 명인지 조회하되, 3명 이상만 행에 대히서만 조회해 보세요.

```
select gender, marriage, count(*) as cnt from employees
group by gender, marriage having count(*) >= 3
order by gender, marriage ;
```

	GENDER	MARRIAGE	CNT
1	남자	결혼	4
2	남자	이혼	3
3	여자	결혼	3
4	여자	미혼	3

남녀 각각 급여의 총합 중에서 총합이 5000미만인 행만 조회하도록 출력해 보세요. 단, 급여가 null인 데이터는 값 100으로 치환하도록 합니다.

```
select gender, sum(nvl(salary, 100)) as sumsal from employees
group by gender having sum(nvl(salary, 100)) < 5000 ;
```

	GENDER	SUMSAL
1	남자	3620

결혼 유무별 최대 급여와 최소 급여 조회하기

```
select marriage, max(salary), min(salary)
from employees group by marriage ;
```

	MARRIAGE	MAX(SALARY)	MIN(SALARY)
1	결혼	1760	110
2	이혼	1650	220
3	미혼	1320	200

결혼 유무별 최대 급여와 최소 급여를 조회하되, 결혼 유무별 최대 급여와 최소 급여의 차이가 1200원 이상인 항목만 추출하도록 합니다.

```
select marriage, max(salary), min(salary)
from employees group by marriage
having (max(salary) - min(salary)) >= 1200 ;
```

	MARRIAGE	MAX(SALARY)	MIN(SALARY)
1	결혼	1760	110
2	이혼	1650	220

성별로 각 인원수를 구하되, 인원수가 6명 이하인 항목들만 조회해 보세요. 그리고 관리자는 인원수에서 배제하도록 합니다.

```
select gender, count(*) as cnt  from employees
where manager is not null
group by gender having count(*) <= 6 ;
```

	GENDER	CNT
1	남자	6

관리자가 아닌 일반 사원중에서 결혼 유무 별로 급여의 총액이 3,000원 이상인 행만 조회해 보세요.

```
select marriage, sum(salary) as sumsal from employees
where manager is not null
group by marriage having sum(salary) >= 3000 ;
```

	MARRIAGE	SUMSAL
1	이혼	4180
2	결혼	4700

10.3.2 무엇이 문제인가요?

다음 구문은 무엇이 문제인가요?

잘못된 표현

```
select gender, count(*) from employees ;

ORA-00937: not a single-group group function
00937. 00000 - "not a single-group group function"
*Cause: *Action: 674행, 8열에서 오류 발생
```

위의 구문은 일반 컬럼인 gender과 그룹 함수인 count( )를 같이 사용하였기 때문에 발생합니다. 해결을 위한 첫 번째 방법은 일반 컬럼인 gender 컬럼을 없애는 방법입니다. 그렇게 되면 전체 사원의 수를 구할 수 있습니다. 잘 이해가 되지 않은 분은 '그룹핑 사용 지침'을 다시 살펴 보시길 바랍니다.

```
select count(*) from employees ;
```

	COUNT(*)
1	16

두 번째 방법은 group by 절에 일반 컬럼인 gender를 명시하면 해결이 됩니다. 이런 경우는 각 성별의 인원 수를 구하는 문제가 됩니다.

```
select gender, count(*) from employees group by gender ;
```

	GENDER	COUNT(*)
1	여자	8
2	남자	8

다른 예시를 살펴 보겠습니다.

잘못된 표현

```
select gender, count(*) from employees where count(*) > 10 group by gender ;

ORA-00934: group function is not allowed here
00934. 00000 - "group function is not allowed here"
*Cause: *Action:
682행, 7열에서 오류 발생
```

위의 예시를 보면 where 절에 그룹 함수가 사용되고 있습니다. 이런 개념은 존재하지 않습니다. count( ) 함수를 이용하여 비교 연산을 수행하려면 having 절에 명시하여야 합니다.

```
select gender, count(*) from employees
group by gender having count(*) > 5;
```

	GENDER	COUNT(*)
1	여자	8
2	남자	8

요점 정리

- 그룹 함수는 다음과 같은 목록들이 존재합니다.

그룹 함수	설명
avg	평균을 구해 줍니다.
count	전체 행수를 구해줍니다.
max	최대 값을 구해 줍니다.
min	최소 값을 구해 줍니다.
sum	합계를 구해 줍니다.

- (group by) 절을 사용하면 특정 컬럼을 기준으로 테이블에 존재하는 행들을 그룹별로 구분 지을 수 있습니다.
- group by 절에 대하여 세부적인 조건을 추가적으로 지정하려면 having 절을 사용하면 됩니다.

연습 문제

books 테이블에 대하여 다음과 같은 집계 함수 사용법에 대한 물음에 필요한 sql 구문을 작성해 보세요. 차후 실습을 위하여 다음 문장을 우선 수행하도록 합니다.

총 서적은 몇 권인가요?

	COUNT(*)
1	10

다음은 단가가 정해진 서적은 총 몇 권인가요?

	COUNT(PRICE)
1	9

ount(*)와 count(price)를 사용하여 단가가 null인 행 개수를 구해 보세요.

	RESULT
1	1

출판사의 갯수는 총 몇 개인가요?

	출판사_개수
1	5

모든 서적들의 단가의 평균 값을 소수점 2째자리까지 구해 보세요.

	RESULT
1	8230.04

단가의 평균을 구하되, null인 서적은 100으로 치환하여 계산하세요.

	RESULT
1	7417.04

단가의 총합을 구해 보세요.

	SUM(PRICE)
1	74070.3701

연습 문제

단가의 총금액을 구하되, null인 서적은 100으로 치환하여 계산하세요.

	SUM(NVL(PRICE,100))
1	74170.3701

책의 최저 단가와 최고 단가는 각각 얼마인가?

	MAX(PRICE)	MIN(PRICE)
1	22000	123.4567

출판사 이름을 기준으로 오름차순 정렬시 가장 먼저 조회되는 출판사는 어디인가요?
출판사 이름을 기준으로 오름차순 정렬시 가장 나중에 조회되는 출판사는 어디인가요?

	MIN(PUBLISHER)	MAX(PUBLISHER)
1	대한 Books	지한 출판사

출판사별로 책들의 단가의 총합을 구해 보세요.

	PUBLISHER	SUM(PRICE)
1	소셜 미디어	36300
2	대한 Books	8800
3	민국 미디어	246.9134
4	대한 출판사	7823.4567
5	지한 출판사	20900

출판사별로 각각 몇 권의 서적을 가지고 있는지 확인해 보세요.

	PUBLISHER	CNT
1	지한 출판사	2
2	소셜 미디어	2
3	민국 미디어	2
4	대한 출판사	3
5	대한 Books	1

출판사별로 책들의 단가의 총합과 최소 값을 구해보세요.
단, 단가가 null이면 10,000원으로 치환하여 계산해야 합니다.

	PUBLISHER	SUMSAL	MINSAL
1	소셜 미디어	36300	14300
2	대한 Books	8800	8800
3	민국 미디어	246.9134	123.4567
4	대한 출판사	17823.4567	123.4567
5	지한 출판사	20900	6600

출판사별로 책들의 단가의 총합을 구하되, '민국 미디어'는 제외하도록 하고, 단가의 총합이 큰 것부터 정렬하세요.

	PUBLISHER	SUM(PRICE)
1	소셜 미디어	36300
2	지한 출판사	20900
3	대한 Books	8800
4	대한 출판사	7823.4567

출판사별로 책들의 단가의 총합을 구해 보세요.
단, 단가의 총합이 20,000이상인 항목만 조회하세요.

	PUBLISHER	SUM(PRICE)
1	소셜 미디어	36300
2	지한 출판사	20900

출판사별로 책들의 단가의 총합을 구해 보세요.
단, 단가의 총합이 20,000이상이고, 30,000이하인 항목만 조회하세요.

	PUBLISHER	SUM(PRICE)
1	지한 출판사	20900

Chapter 11

시퀀스와 테이블

Summary

은행이나 우체국 업무를 보러 가면 가장 먼저 하는 일이 번호표를 뽑는 일입니다. 번호표는 매번 고객이 추출할 때 마다 자동으로 숫자가 1씩 커집니다. 데이터 베이스에서 이와 유사한 개념으로 정수형 숫자를 자동으로 만들어 주는 객체가 있는 데 이를 시퀀스(sequence)라고 합니다. 이번 장에서는 번호 자동 생성기 역할을 하는 시퀀스에 대하여 살펴 보도록 하겠습니다. 마지막으로 이러한 시퀀스를 사용하여 게시물 테이블을 생성해 보도록 하겠습니다.

다음 그림은 어느 은행의 번호표입니다. 일반적으로 번호표는 매일 숫자 1번부터 시작하여 영업 시간이 마감될 때 까지 순차적으로 1씩 증가하는 체계로 되어 있습니다. 모든 고객이 추출하는 접수 번호는 unique합니다. 이 번호표는 모든 고객을 구분짓기 위한 용도로 사용됩니다. 데이터 베이스에도 이와 동일한 개념의 시퀀스라는 개념을 사용하고 있습니다.

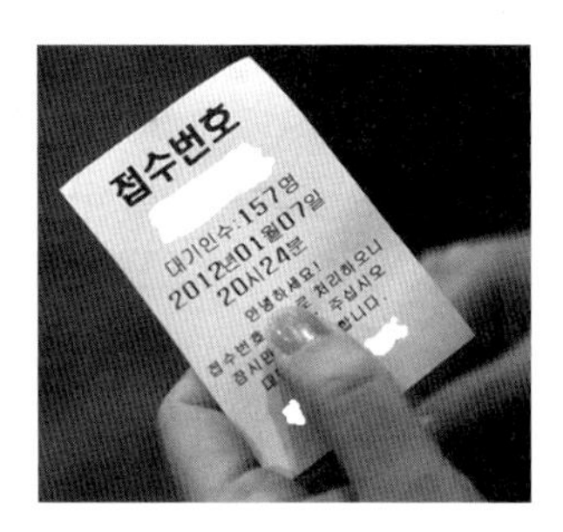

테이블에는 각 행을 구분하기 위하여 기본 키를 일반적으로 사용합니다. 회원 테이블인 경우 보통 '아이디'를 이용하지만 게시물 테이블이나 상품 테이블 같은 경우에는 일련 번호 형식의 기본 키를 많이 사용합니다. 게시물 번호나 상품 번호를 개발자가 매번 기억하고 있다가 다음 일련 번호를 생성하는 것 자체가 매우 번거로운 일입니다. 이때 시퀀스를 사용하여 자동 일련 번호를 생성하면 기본 키를 생성하는 데에 대한 부담을 많이 줄일 수 있습니다. 다음 그림은 어느 게시물에 매겨진 게시물 등록 번호입니다.

번호	게시판	제목	본문	댓글	작성자	작성일시
6	FAQ	:			운영자 (admin)	2017/09/22 15:23:42
5	FAQ	배송비 결제는 어떻게 하나요?			운영자 (admin)	2017/09/22 15:23:20
4	FAQ	교환&반품하려면 어떻게 해야하나요?			운영자 (admin)	2017/09/22 15:22:59
3	FAQ	할인혜택은 어떻게 적용되나요?			운영자 (admin)	2017/09/22 15:22:35
2	FAQ				운영자 (admin)	2017/09/22 15:19:59
1	FAQ				운영자 (admin)	2017/09/22 15:19:13

11.1 시퀀스 개요와 생성

다음은 시퀀스의 특징 및 용도에 대한 설명입니다.

항목	설명
특징	순차적으로 증가/감소하는 값을 가질 수 있습니다. 특정 테이블의 단독 소유물이 아닌, 여러 객체 간에 공유하는 객체입니다. 통상적으로 테이블 1개당 시퀀스 1개를 묶어서 사용합니다.
용도	테이블의 기본 키를 자동으로 입력하기 위한 수단으로 많이 사용이 됩니다. 이러한 경우에는 no cycle 옵션을 사용하면 됩니다.
데이터 사전	USER_SEQUENCES 딕셔너리 뷰 현재 소유하고 있는 시퀀스 리스트를 확인하는 구문입니다. select * from seq ; select sequence_name from user_sequences;

11.1.1 시퀀스 생성 문법

다음은 시퀀스를 생성하기 위한 문법입니다.

시퀀스 생성 문법

```
create SEQUENCE 시퀀스이름
START WITH n
INCREMENT BY n
[MAXVALUE n|NOMAXVALUE]
[MINVALUE n|NOMINVALUE]
[CYCLE|NOCYCLE]
[CACHE n|NOCACHE]
```

문법	설명
START WITH	시퀀스의 최초 시작 값을 지정합니다.
INCREMENT BY	증가치/감소치 값을 지정합니다.

문법	설명
MAXVALUE n | NOMAXVALUE	증가할 수 있는 최대 값을 의미합니다.
MINVALUE n| NOMINVALUE	시퀀스의 최소 값, 기본 값은 1입니다.
CYCLE | NOCYCLE	값의 마지막에 도달시 다시 처음부터 시작하는 사이클 옵션입니다. primary key로 사용하는 경우 nocycle 옵션을 사용해야 합니다.
CACHE n | NOCACHE	미리 추출하여 메모리에 미리 로딩할 개수를 의미합니다.

11.1.2 시퀀스 생성하기

다음과 같은 시퀀스를 생성해 보도록 하겠습니다. 단순히 시퀀스 이름만으로 시퀀스 생성이 가능합니다.

```
create sequence seqtest01 ;
-- Sequence SEQTEST01이(가) 생성되었습니다.
```

시작 값 =1, 증가 값 =1, 최대값 =100000 시퀀스 seqtest02를 생성하시오

```
create sequence seqtest02 start with 1 increment by 1 maxvalue 100000 ;
-- Sequence SEQTEST02이(가) 생성되었습니다.
```

11.1.3 시퀀스 데이터 사전

시퀀스를 생성하게 되면 오라클 시스템은 내부적으로 사전을 관리합니다. 즉, 시퀀스 관련 장부를 가지고 있는 데, 이름이 user_sequences입니다. 사전의 구조는 desc 명령어를 사용하면 됩니다.

```
desc user_sequences ;

이름            널?      유형
------------- -------- ------------
SEQUENCE_NAME NOT NULL VARCHAR2(30)
MIN_VALUE              NUMBER
MAX_VALUE              NUMBER
INCREMENT_BY  NOT NULL NUMBER
CYCLE_FLAG             VARCHAR2(1)
ORDER_FLAG             VARCHAR2(1)
CACHE_SIZE    NOT NULL NUMBER
LAST_NUMBER   NOT NULL NUMBER
```

여러 개의 컬럼들이 존재하는 데, 주요 컬럼은 SEQUENCE_NAME(시퀀스의 이름), MIN_VALUE(최소 값), MAX_VALUE(최대값), INCREMENT_BY(증감치)입니다. 그럼 우리가

소유하고 있는 시퀀스의 목록을 확인해 보도록 하겠습니다.

```
select sequence_name, min_value, max_value, increment_by from user_sequences ;
```

SEQUENCE_NAME	MIN_VALUE	MAX_VALUE	INCREMENT_BY
SEQTEST01	1	9999999999999999999999999999	1
SEQTEST02	1	100000	1

출력 결과를 보면 시퀀스 목록이 2개가 보입니다. seqtest02 시퀀스는 시작 값이 1이고, 증감치가 1, 가질 수 있는 최대 값이 100000임을 확인할 수 있습니다. 오라클에서는 매우 긴 이름의 사전을 짧게 부르기 위하여 동의어라는 개념을 사용하고 있습니다. 시퀀스 데이터 사전의 이름 user_sequences인데, 짧게 seq라고 부르고 있습니다. 다음 문장을 이용하여 시퀀스 목록을 조회할 수 있습니다.

```
select * from seq ;
```

SEQUENCE_NAME	MIN_VALUE	MAX_VALUE	INCREMENT_BY	CYCLE_FLAG	ORDER_FLAG	CACHE_SIZE	LAST_NUMBER
SEQTEST01	1	9999999999999999999999999999	1	N	N	20	1
SEQTEST02	1	100000	1	N	N	20	1

물론 sql-developer을 사용하여 시퀀스 목록을 확인할 수도 있습니다.

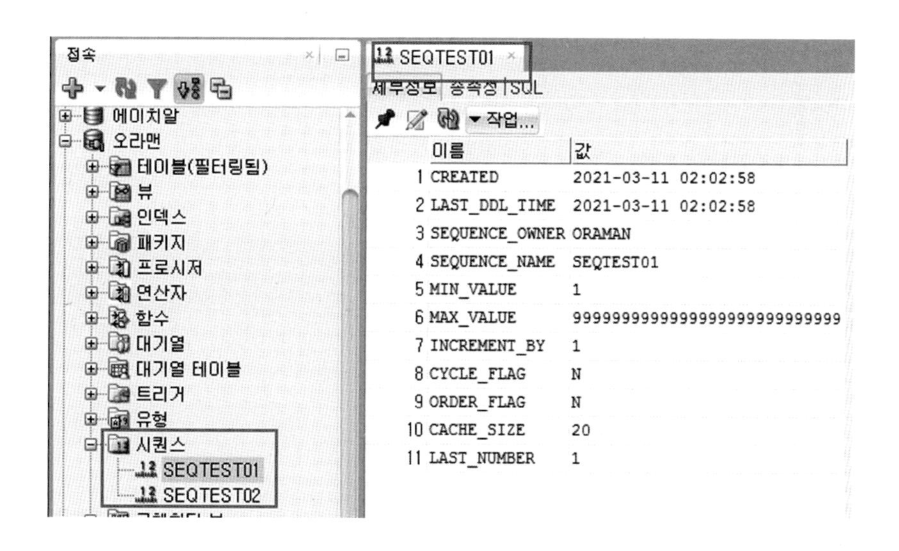

11.2 currval과 nextval 의사 컬럼

은행이나 우체국에서 번호표 생성기를 이용하여 번호표를 추출합니다. 오라클에서도 동일한 방법이 있는 데, 번호표를 추출하는 방법은 의사 컬럼 nextval을 사용하고, 현재 생성된 번호는 currval 의사 컬럼을 사용합니다.

의사 컬럼(pseudo column)이란 실제 테이블의 요소는 아니지만, 오라클 시스템 내부에서 허용해주는 가상의 컬럼 정보입니다. 시퀀스에는 두 개의 의사 컬럼이 있는 데, nextval과 currval입니다.

항목	설명
currval	현재의 시퀀스 값을 알아낼 수 있습니다.(current value)
nextval	다음 시퀀스 번호를 구할 수 있습니다.(next value)

11.2.1 의사 컬럼의 가능/불가능 사용처

이러한 의사 컬럼은 모든 곳에서 사용할 수 없습니다. 다음은 사용 가능처와 불가능처를 작성한 표입니다.

항목	설명
nextval/currval 사용 가능한 경우	서브 쿼리가 아닌 select 문에 사용할 수 있습니다. insert 문의 select 절에 사용할 수 있습니다. insert 문의 values() 절에 사용할 수 있습니다. update 문의 set 절에 사용할 수 있습니다.
nextval/currval 사용 불가능한 경우	view에 사용되는 select 절 select 구문에 distinct가 키워드가 있는 구문 group by, having, order by 절이 있는 select 문 select, delete, update의 서브 쿼리 구문 create table, alter table 명령의 default 값

11.2.2 번호표 추출 테스트

이전에 생성하였던 시퀀스 seqtest01를 사용하여 다음과 같이 번호표를 뽑아 냅니다.

```
select seqtest01.nextval from dual ;
-- 숫자 1이 출력 됩니다.
```

방금 추출된 번호표를 확인합니다.

```
select seqtest01.currval from dual ;
-- 숫자 1이 출력 됩니다.
```

다음 문장을 3번 실행하도록 합니다. 총 4번이 수행되었으므로 정수 번호가 4까지 출력이 됩니다.

```
select seqtest01.nextval from dual ;
-- 숫자 2, 3, 4가 각각 출력됩니다.
```

실제 테이블과 연동하기 위하여 다음과 같이 테이블을 생성합니다.

```
create table seqtable(
        no number primary key,
        remark varchar2(30)
);
```

생성된 테이블에 데이터를 추가해 보겠습니다. insert 구문이 수행되기 전에 nextval 의사 컬럼에 의하여 숫자 5가 먼저 추출이 됩니다. 따라서, 다음 테이블의 no 컬럼에는 숫자 5가 추가됩니다.

```
insert into seqtable(no, remark) values(seqtest01.nextval, '하하하') ;
commit ;
```

테이블을 조회해 봅니다. 예상했던 데로 숫자 5가 출력되고 있습니다.

```
select * from seqtable ;
```

NO	REMARK
5	하하하

다음과 같이 여러 건의 데이터를 추가해 봅니다. no 컬럼에 숫자 6, 7, 8이 각각 추가가 됩니다. 개발자는 더 이상 seqtable 테이블의 no 컬럼에 대한 다음 번호를 기억할 필요가 없습니다.

```
insert into seqtable(no, remark) values(seqtest01.nextval, '호호호') ;
insert into seqtable(no, remark) values(seqtest01.nextval, '히히히') ;
insert into seqtable(no, remark) values(seqtest01.nextval, '크크크') ;
commit ;
```

테이블을 조회해 봅니다. 예상했던 데로 숫자 6, 7, 8이 출력되고 있습니다.

```
select * from seqtable ;
```

	NO	REMARK
1	5	하하하
2	6	호호호
3	7	히히히
4	8	크크크

11.3 시퀀스의 수정과 삭제

이전에 생성하였던 시퀀스 seqtest02의 최대 값을 1000으로 변경해야 한다고 가정합니다. 이런 경우에는 alter sequence 구문을 사용합니다. 그리고, 생성하였던 시퀀스가 더 이상 필요가 없는 경우에는 drop sequence 구문을 사용합니다.

11.3.1 시퀀스 수정

seqtest02 시퀀스의 최대 값을 1000으로 변경해 보고, 내용을 확인해 보도록 하겠습니다.

```
alter sequence seqtest02 maxvalue 1000 ;
-- Sequence SEQTEST02이(가) 변경되었습니다.
```

시퀀스 SEQTEST02의 정보를 확인해 봅니다. MAX_VALUE의 값이 1000으로 지정이 되어 있음을 확인합니다.

```
select sequence_name, min_value, max_value, increment_by from user_sequences ;
```

	SEQUENCE_NAME	MIN_VALUE	MAX_VALUE	INCREMENT_BY
1	SEQTEST01	1	9999999999999999999999999999	1
2	SEQTEST02	1	1000	1

11.3.2 시퀀스 삭제

시퀀스 seqtest01는 더 이상 필요가 없다고 가정합니다. 이제 시퀀스를 제거해 보도록 하겠습니다.

```
drop sequence seqtest01;
-- Sequence SEQTEST01이(가) 삭제되었습니다.
```

존재하는 시퀀스의 정보를 확인해 봅니다.

```
select sequence_name, min_value, max_value, increment_by from user_sequences ;
```

	SEQUENCE_NAME	MIN_VALUE	MAX_VALUE	INCREMENT_BY
1	SEQTEST02	1	1000	1

11.4 게시물 테이블

시퀀스를 사용해 보았습니다. 이번에 새로운 시퀀스를 하나 생성하고 게시물 테이블을 생성해 보도록 하겠습니다.

11.4.1 테이블 명세 및 생성

사용할 게시물 테이블의 명세는 다음과 같습니다.

컬럼	데이터 타입	길이	기본 값	널 허용	코멘트
no	number			no	게시물 번호로써, 기본 키입니다
writer	varchar2	30		no	회원의 아이디입니다.
password	varchar2	50		yes	게시물 관련 비밀 번호입니다.
subject	varchar2	50		yes	게시물의 제목입니다.
content	varchar2	50		yes	게시물의 내용입니다.
readhit	number		0	yes	게시물의 조회 수입니다.
regdate	date		sysdate	yes	게시물이 작성된 일자입니다.

다음과 같이 게시물을 위한 시퀀스 seqboard를 하나 생성하고, 게시물 테이블을 생성한 다음 데이터를 추가하고, 데이터가 잘 생성되었는 지 확인하도록 합니다.

```
create sequence seqboard ;

create table boards(
        no number primary key,
        writer varchar2(30),
        password varchar2(50),
        subject varchar2(50),
        content varchar2(50),
        readhit number default 0,
        regdate date default sysdate
) ;

-- drop sequence seqboard ;
-- create sequence seqboard ;
-- delete from boards ;

insert into boards(no, writer, password, subject, content, readhit, regdate)
values(seqboard.nextval, 'an', 'abc123', '자바', '너무 어려워', default, '1980/12/25') ;
insert into boards(no, writer, password, subject, content, readhit, regdate)
values(seqboard.nextval, 'an', 'abc123', 'db', '그룹 바이', default, '1988/07/17') ;
insert into boards(no, writer, password, subject, content, readhit, regdate)
values(seqboard.nextval, 'an', 'abc123', 'jsp', '웹 프로그래밍', default, '1986/08/15') ;
insert into boards(no, writer, password, subject, content, readhit, regdate)
values(seqboard.nextval, 'queen', 'abc123', 'jdbc', '제이디비씨', default, '1990/01/22') ;
insert into boards(no, writer, password, subject, content, readhit, regdate)
values(seqboard.nextval, 'queen', 'abc123', 'sql', '에스큐엘', default, '1993/06/17') ;
insert into boards(no, writer, password, subject, content, readhit, regdate)
values(seqboard.nextval, 'maria', 'abc123', '자바', 'java', default, '1990/01/22') ;
insert into boards(no, writer, password, subject, content, readhit, regdate)
values(seqboard.nextval, 'maria', 'abc123', 'sql', '호호호', default, '2008/06/17') ;
insert into boards(no, writer, password, subject, content, readhit, regdate)
values(seqboard.nextval, null, 'abc123', '자바', 'java', default, '1990/01/22') ;
insert into boards(no, writer, password, subject, content, readhit, regdate)
values(seqboard.nextval, null, 'abc123', 'sql', '호호호', default, '2008/06/17') ;
commit ;

select * from boards ;
```

NO	WRITER	PASSWORD	SUBJECT	CONTENT	READHIT	REGDATE
1	an	abc123	자바	너무 어려워	0	1980-12-25 12:00:00
2	an	abc123	db	그룹 바이	0	1988-07-17 12:00:00
3	an	abc123	jsp	웹 프로그래밍	0	1986-08-15 12:00:00
4	queen	abc123	jdbc	제이디비씨	0	1990-01-22 12:00:00
5	queen	abc123	sql	에스큐엘	0	1993-06-17 12:00:00
6	maria	abc123	자바	java	0	1990-01-22 12:00:00
7	maria	abc123	sql	호호호	0	2008-06-17 12:00:00
8	(null)	abc123	자바	java	0	1990-01-22 12:00:00
9	(null)	abc123	sql	호호호	0	2008-06-17 12:00:00

요점 정리

- 시퀀스(sequence)는 정수형 숫자를 자동으로 만들어 주는 오라클 객체입니다.
- 숫자형 컬럼에 primary key를 사용하고자 하는 경우 시퀀스(sequence)를 사용하면 좋습니다.
- user_sequences 사전은 시퀀스의 정보를 보여 주는 데이터 사전입니다.
- 의사 컬럼 currval을 사용하면 현재의 시퀀스 값을 알아낼 수 있습니다.
- 의사 컬럼 nextval를 사용하면 다음 시퀀스 번호를 구할 수 있습니다.
- 시퀀스를 수정하고자 할 때는 alter sequence 구문을 사용합니다.
- 시퀀스를 삭제하고자 할 때는 drop sequence 구문을 사용합니다.
- 시퀀스를 삭제하더라도, 이미 테이블에 들어간 시퀀스 번호는 삭제되지 않습니다.

연습 문제

시퀀스 실습을 위하여 주문(orders) 테이블의 데이터를 모두 삭제합니다.
시퀀스 seqorder를 생성하고, 해당 시퀀스를 사용하여 주문(orders) 테이블을 다시 생성하세요.

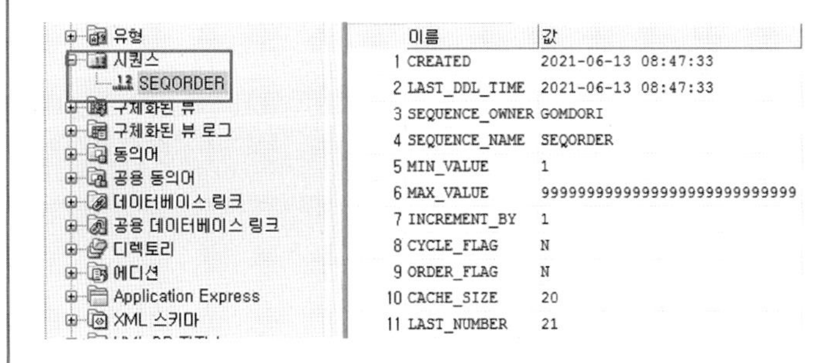

	이름	값
1	CREATED	2021-06-13 08:47:33
2	LAST_DDL_TIME	2021-06-13 08:47:33
3	SEQUENCE_OWNER	GOMDORI
4	SEQUENCE_NAME	SEQORDER
5	MIN_VALUE	1
6	MAX_VALUE	9999999999999999999999999999
7	INCREMENT_BY	1
8	CYCLE_FLAG	N
9	ORDER_FLAG	N
10	CACHE_SIZE	20
11	LAST_NUMBER	21

	OID	CID	BID	SALEPRICE	SALEDATE
1	1	yoon	java	6000	21/07/01
2	2	yoon	python	21000	21/07/03
3	3	yusin	database	8000	21/07/03
4	4	shin	jsp	6000	21/07/04
5	5	an	spring	20000	21/07/05
6	6	yoon	jsp	12000	21/07/07
7	7	an	jsp	13000	21/08/15
8	8	shin	java	12000	21/03/01
9	9	yusin	java	7000	21/12/25
10	10	shin	python	13000	21/07/10

Chapter

12

조인 (Join)

Summary

둘 이상의 테이블을 합쳐서 새로운 데이터 집합을 구하는 것을 조인(Join)이라고 합니다. 이번 장에서는 조인에 대한 기본 개념과 여러 가지 조인 방법에 대하여 살펴 보도록 하겠습니다.

데이터 베이스는 데이터를 중복하기 않기 위하여 데이터를 분리하여 테이블을 저장합니다. 경우에 따라서, 이렇게 분리된 데이터를 합쳐서 하나의 새로운 결과 집합을 도출해 내는 데 이것을 조인이라고 합니다.

12.1 조인의 개요

다음 문장에 대하여 살펴 보겠습니다. 게시물에 대한 정보를 보여 주고 있는 데, writer 컬럼이 작성자의 아이디 컬럼입니다. 하지만, 이것만으로 실제 작성자의 이름을 확인할 수 없습니다.

```
select * from boards ;
```

NO	WRITER	PASSWORD	SUBJECT	CONTENT	READHIT	REGDATE
1	an	abc123	자바	너무 어려워	0	1980-12-25 12:00:00
2	an	abc123	db	그룹 바이	0	1988-07-17 12:00:00
3	an	abc123	jsp	웹 프로그래밍	0	1986-08-15 12:00:00
4	queen	abc123	jdbc	제이디비씨	0	1990-01-22 12:00:00
5	queen	abc123	sql	에스큐엘	0	1993-06-17 12:00:00
6	maria	abc123	자바	java	0	1990-01-22 12:00:00
7	maria	abc123	sql	호호호	0	2008-06-17 12:00:00
8	(null)	abc123	자바	java	0	1990-01-22 12:00:00
9	(null)	abc123	sql	호호호	0	2008-06-17 12:00:00

12.1.1 회원 테이블과의 조인

작성한 게시물의 이름을 확인하려면 회원 정보 테이블을 확인해야 합니다. 좌측 그림은 '회원' 테이블이고, 우측 그림은 '게시물' 테이블입니다. 양쪽 테이블을 살펴 보면, 안중근이 3건의 게시물을, 선덕여왕이 2건의 게시물을, 조마리아 여사가 2건의 게시물을 남긴 것으로 확인할 수 있습니다.

이름	작성 건수
안중근	3
선덕여왕	2
조마리아	2

ID	NAME	PASSWORD	GENDER	BIRTH	MARRIAGE	SALARY	ADDRESS	MANAGER
yusin	김유신	abc1234	남자	(null)	결혼	242	용산	(null)
lee	이순신	abc1234	남자	1988-10-10 12:00:00	이혼	242	마포	yusin
choi	최영	abc1234	남자	1990-12-25 12:00:00	결혼	170.5	강남	yusin
kang	강감찬	abc1234	남자	1988-10-10 12:00:00	이혼	(null)	서대문	yusin
yoon	윤봉길	abc1234	남자	1990-12-25 12:00:00	미혼	253	용산	yusin
kim9	김구	abc1234	남자	1990-07-25 12:00:00	결혼	308	강남	(null)
general	김좌진	abc1234	남자	1990-07-25 12:00:00	이혼	423.5	마포	kim9
an	안중근	abc1234	남자	2021-03-11 11:29:45	결혼	396	서대문	kim9
nongae	논개	abc1234	여자	1990-12-25 12:00:00	미혼	200	강남	soon
queen	선덕여왕	abc1234	여자	(null)	결혼	300	용산	soon
soon	유관순	abc1234	여자	2021-03-11 11:29:45	미혼	(null)	마포	(null)
shin	신사임당	abc1234	여자	1990-12-25 12:00:00	미혼	236.5	서대문	kim9
hwang	황진이	abc1234	여자	1990-10-12 12:00:00	결혼	236.5	용산	kim9
myoung	명성황후	abc1234	여자	1990-12-25 12:00:00	이혼	236.5	강남	soon
maria	조마리아	abc1234	여자	1990-10-12 12:00:00	이혼	236.5	서대문	soon
princess	덕혜옹주	abc1234	여자	1990-12-25 12:00:00	결혼	236.5	마포	soon

NO	WRITER	PASSWORD	SUBJECT	CONTENT	READHIT	REGDATE
1	an	abc123	자바	너무 어려워	0	1980-12-25 12:00:00
2	an	abc123	db	그룹 바이	0	1988-07-17 12:00:00
3	an	abc123	jsp	웹 프로그래밍	0	1986-08-15 12:00:00
4	queen	abc123	jdbc	제이디비씨	0	1990-01-22 12:00:00
5	queen	abc123	sql	에스큐엘	0	1993-06-17 12:00:00
6	maria	abc123	자바	java	0	1990-01-22 12:00:00
7	maria	abc123	sql	호호호	0	2008-06-17 12:00:00
8	(null)	abc123	자바	java	0	1990-01-22 12:00:00
9	(null)	abc123	sql	호호호	0	2008-06-17 12:00:00

12.2 조인의 종류

조인은 크게 다음과 같이 분류가 됩니다. 연산을 수행하는 방식 관점에서 Equi Join과 Non-Equi Join으로 나뉩니다. 내부 처리 방식으로 Inner Join과 Outer Join으로 나뉩니다. 가장 보편적으로 많이 사용되는 방식은 Equi Join이면서 Inner Join 방식입니다. 각각의 조인 방식에 대하여 세부적으로 살펴 보도록 하겠습니다.

처리 방식	종류	설명
연산 방식	Equi Join	동일한 의미의 컬럼을 기준으로 = 연산으로 조인하는 것을 말합니다.
	Non-Equi Join	동일 컬럼이 없이 non-Equal 연산자로 조인하는 것을 말합니다.
내부 처리 방식	Inner Join	조인 조건을 만족하는 행만 표시합니다.
	Outer Join	조인 조건에 만족하지 않는 행도 추출됩니다.
Self Join	Self Join	동일 테이블끼리의 조인 방식을 말합니다. Inner이면서, Equi Join 방식입니다.
Cross Join	Cross Join	진정한 의미의 조인은 아니고, 단순 두 테이블의 곱셈의 결과 집합입니다.

12.2.1 Equi Join

가장 많이 사용하는 조인 방식으로 조인 대상의 두 테이블에서 공통적으로 존재하는 컬럼의 값이 일치되는 행을 연결하여 결과 집합을 생성해 내는 방식입니다. '=' 기호를 이용하여 연산을 수행하므로 Equal Join이라고도 합니다.

Equi Join의 특징
가장 많이 사용하는 조인으로써 두 테이블에서 공통적으로 존재하는 컬럼을 연결시킵니다. 이때 비교 연산자 [=]을 사용합니다. 컬럼 이름이 동일하면 반드시 테이블 이름을 명시하도록 합니다. 테이블의 Alias(AS 사용 불가)는 from 절에 명시할 수 있는데 일단 별칭이 선언되고 나면 반드시 별칭을 사용해야 합니다. 추가적인 조건이 더 필요하면 and 연산자를 사용하여 처리하면 됩니다.

관련 문법은 다음과 같습니다. Oracle 조인은 오라클에서만 사용 가능한 문법입니다. Ansi 조인은 모든 데이터 베이스에서 사용 가능하도록 하기 위하여 미국 코드 협회인 Ansi에서 만든 문법입니다.

항목	Oracle 조인	Ansi 조인
= 연산자를 이용한 조인	select 컬럼리스트 from 테이블A, 테이블B where 테이블A.컬럼01 = 테이블B.컬럼02 ;	select 컬럼리스트 from 테이블A inner join 테이블B on 테이블A.컬럼01 = 테이블B.컬럼02 ;

이제부터 조인 실습을 수행해보도록 하겠습니다. 지금, 우리는 조인에 대하여 학습하고 있지만, 일반적으로 조인을 수행해야 하는지 말아야 하는지는 테이블 명세서를 보고 여러분이 판단을 해야 합니다. 게시물을 작성한 사람의 이름과 글 제목을 출력하는 구문을 만들어 보도록 하겠습니다. 사람의 이름은 employees 테이블에 정보가 들어 있고, 글 제목은 boards 테이블에 들어 있습니다. 따라서, 조인 구문이 필요합니다.

```
select employees.name, boards.subject
from employees, boards
where employees.id = boards.writer ;
```

```
select employees.name, boards.subject
from employees join boards
on employees.id = boards.writer ;
```

	NAME	SUBJECT
1	안중근	db
2	안중근	jsp
3	안중근	자바
4	조마리아	자바
5	조마리아	sql
6	선덕여왕	jdbc
7	선덕여왕	sql

조인 구문을 사용하다 보면 긴 이름의 테이블이나, 구문 자체가 매우 길어 집니다. 어떤 경우 테이블의 이름에 별칭을 부여 하면 코드량을 좀 줄일 수 있습니다. 다음 예시는 employees 테이블의 별칭을 e, boards 테이블의 별칭을 b라고 하고 만든 조인 구문입니다. 실행 결과는 위의 예시와 동일한 결과입니다.

```
select e.name, b.subject
from employees e, boards b
where e.id = b.writer ;
```

```
select e.name, b.subject
from employees e join boards b
on e.id = b.writer ;
```

조인 구문에 추가적인 조건이 필요하다면 and 연산자를 사용하여 구현할 수 있습니다. 기본 조인 구문에서 게시물 사용자의 이름이 '안중근'이거나 '조마리아'인 사람만 조회하는 구문입니다.

```
select e.name, b.subject
from employees e, boards b
where e.id = b.writer
and e.name in('안중근', '조마리아') ;
```

```
select e.name, b.subject
from employees e join boards b
on e.id = b.writer
and e.name in('안중근', '조마리아') ;
```

	NAME	SUBJECT
1	안중근	db
2	안중근	jsp
3	안중근	자바
4	조마리아	자바
5	조마리아	sql

12.2.2 Non-Equi Join

non equi join은 개념적으로 동일한 컬럼이 공존하지 않는 경우에 사용하는 조인 기법입니다. 즉, 테이블의 컬럼 값이 직접적으로 일치하지 않는 경우에 사용하는 조인입니다. 일반적으로 in 키워드나 between 키워드를 사용하여 처리하는 경우가 많습니다. non-equi join을 실습하기 위하여 다음 코드를 우선적으로 실행하도록 합니다.

구현해 보려고 하는 내용은 다음과 같습니다. 총 5등급으로 구성된 급여와 관련된 등급 테이블을 생성합니다. 각 회원들의 급여에 대한 등급을 Non-Equi Join을 사용하여 구해 보려고 합니다. 다음과 같이 급여 평가용 테이블을 작성하고, 데이터를 추가하도록 합니다.

```
create table grades(
        glevel varchar2(2),
        lowsal number,
        highsal number
);
insert into grades values('A', 0, 499) ;
insert into grades values('B', 500, 999) ;
insert into grades values('C', 1000, 1499) ;
insert into grades values('D', 1500, 1999) ;
insert into grades values('E', 2000, 10000) ;
commit ;

select * from grades;
```

GLEVEL	LOWSAL	HIGHSAL
A	0	499
B	500	999
C	1000	1499
D	1500	1999
E	2000	10000

각 사원들의 이름과 급여와 급여 평가 결과를 출력해 보세요. 두 테이블의 비교는 = 기호를 사용하지 않고, between 키워드를 사용하고 있습니다. 각각의 급여에 맞는 등급을 보여 주고 있습니다.

```
select e.name, e.salary, g.glevel
from employees e, grades g
where e.salary between g.lowsal and g.highsal ;
```

NAME	SALARY	GLEVEL
김유신	100	A
이순신	200	A
최영	300	A
강감찬	400	A
윤봉길	500	B
김구	600	B
김좌진	700	B
안중근	800	B
논개	900	B
선덕여왕	1000	C
유관순	1100	C
신사임당	1200	C
황진이	1300	C
명성왕후	1400	C
조마리아	1500	D
덕혜옹주	1600	D

12.2.3 Outer Join

일반적으로 조인이라 함은 inner join이면서 Equi join을 의미합니다. 하지만 경우에 따라서는 조인 조건에 만족하지 않는 행들도 표현해야 하는 경우가 필요합니다. 이때 사용하는 조인 구문이 outer join 구문입니다. Oracle의 outer 조인은 Full Outer Join은 제외한 (+) 기호를 사용합니다. 주의 사항은 outer join은 outer라는 키워드를 반드시 명시해야 하고, 방향성이 있습니다.

사원의 이름과 게시물의 제목과 내용을 조회하되, 게시물을 남기지 않은 사원들도 같이 조회되어야 합니다. 이 조인 구문은 좌측의 employees 테이블을 기준으로 조회해야 하므로 left outer join입니다. 출력 결과를 보면 게시물을 한건도 작성하지 않는 고객들의 이름도 출력되고 있습니다. 여기서 (+) 기호는 조인 조건에서 정보가 부족한 컬럼의 이름 뒤에 붙여 주면 됩니다.

```
select e.name, b.subject, b.content
from employees e, boards b
where e.id = b.writer(+) ;
```

```
select e.name, b.subject, b.content
from employees e left outer join boards b
on e.id = b.writer ;
```

	NAME	SUBJECT	CONTENT
1	안중근	자바	너무 어려워
2	안중근	db	그룹 바이
3	안중근	jsp	웹 프로그래밍
4	선덕여왕	jdbc	제이디비씨
5	선덕여왕	sql	에스큐엘
6	조마리아	자바	java
7	조마리아	sql	호호호
8	최영	(null)	(null)
9	유관순	(null)	(null)
10	덕혜옹주	(null)	(null)
11	김구	(null)	(null)
12	김유신	(null)	(null)
13	신사임당	(null)	(null)
14	강감찬	(null)	(null)
15	논개	(null)	(null)
16	윤봉길	(null)	(null)
17	황진이	(null)	(null)
18	명성왕후	(null)	(null)
19	이순신	(null)	(null)
20	김좌진	(null)	(null)

사원의 이름과 게시물의 제목과 내용을 조회하되, 회원 탈퇴한 이전 회원들의 목록도 같이 조회되어야 합니다. 이 조인 구문은 우측의 boards 테이블을 기준으로 조회해야 하므로 right outer join입니다.

```
select e.name, b.subject, b.content
from employees e, boards b
where e.id(+) = b.writer ;
```

```
select e.name, b.subject, b.content
from employees e right outer join boards b
on e.id = b.writer ;
```

	NAME	SUBJECT	CONTENT
1	안중근	jsp	웹 프로그래밍
2	안중근	db	그룹 바이
3	안중근	자바	너무 어려워
4	선덕여왕	sql	에스큐엘
5	선덕여왕	jdbc	제이디비씨
6	조마리아	sql	호호호
7	조마리아	자바	java
8	(null)	sql	호호호
9	(null)	자바	java

사원의 이름과 게시물의 제목과 내용을 조회하되, 게시물을 남기지 않은 사원들과, 회원 탈퇴한 이전 회원들의 목록도 같이 조회되어야 합니다. 이 조인 구문은 좌우측 모든 테이블을 포함시켜야 하므로 full outer join입니다. 참고로 oracle에서는 full outer join이 지원 되지 않으므로 유의하셔야 합니다.

오라클 조인은 지원하지 않습니다.	select e.name, b.subject, b.content from employees e full outer join boards b on e.id = b.writer ;

	NAME	SUBJECT	CONTENT
1	김유신	(null)	(null)
2	이순신	(null)	(null)
3	최영	(null)	(null)
4	강감찬	(null)	(null)
5	윤봉길	(null)	(null)
6	김구	(null)	(null)
7	김좌진	(null)	(null)
8	안중근	jsp	웹 프로그래밍
9	안중근	db	그룹 바이
10	안중근	자바	너무 어려워
11	논개	(null)	(null)
12	선덕여왕	sql	에스큐엘
13	선덕여왕	jdbc	제이디비씨
14	유관순	(null)	(null)
15	신사임당	(null)	(null)
16	황진이	(null)	(null)
17	명성왕후	(null)	(null)
18	조마리아	sql	호호호
19	조마리아	자바	java
20	덕혜옹주	(null)	(null)
21	(null)	sql	호호호
22	(null)	자바	java

12.2.4 self join

조인이라고 하여 서로 다른 테이블을 조인하라는 법은 없습니다. self join은 말 그대로 자기 자신과 조인 관계를 맺는 것을 의미합니다. 다음 그림을 보면 사원 김구의 id는 'kim9' 이고, 동시에 나머지 4사람의 매니저 id 이기도 합니다.

ID	NAME	PASSWORD	GENDER	BIRTH	MARRIAGE	SALARY	ADDRESS	MANAGER
kim9	김구	abc1234	남자	1990-07-25 12:00:00	결혼	600	강남	(null)
general	김좌진	abc1234	남자	1990-07-25 12:00:00	이혼	700	마포	kim9
an	안중근	abc1234	남자	2021-03-11 11:29:45	결혼	800	서대문	kim9
shin	신사임당	abc1234	여자	1990-12-25 12:00:00	미혼	1200	서대문	kim9
hwang	황진이	abc1234	여자	1990-10-12 12:00:00	결혼	1300	용산	kim9

이것은 다음과 같은 공식이 성립합니다.

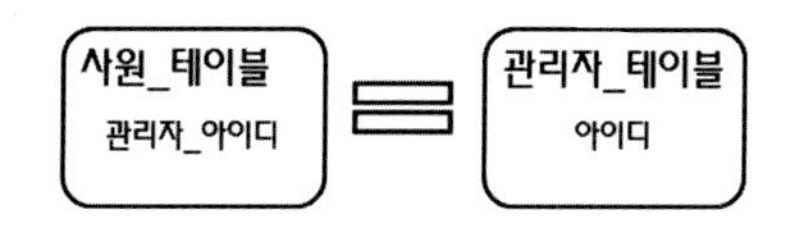

다음과 같은 형식으로 출력 되는 문장을 만들어 보세요.

출력 형식

윤봉길의 관리자는 김유신입니다.

```
select emp.name || '의 관리자는 ' || mgr.name || '입니다.' as result
from employees emp inner join employees mgr
on emp.manager = mgr.id ;
```

	RESULT
1	윤봉길의 관리자는 김유신입니다.
2	강감찬의 관리자는 김유신입니다.
3	최영의 관리자는 김유신입니다.
4	이순신의 관리자는 김유신입니다.
5	황진이의 관리자는 김구입니다.
6	신사임당의 관리자는 김구입니다.
7	안중근의 관리자는 김구입니다.
8	김좌진의 관리자는 김구입니다.
9	덕혜옹주의 관리자는 유관순입니다.
10	조마리아의 관리자는 유관순입니다.
11	명성왕후의 관리자는 유관순입니다.
12	선덕여왕의 관리자는 유관순입니다.
13	논개의 관리자는 유관순입니다.

위의 문제에서 관리자도 포함되도록 수정해 보세요. 관리자는 '본인'이라고 출력해 보도록 합니다.
사원 테이블의 관리자 정보도 출력 되어야 하므로, left outer join이어야 합니다.

```
select emp.name || '의 관리자는 ' || nvl(mgr.name, '본인') || '입니다.' as result
from employees emp left outer join employees mgr
on emp.manager = mgr.id ;
```

RESULT
1 윤봉길의 관리자는 김유신입니다.
2 강감찬의 관리자는 김유신입니다.
3 최영의 관리자는 김유신입니다.
4 이순신의 관리자는 김유신입니다.
5 황진이의 관리자는 김구입니다.
6 신사임당의 관리자는 김구입니다.
7 안중근의 관리자는 김구입니다.
8 김좌진의 관리자는 김구입니다.
9 덕혜옹주의 관리자는 유관순입니다.
10 조마리아의 관리자는 유관순입니다.
11 명성왕후의 관리자는 유관순입니다.
12 선덕여왕의 관리자는 유관순입니다.
13 논개의 관리자는 유관순입니다.
14 유관순의 관리자는 본인입니다.
15 김구의 관리자는 본인입니다.
16 김유신의 관리자는 본인입니다.

12.2.5 Join과 group by의 혼용

조인 구문은 group by 구문과 같이 사용 가능합니다. 다음 문제에 대하여 고민해 봅시다. 각 사원들은 몇 건의 게시물을 남겼는지, 작성자의 이름과 게시물 작성 건수를 구해 보세요. 문제에서 작성자의 이름은 회원 테이블인 employees에, 게시물에 대한 정보는 boards 테이블에 있습니다. 따라서, 이 문제는 join을 해야하는 문제이면서 count() 함수를 사용하여 데이터를 그룹핑해야 하는 문제이니다.

```
select e.name, count(*) as cnt
from employees e inner join boards b
on e.id=b.writer group by e.name order by e.name desc  ;
```

NAME	CNT
조마리아	2
안중근	3
선덕여왕	2

각 사원들의 이름과 몇 건의 게시물을 남겼는 지 출력하되, 게시물을 남기지 않은 사원은 0으로 출력해 보세요. 가장 많이 남긴 사람부터 정렬하여 출력해 보세요. 게시물이 없는 사원은 0건으로 출력을 해야 하므로, outer join 구문이라는 것을 알고 있어야 합니다.

```
select e.name, count(writer) as cnt
from employees e left outer join boards b
on e.id=b.writer group by e.name  order by cnt desc, e.name asc  ;
```

	NAME	CNT
1	안중근	3
2	선덕여왕	2
3	조마리아	2
4	강감찬	0
5	김구	0
6	김유신	0
7	김좌진	0
8	논개	0
9	덕혜옹주	0
10	명성왕후	0
11	신사임당	0
12	유관순	0
13	윤봉길	0
14	이순신	0
15	최영	0
16	황진이	0

요점 정리

- 조인(Join)은 둘 이상의 테이블을 합쳐서 새로운 데이터 집합을 구하는 것입니다.
- 조인은 연산 방식에 따라 Equi Join과 Non-Equi Join으로 나누어 집니다.
- 내부 처리 방식에 따라 Inner Join과 Outer Join 조인으로 나누어 집니다.
- Self Join은 동일 테이블끼리의 조인 방식을 말합니다.
- Equi Join은 비교 연산자 [=]을 사용합니다.
- Non- Equi Join 일반적으로 in 키워드나 between 키워드를 사용하여 처리하는 경우가 많습니다.
- Outer Join 조인 조건에 만족하지 않는 행들도 표현해야 하는 경우가 사용하는 조인 구문입니다.

동영상강의
지금 바로 접속하기

연습 문제

- 고객의 이름과 주문한 책의 아이디를 조회해 보세요.

	NAME	BID
1	김유신	database
2	김유신	java
3	신사임당	java
4	신사임당	jsp
5	신사임당	python
6	안중근	jsp
7	안중근	spring
8	윤봉길	java
9	윤봉길	jsp
10	윤봉길	python

- 고객의 이름과 주문한 책의 아이디를 조회해 보세요.

단, 고객의 이름이 '안중근', '윤봉길'인 사람들만 조회하도록 합니다.

	NAME	BID
1	안중근	jsp
2	안중근	spring
3	윤봉길	java
4	윤봉길	jsp
5	윤봉길	python

- 다음과 같이 등급을 의미하는 테이블을 생성합니다.

```
create table grades(
        glevel varchar2(2),
        lowsal number,
        highsal number
);
insert into grades values( 'A', 0, 99) ;
insert into grades values( 'B', 100, 199) ;
insert into grades values( 'C', 200, 299) ;
insert into grades values( 'D', 300, 399) ;
insert into grades values( 'E', 400, 500) ;
commit ;

select * from grades;
```

	GLEVEL	LOWSAL	HIGHSAL
1	A	0	99
2	B	100	199
3	C	200	299
4	D	300	399
5	E	400	500

● 생성한 등급 테이블을 이용하여 각 고객들의 등급 정보를 출력해 보세요.

	NAME	SALARY	GLEVEL
1	김유신	200	C
2	신사임당	300	D
3	안중근	400	E
4	윤봉길	100	B
5	홍범도	500	E

● 고객의 이름과 주문한 책의 아이디와 판매 금액을 조회해 보세요.
단, 주문하지 않은 고객들의 이름 정보도 출력이 되어야 합니다.

	NAME	BID	SALEPRICE
1	윤봉길	java	6000
2	윤봉길	python	21000
3	김유신	database	8000
4	신사임당	jsp	6000
5	안중근	spring	20000
6	윤봉길	jsp	12000
7	안중근	jsp	13000
8	신사임당	java	12000
9	김유신	java	7000
10	신사임당	python	13000
11	홍범도	(null)	(null)

● 고객과 매니저 정보를 같이 출력해 보세요.
매니저에 대한 정보는 manager 컬럼을 참조하면 됩니다.

	RESULT
1	윤봉길의 관리자는 신사임당입니다.
2	김유신의 관리자는 신사임당입니다.
3	안중근의 관리자는 홍범도입니다.

● 고객과 매니저 정보를 같이 출력해 보세요.
매니저도 하나의 행으로 출력이 되어야 합니다.

	RESULT
1	김유신의 관리자는 신사임당입니다.
2	윤봉길의 관리자는 신사임당입니다.
3	안중근의 관리자는 홍범도입니다.
4	홍범도의 관리자는 본인입니다.
5	신사임당의 관리자는 본인입니다.

연습 문제

- 각 고객들의 이름과 주문 건수를 출력해 보세요.

	NAME	CNT
1	윤봉길	3
2	안중근	2
3	신사임당	3
4	김유신	2

- 각 고객들의 이름과 주문 건수를 출력해 보세요.

단, 주문하지 않은 고객들의 이름 정보도 출력이 되어야 합니다.

	NAME	CNT
1	신사임당	3
2	윤봉길	3
3	김유신	2
4	안중근	2
5	홍범도	0

MEMO

Chapter

13

서브 쿼리

Summary

서브 쿼리는 하나의 SQL 문장 안에 포함되어 있는 또 다른 SQL 문을 말합니다. 일반적으로 특정 테이블에서 검색된 결과를 다른 테이블에 전달하여 새로운 결과를 검색해 내는 기능으로 많이 사용됩니다. 이번 장에서는 서브 쿼리의 개념과 서브 쿼리를 이용한 다양한 조회 방식에 대하여 살펴 보도록 하겠습니다.

sql 구문안에 또 다른 sql 구문이 들어있는 구문을 서브 쿼리라고 합니다. 서브 쿼리의 조회된 결과를 이용하여 메인 쿼리에 넘겨서 처리해주는 구조이기 때문에 중첩된(nested) 쿼리라고 부르기도 합니다.

13.1 서브 쿼리의 개념

서브 쿼리를 구체적으로 살펴 보기 전에 서브 쿼리가 왜 필요한지를 생각해 보는 문제를 하나 풀어 보도록 합니다. 서브 쿼리는 단일 select 문으로 구성하는 식이 복잡할 때 유용하게 사용할 수 있습니다.

13.1.1 서브 쿼리의 필요성 확인

다음과 같은 문제에 대하여 고민해 보도록 하겠습니다.

확인 요구 사항

최소 급여를 받는 사원의 이름과 급여와 주소를 출력해 보세요.

우선 가장 먼저 확인해야 할 내용은 최소 급여가 얼마인지를 확인하는 것입니다. 최소 급여는 110원이 출력됩니다.

```
select min(salary) from employees ;
```

	MIN(SALARY)
1	110

최소 급여가 얼마인지 확인하였으니, 이제 요구 사항에 대한 문제는 다음과 같이 조회할 수 있습니다.

```
select name, salary, address from employees where salary = 110 ;
```

	NAME	SALARY	ADDRESS
1	김유신	110	용산

'확인 요구 사항' 문제를 해결하기 위하여 우리는 select 구문을 두 번 실행하였습니다. select 구문을 한번 실행하는 동작은 개발자와 데이터 베이스 간에 1번의 입출력(input/output)이 발생하였다는 의미입니다. 즉, 우리는 최소 급여자의 여러 가지 정보를 구하기 위하여 두 번의 입출력이 발생하였습니다. 이것은 비용적인 부분에서는 그다지 효율적이지 않습니다. 1번의 입출력으로 구현해야 하는 데, 이때 필요한 개념이 서브 쿼리(SubQuery)입니다 .

13.1.2 서브 쿼리로 만들기

앞서 작성한 두 개의 sql 구문을 하나로 합치면 다음과 같습니다.

```
select name, salary, address from employees
where salary = ( select min(salary) from employees ) ;
```

	NAME	SALARY	ADDRESS
1	김유신	110	용산

메인 쿼리
select name, salary, address from employees
where salary = (**서브 쿼리** select min(salary) from employees)

이미 설명했다시피 서브 쿼리는 하나의 select 구문안에 또 다른 select 구문이 들어 있는 문장입니다. 이때 가장 외부에 있는 쿼리를 '메인 쿼리'라고 하고, 내부에 포함되어 있는 쿼리를 '서브 쿼리'라고 합니다. 예시에서 서브 쿼리 문장은 하나만 존재하지만, 필요에 따라서 서브 쿼리는 여러 번 작성이 가능합니다.

서브 쿼리는 다음과 같은 특징을 가지고 있습니다.

서브 쿼리의 특징

```
서브 쿼리는 한번만 수행이 되고, 메인 쿼리 보다 먼저 수행이 됩니다.
연산자의 우선 순위 때문에 반드시 괄호로 둘러 싸야 합니다.
서브 쿼리와 메인 쿼리는 동일 테이블이어도 무방합니다.
단일행 또는 복수행의 비교 연산자 오른쪽에 위치해야 합니다.
조회된는 행의 개수에 따라서 단일행 서브 쿼리와 다중행 서브 쿼리 로 구분됩니다.
top-n 절을 제외하고 나머지 구문에서 order by 절은 사용할 수 없습니다.
```

서브 쿼리는 다음과 같은 곳에서 사용 가능합니다.

서브 쿼리 사용 가능 영역

```
select 절의 from, where, having 절에서 사용 가능합니다.
DML(insert, delete, update) 구문에서 사용 가능합니다.
테이블 복제를 수행하는 CTAS 기법에서 사용 가능합니다.
뷰를 생성하는 create view 구문에서 사용 가능합니다.
```

13.2 서브 쿼리의 분류

서브 쿼리는 조회 되는 행의 개수에 따라서 단일행 서브 쿼리와 다중행 서브 쿼리로 분류됩니다.

종류	설명
단일행 서브 쿼리	서브 쿼리가 한 개의 행을 반환해 줍니다. 관련 연산자 : =(~ 와 같다), >,<, >=, <=, <>(~ 와 같지 않습니다.)
다중행 서브 쿼리	서브 쿼리가 하나 이상의 행을 반환해 줍니다. 관련 연산자 : In, Any, All

13.2.1 단일행 서브 쿼리

단일 행 서브 쿼리는 서브 쿼리 실행 결과의 조회 되는 데이터의 건수가 1개인 서브 쿼리를 말합니다. 이때 사용되는 연산자는 단일 행 비교 연산자입니다.

보통 그룹 함수를 사용하는 경우 결과 값이 1건만 반환 되기 때문에 단일 행 서브 쿼리로써 많이 사용됩니다. 모든 회원들의 평균 급여보다 더 많은 급여를 받는 사원들의 이름과 급여를 출력해 보겠습니다.

```
select name, salary from employees
where salary >= (select avg(salary) from employees) ;
```

	NAME	SALARY
1	안중근	880
2	신사임당	1320
3	황진이	1430
4	명성왕후	1540
5	조마리아	1650
6	덕혜옹주	1760

관리자의 이름인 '김구'인 사원들의 아이디, 이름, 관리자 아이디를 출력해 보세요. 이 문제는 관리자의 아이디가 무엇인지를 확인하는 구문이 서브 쿼리에 놓여야 합니다.

```
select id, name, manager from employees
where manager = (select id from employees where name = '김구') ;
```

	ID	NAME	MANAGER
1	general	김좌진	kim9
2	an	안중근	kim9
3	shin	신사임당	kim9
4	hwang	황진이	kim9

관리자의 이름인 '김구'인 사원들의 아이디, 이름, 관리자 아이디를 출력해 보세요. 단, '김구'도 같이 출력되어야 합니다.
추가 조건은 and나 or 연산자를 사용하여 처리하면 됩니다.

```
select id, name, manager from employees
where manager = (select id from employees where name = '김구') or name = '김구' ;
```

	ID	NAME	MANAGER
1	kim9	김구	(null)
2	general	김좌진	kim9
3	an	안중근	kim9
4	shin	신사임당	kim9
5	hwang	황진이	kim9

'선덕여왕'의 급여보다 적은 급여를 받는 사원들의 이름과 급여를 조회해 보세요.

```
select name, salary from employees
where salary < (select salary from employees where name = '선덕여왕') ;
```

	NAME	SALARY
1	김유신	110
2	이순신	220
3	논개	200

관리자가 '김구'이면서, 전체 회원의 평균 급여 보다 적은 급여를 받는 회원의 아이디, 이름, 급여를 조회해 보세요.

```
select id, name, salary from employees
where manager = (select id from employees where name = '김구')
and salary < (select avg(salary) from employees );
```

	ID	NAME	SALARY
1	general	김좌진	770

13.2.2 다중행 서브 쿼리

다중행 서브 쿼리는 서브 쿼리에서 반환되는 데이터의 개수가 하나 이상의 행일 때 사용하는 서브 쿼리입니다. 이때 사용되는 연산자는 다중 행 비교 연산자입니다.

연산자	설명
in	서브 쿼리의 결과에 존재하는 임의의 값과 동일한 조건을 조회합니다.
all	서브 쿼리의 결과에 존재하는 모든 값을 만족하는 조건을 조회합니다.
any	서브 쿼리의 결과에 존재하는 어느 하나의 값이라도 만족하는 조건을 조회합니다.
exists	서브 쿼리의 결과를 만족하는 값이 존재하는지 여부를 확인하는 조건을 조회합니다.

관리자의 이름이 '김구'이거나 '유관순'인 사원들의 아이디와 이름과 관리자 아이디를 조회해 보겠습니다. 두 관리자에 대한 서브 쿼리이므로 in 키워드를 사용하면 됩니다.

```
select id, name, manager from employees
where manager in (select id from employees where name in ('김구', '유관순')) ;
```

	ID	NAME	MANAGER
1	general	김좌진	kim9
2	an	안중근	kim9
3	nongae	논개	soon
4	queen	선덕여왕	soon
5	shin	신사임당	kim9
6	hwang	황진이	kim9
7	myoung	명성왕후	soon
8	maria	조마리아	soon
9	princess	덕혜옹주	soon

이번에는 다른 테이블을 이용한 서브 쿼리를 살펴 봅니다. 게시물을 남긴 사원들의 이름과 생일과 성별을 조회해 보겠습니다. 게시물은 한 사람이 여러 번 작성할 수 있으므로 중복 데이터 배제를 위한 키워드 distinct를 사용하는 게 효율적입니다.

```
-- 하단 그림의 좌측 결과를 참조하세요.
select distinct writer from boards where writer is not null ;

-- 하단 그림의 우측 결과를 참조하세요.
select name, birth, gender from employees
where id in (select distinct writer from boards where writer is not null) ;
```

	WRITER
1	queen
2	an
3	maria

	NAME	BIRTH	GENDER
1	안중근	21/05/06	남자
2	선덕여왕	(null)	여자
3	조마리아	90/10/12	여자

결혼 유무가 '이혼'이 아닌 사원들의 이름과 생일과 성별을 조회해 보겠습니다. '이혼'이 아닌 사원은 여러 명이 있을 수 있으므로 not in 키워드를 사용하면 됩니다.

```
select name, birth, gender, marriage from employees
where id not in (select id from employees where marriage in ('이혼'))
order by name ;
```

	NAME	BIRTH	GENDER	MARRIAGE
1	김구	1990-12-25 12:00:00	남자	결혼
2	김유신	(null)	남자	결혼
3	논개	1990-12-25 12:00:00	여자	미혼
4	덕혜옹주	1990-12-25 12:00:00	여자	결혼
5	선덕여왕	(null)	여자	결혼
6	신사임당	1990-12-25 12:00:00	여자	미혼
7	안중근	2021-06-11 09:18:22	남자	결혼
8	유관순	2021-06-11 09:18:22	여자	미혼
9	윤봉길	1990-12-25 12:00:00	남자	미혼
10	최영	1990-12-25 12:00:00	남자	결혼
11	황진이	1990-12-25 12:00:00	여자	결혼

관리자가 유관순인 회원들을 이름과 급여를 조회해 보겠습니다.

```
select name, salary from employees where manager = 'soon' ;
```

	NAME	SALARY
1	논개	200
2	선덕여왕	300
3	명성왕후	1540
4	조마리아	1650
5	덕혜옹주	1760

관리자가 유관순인 사원들 중에서 최저 급여를 받는 자보다 더 많이 급여를 받는 사원들의 이름과 급여를 조회해 보세요.

```
select name, salary from employees
where salary > any (select salary from employees where manager = 'soon') ;
```

	NAME	SALARY
1	덕혜옹주	1760
2	조마리아	1650
3	명성왕후	1540
4	황진이	1430
5	신사임당	1320
6	안중근	880
7	김좌진	770
8	김구	660
9	윤봉길	550
10	최영	330
11	선덕여왕	300
12	이순신	220

관리자가 유관순인 사원 중에서 최대 급여를 받는 사원보다 더 적게 받는 사원들의 이름과 급여를 조회해 보세요.

```
select name, salary from employees
where salary < any (select salary from employees where manager = 'soon') ;
```

	NAME	SALARY
1	김유신	110
2	논개	200
3	이순신	220
4	선덕여왕	300
5	최영	330
6	윤봉길	550
7	김구	660
8	김좌진	770
9	안중근	880
10	신사임당	1320
11	황진이	1430
12	명성왕후	1540
13	조마리아	1650

관리자가 유관순인 사원 중에서 최대 급여자 보다 많이 받는 사원들을 조회해 보겠습니다. 조회되는 내용은 0건입니다.

```
select name, salary from employees
where salary > all (select salary from employees where manager = 'soon') ;
```

관리자가 유관순인 사원 중에서 최저 급여를 반든 자보다 더 적게 받는 사원들의 이름과 급여를 조회해 보세요.

```
select name, salary from employees
where salary < all (select salary from employees where manager = 'soon') ;
```

	NAME	SALARY
1	김유신	110

13.2.3 다중 컬럼 서브 쿼리

지금까지 사용한 서브 쿼리는 where 절에 비교 하기 위한 컬럼의 개수가 1개이었습니다. 필요에 따라서, 2개 이상의 서브 쿼리를 사용할 수 있습니다. 이러한 서브 쿼리를 다중 컬럼 서브 쿼리라고 합니다.

남녀 성별로 최저 급여자의 이름과 급여와 성별을 조회해 보겠습니다. 우선 다음과 같이 성별로 최저 급여의 정보를 우선 조회해 봅니다.

```
select gender, min(salary) from employees group by gender ;
```

	GENDER	MIN(SALARY)
1	여자	200
2	남자	110

방금 사용했던 문장을 서브 쿼리로 두고, 메인 쿼리의 where 절에 'where (gender, salary)'의 형식으로 작성을 하면 다중 컬럼 서브 쿼리가 됩니다.

```
select name, salary, gender  from employees
where (gender, salary) in (select gender, min(salary) from employees group by gender) ;
```

	NAME	SALARY	GENDER
1	김유신	110	남자
2	논개	200	여자

결혼 유형별 최저 급여자의 이름과 급여와 결혼 유형 컬럼을 조회해 보겠습니다. 우선 결혼 유형 컬럼을 정보를 우선 확인해 보면 다음과 같습니다.

```
select distinct marriage from employees ;
```

	MARRIAGE
1	결혼
2	이혼
3	미혼

결혼(marriage) 컬럼이 가질 수 있는 데이터는 '결혼', '이혼', '미혼'의 3가지 유형이 있습니다. 우리는 최저 급여자를 확인해야 하므로 min( ) 함수와 group by절을 사용해야 하면, 결혼 유형별 급여를 비교해야 하므로 다중 컬럼 서브 쿼리가 되어야 합니다.

```
select name, salary, marriage from employees
where (marriage, salary) in (select marriage, min(salary) from employees group by marriage) ;
```

	NAME	SALARY	MARRIAGE
1	김유신	110	결혼
2	이순신	220	이혼
3	논개	200	미혼

요점 정리

- 서브 쿼리는 하나의 SQL 문장 안에 포함되어 있는 또 다른 SQL 문을 말합니다.
- 서브 쿼리는 조회 되는 행의 개수에 따라서 단일행 서브 쿼리와 다중행 서브 쿼리로 분류됩니다.
- 단일행 서브 쿼리와 관련된 연산자는 =(~ 와 같다), >,<, >=, <=, <>(~ 와 같지 않다) 등이 있습니다.
- 다중행 서브 쿼리와 관련된 연산자는 In, Any, All 등이 있습니다.
- 다중 컬럼 서브 쿼리는 where 절에 비교 연산자를 위한 컬럼의 개수가 2개인 서브 쿼리를 말합니다.

서브 쿼리의 특징

서브 쿼리는 한번만 수행이 되고, 메인 쿼리 보다 먼저 수행이 됩니다.
연산자의 우선 순위 때문에 반드시 괄호로 둘러 싸야 합니다.
서브 쿼리와 메인 쿼리는 동일 테이블이어도 무방합니다.
단일행 또는 복수행의 비교 연산자 오른쪽에 위치해야 합니다.
조회된는 행의 개수에 따라서 단일행 서브 쿼리와 다중행 서브 쿼리 로 구분됩니다.
top-n 절을 제외하고 나머지 구문에서 order by 절은 사용할 수 없습니다.

동영상강의
지금 바로 접속하기

연습 문제

평균 급여보다 더 많은 급여를 받는 고객들의 이름과 급여를 출력해 보겠습니다.

	NAME	SALARY
1	신사임당	300
2	안중근	400
3	홍범도	500

관리자의 이름인 '신사임당'인 고객들의 아이디, 이름, 관리자 아이디를 출력해 보세요.
이 문제는 관리자의 이름 무엇인지를 확인하는 구문이 서브 쿼리에 놓여야 합니다.

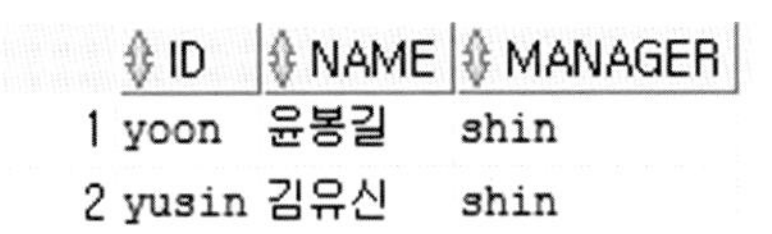

	ID	NAME	MANAGER
1	yoon	윤봉길	shin
2	yusin	김유신	shin

관리자의 이름인 '신사임당'인 고객들의 아이디, 이름, 관리자 아이디를 출력해 보세요. 단, '신사임당'도 같이 출력되어야 합니다. 추가 조건은 and나 or 연산자를 사용하여 처리하면 됩니다.

	ID	NAME	MANAGER
1	yoon	윤봉길	shin
2	yusin	김유신	shin
3	shin	신사임당	(null)

'안중근'의 급여보다 적은 급여를 받는 고객들의 이름과 급여를 조회해 보세요.

	NAME	SALARY
1	윤봉길	100
2	김유신	200
3	신사임당	300

관리자가 '신사임당'이면서, 전체 회원의 평균 급여 보다 적은 급여를 받는 회원의 아이디, 이름, 급여를 조회해 보세요.

	ID	NAME	SALARY
1	yoon	윤봉길	100
2	yusin	김유신	200

● 관리자의 이름이 '신사임당'이거나 '홍범도'인 고객들의 아이디와 이름과 관리자 아이디를 조회해 보겠습니다. 두 관리자에 대한 서브 쿼리이므로 in 키워드를 사용하면 됩니다.

	ID	NAME	MANAGER
1	an	안중근	hong
2	yoon	윤봉길	shin
3	yusin	김유신	shin

● 주문을 한번이라도 한 고객 정보를 조회해 보겠습니다.
주문은 한 사람이 여러 번 작성할 수 있으므로 중복 데이터 배제를 위한 키워드 distinct를 사용하는 게 효율적입니다.

	CID
1	yoon
2	an
3	yusin
4	shin

	NAME	ADDRESS	PHONE
1	안중근	조선 강원도	000-4444-4444
2	신사임당	백제 공주	000-3333-3333
3	윤봉길	중국 상하이	000-1111-1111
4	김유신	신라 경주	000-2222-2222

● 매니저의 아이디가 'shin'이 아닌 모든 고객들의 정보를 출력해 보세요.
관리자 아이디가 'shin'인 회원도 목록에서 배제 되어야 합니다.

	NAME	ADDRESS	PHONE	SALARY
1	안중근	조선 강원도	000-4444-4444	400
2	홍범도	일제 시대 간도	(null)	500

● 관리자가 '신사임당'인 회원들을 이름과 급여를 조회해 보겠습니다.

	NAME	SALARY
1	윤봉길	100
2	김유신	200

연습 문제

전체 고객 중에서 관리자가 '신사임당'인 고객들 중에서 최저 급여를 받는 자보다 더 많이 급여를 받는 고객들의 이름과 급여를 조회해 보세요.

	NAME	SALARY
1	홍범도	500
2	안중근	400
3	신사임당	300
4	김유신	200

전체 고객 중에서 관리자가 '신사임당'인 고객 중에서 최대 급여를 받는 고객보다 더 적게 받는 고객들의 이름과 급여를 조회해 보세요.

	NAME	SALARY
1	윤봉길	100

전체 고객 중에서 관리자가 '신사임당'인 고객 중에서 최대 급여자 보다 많이 받는 고객들을 조회해 보겠습니다.

	NAME	SALARY
1	신사임당	300
2	안중근	400
3	홍범도	500

전체 고객 중에서 관리자가 '신사임당'인 고객 중에서 최저 급여를 받은 자보다 더 적게 받는 고객들의 이름과 급여를 조회해 보세요. 조회되는 데이터는 0건입니다.

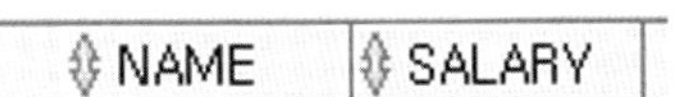

NAME	SALARY

다중 컬럼 서브 쿼리

지금까지 사용한 서브 쿼리는 where 절에 비교 하기 위한 컬럼의 개수가 1개이었습니다.
필요에 따라서, 2개 이상의 서브 쿼리를 사용할 수 있습니다.
이러한 서브 쿼리를 다중 컬럼 서브 쿼리라고 합니다.

출판사별로 최저 단가를 가진 서적의 단가를 조회해 보겠습니다. 우선 다음과 같이 출판사별로 최저 단가의 정보를 우선 조회해 봅니다.

	PUBLISHER	MIN(PRICE)
1	소셜 미디어	14300
2	대한 Books	8800
3	민국 미디어	123.4567
4	대한 출판사	123.4567
5	지한 출판사	6600

방금 사용했던 문장을 서브 쿼리로 두고, 메인 쿼리의 where 절에 'where (gender, salary)'의 형식으로 작성을 하면 다중 컬럼 서브 쿼리가 됩니다.

	BNAME	PRICE	PUBLISHER
1	jsp 프로그래밍	8800	대한 Books
2	파이썬 프로그래밍	123.4567	민국 미디어
3	R 프로그래밍	123.4567	민국 미디어
4	데이터 베이스 개론	123.4567	대한 출판사
5	xml 프로그래밍	14300	소셜 미디어
6	프로그래밍 이야기	6600	지한 출판사

Chapter 14

제약 조건

Summary

제약 조건이란 테이블에 적절하지 못한 데이터가 들어 가거나, 수정이 되지 못하도록 컬럼에 대하여 사전 막음 조치를 처리하는 것을 말합니다. 테이블을 생성하는 데 매우 중요한 부분으로써 반드시 숙지를 해야 하는 항목입니다. 이번 장에서는 제약 조건의 개념과 종류들에 각각의 특징 및 생성/삭제 방법 등에 대하여 살펴 보고, 이를 유지/관리하는 법도 살펴 보도록 하겠습니다.

14.1 제약 조건의 개념과 종류

제약 조건이란 사용자로 하여금 잘못된 데이터를 입력하거나, 원치 않는 데이터를 수정하지 못하도록 사전에 테이블을 제한 사항을 만들어 주는 것을 의미합니다.

14.1.1 제약 조건이란?

회원 테이블에 새로운 데이터를 추가할 일이 있습니다. 다음 구문을 사용하여 데이터를 추가해 보도록 하겠습니다.

```
insert into employees(id, name, password, gender, birth, marriage, salary, address, manager)
values('choi', '최불암', 'abc1234', '남자', '1990/12/25', '결혼', 220, '용산', 'yusin');

명령의 1 행에서 시작하는 중 오류 발생 -
insert into employees(id, name, password, gender, birth, marriage, salary, address, manager)
values('choi', '최불암', 'abc1234', '남자', '1990/12/25', '결혼', 220, '용산', 'yusin')
오류 보고 -
ORA-00001: unique constraint (ORAMAN.SYS_C008273) violated
```

결과를 보면 이미 존재하는 아이디 'choi'라는 것을 이용하여 회원 추가를 하려고 시도하고 있지만, 유니크라는 제약 조건을 위배하고 있다는 내용과 함께 오류 메시지를 보여 주고 있습니다. 무결성이란 데이터 베이스 내의 데이터의 정확성을 유지하는 개념입니다. 즉, 'choi'라는 아이디는 중복이 되면 안되기 때문에 위와 같은 오류가 발생하는 것입니다.

제약 조건의 정의
데이터 베이스 내의 데이터에 대한 정확성을 유지하기 위하여 원하지 않는 데이터가 입력/수정되는 것을 방지하기 위한 제약입니다.

14.1.2 제약 조건의 종류

오라클은 다음과 같이 테이블에 잘못 되거나 이상한 데이터가 들어 오지 못하도록 5가지의 제약 조건을 지원하고 있습니다.

데이터 베이스 설계시 무결성(integrity)을 확보 받기 위하여 다양한 규칙을 적용할 수 있는 데, 테이블을 생성할 때 해당 컬럼을 무결성 제약 조건으로 설정해 줍니다.

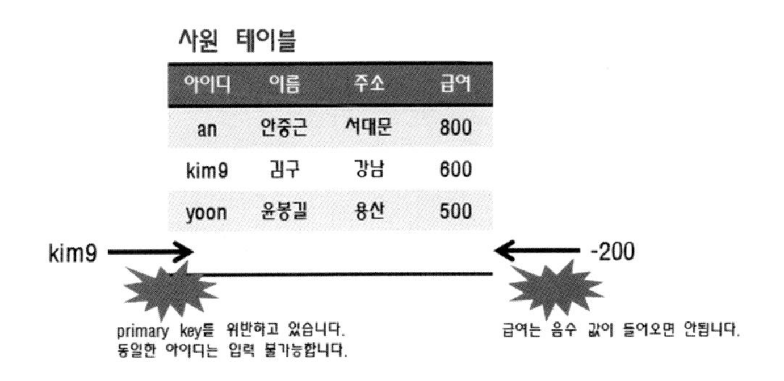

제약 조건	설명
not null	컬럼에 null 값을 허용하지 않으므로, 반드시 입력해야 하는 컬럼을 의미합니다.
unique	중복된 데이터의 입력을 허용하지 않는 조건으로, 널 값은 고려 대상이 아닙니다. 내부적으로 인덱스(index)가 생성이 됩니다.
primary key	not null 조건과 unique 조건이 합쳐진 것입니다. 내부적으로 검색 기능의 향상을 위하여 인덱스(index)가 생성이 됩니다.
foreign key	부모 테이블의 기본 키를 참조하는 서브 테이블의 컬럼에 부여되는 키를 의미합니다.
check	저장 가능한 값의 범위 또는 조건을 지정하여 설정 값만 허용하기 위한 제약 조건입니다. 예를 들어 '급여 컬럼은 항상 0 이상입니다.', '성별 컬럼은 [남] 또는 [여]의 값 중에 하나가 입력이 될 수 있습니다.'

14.1.3 제약 조건 데이터 사전

오라클은 사용자가 생성한 제약 조건에 대한 데이터 사전을 가지고 있습니다. user_constraints 데이터 사전은 제약 조건에 대한 정보를 보여 주는 사전입니다. 많은 컬럼으로 구성이 되어 있는 데 중요한 내용을 살펴 보도록 하겠습니다.

우선 데이터 사전의 구조를 확인해 보겠습니다.

```
desc user_constraints ;
```

일반적으로 자주 사용하는 컬럼에 대하여 주석을 작성해 보겠습니다.

```
이름                 널?      유형
------------------ --------- -------------
OWNER                        VARCHAR2(120) ☜ 제약 조건을 소유하고 있는 사용자 계정
CONSTRAINT_NAME    NOT NULL VARCHAR2(30) ☜ 제약 조건의 이름
CONSTRAINT_TYPE              VARCHAR2(1) ☜ 제약 조건의 유형
TABLE_NAME         NOT NULL VARCHAR2(30) ☜ 제약 조건이 속해 있는 테이블의 이름
SEARCH_CONDITION             LONG ☜ check 제약 조건에 대한 부연 설명을 위한 컬럼
R_OWNER                      VARCHAR2(120)
R_CONSTRAINT_NAME            VARCHAR2(30)
DELETE_RULE                  VARCHAR2(9)
STATUS                       VARCHAR2(8) ☜ 제약 조건의 활성화 상태를 보여 줍니다.
DEFERRABLE                   VARCHAR2(14)
DEFERRED                     VARCHAR2(9)
VALIDATED                    VARCHAR2(13)
GENERATED                    VARCHAR2(14)
BAD                          VARCHAR2(3)
RELY                         VARCHAR2(4)
LAST_CHANGE                  DATE
INDEX_OWNER                  VARCHAR2(30)
INDEX_NAME                   VARCHAR2(30)
INVALID                      VARCHAR2(7)
VIEW_RELATED                 VARCHAR2(14)
```

데이터 사전에서 CONSTRAINT_TYPE 컬럼은 제약 조건의 유형을 알려 주는 컬럼 정보로써, 다음과 같은 값들을 취할 수 있습니다.

CONSTRAINT_TYPE	의미
P	Primary Key입니다.
R	Foreign Key입니다.(Relation)
U	Unique를 의미합니다.
C	Check와 not null 제약 조건을 의미합니다.

employees 테이블과 boards 테이블을 생성할 때 우리는 기본 키를 지정하였습니다. 기본 키는 내부적으로 인덱스(index)가 생성이 된다고 설명하였습니다. 이것 또한 제약 조건이므로 데이터 사전을 이용하여 확인해 보도록 하겠습니다. 데이터 사전은 객체 이름을 관리할 때, 내부적으로 대문자를 사용합니다. 예시에서 where 절에서 테이블 이름을 대문자로 작성하였습니다. 이점은 유의하셔야 합니다. employees 테이블에는 3가지의 제약 조건이 들어 있음을 확인할 수 있습니다. 그리고, 제약 조건의 이름은 'SYS_C숫자' 형식으로

되어 있는 데, 이것은 오라클이 자동으로 부여 해주는 이름으로써, 이 책을 보시고 실습을 하시는 독자분들의 결과는 서적과 다를 수 있습니다.

```
select table_name, constraint_name, constraint_type, status, search_condition
from user_constraints where table_name = 'EMPLOYEES';
```

	TABLE_NAME	CONSTRAINT_NAME	CONSTRAINT_TYPE	STATUS	SEARCH_CONDITION
1	EMPLOYEES	SYS_C008271	C	ENABLED	"NAME" IS NOT NULL
2	EMPLOYEES	SYS_C008272	C	ENABLED	"PASSWORD" IS NOT NULL
3	EMPLOYEES	SYS_C008273	P	ENABLED	(null)

다음은 boards 테이블이 가지고 있는 제약 조건 목록입니다.

```
select table_name, constraint_name, constraint_type, status, search_condition
from user_constraints where table_name = 'BOARDS';
```

	TABLE_NAME	CONSTRAINT_NAME	CONSTRAINT_TYPE	STATUS	SEARCH_CONDITION
1	BOARDS	SYS_C008279	P	ENABLED	(null)

user_constraints 사전에는 컬럼 이름에 대한 정보가 존재하지 않습니다. 필자는 다음과 같이 'user_cons_columns'라는 데이터 사전을 이용하여 조인 구문으로 자주 사용합니다. 'user_cons_columns'는 현재 사용자가 보유하고 있는 column에 할당 되어 있는 제약 조건 정보를 저장하고 있는 사전입니다.

```
select t.constraint_name, t.table_name, c.column_name, t.constraint_type, t.status, t.search_condition
from user_constraints t join user_cons_columns c
on t.table_name = c.table_name and t.constraint_name = c.constraint_name
and t.table_name = 'EMPLOYEES' ;
```

	CONSTRAINT_NAME	TABLE_NAME	COLUMN_NAME	CONSTRAINT_TYPE	STATUS	SEARCH_CONDITION
1	SYS_C008271	EMPLOYEES	NAME	C	ENABLED	"NAME" IS NOT NULL
2	SYS_C008272	EMPLOYEES	PASSWORD	C	ENABLED	"PASSWORD" IS NOT NULL
3	SYS_C008273	EMPLOYEES	ID	P	ENABLED	(null)

sql-developer에서 제약 조건을 확인하는 방법은 다음과 같습니다.

EMPLOYEES

열 | 데이터 | Model | 제약 조건 | 권한 부여 | 통계 | 트리거 | 플래시백 | 종속성 | 세부정보 | 분할 영역 | 인덱스 | SQL

작업...

	CONSTRAINT_NAME	CONSTRAINT_TYPE	SEARCH_CONDITION	R_OWNER	R_TABLE_NAME	R_CONSTRAINT_NAME	DELETE_RULE	STATUS
1	SYS_C007003	Check	"NAME" IS NOT NULL	(null)	(null)	(null)	(null)	ENABLED
2	SYS_C007004	Check	"PASSWORD" IS NOT NULL	(null)	(null)	(null)	(null)	ENABLED
3	SYS_C007005	Primary Key	(null)	(null)	(null)	(null)	(null)	ENABLED

14.2제약 조건 다뤄 보기

오라클에서 제공하는 여러 제약 조건들에 대하여 살펴 보도록 하겠습니다.

14.2.1 오라클 오류 메시지

오라클에서 오류가 발생하면 'ORA-XXXXX : 오류 메시지'의 형식으로 오류 메시지를 출력해 줍니다. 여기서, XXXXX는 5자리 형식의 숫자입니다. 제약 조건에서 살펴볼 오류 내용은 다음과 같습니다.

오류 내용	설명
ORA-00001	해당 컬럼에 unique 제약 조건이 설정되어 있으므로 동일한 값의 데이터는 인서트가 불가능합니다.
ORA-01400	해당 컬럼에 not null 제약 조건이 설정되어 있는 데, 데이터를 입력하지 않았습니다.
ORA-02290	해당 컬럼에 대한 check 제약 조건을 위반하면 발생하는 오류 메시지입니다.

14.2.2 not null 제약 조건

인터넷 사이트에서 로그인을 수행하는 경우를 생각해 봅시다. 그림에서 보다시피 특정 조건을 검사하여 해당 조건에 충족되지 않으면 로그인을 불허하고 있습니다.

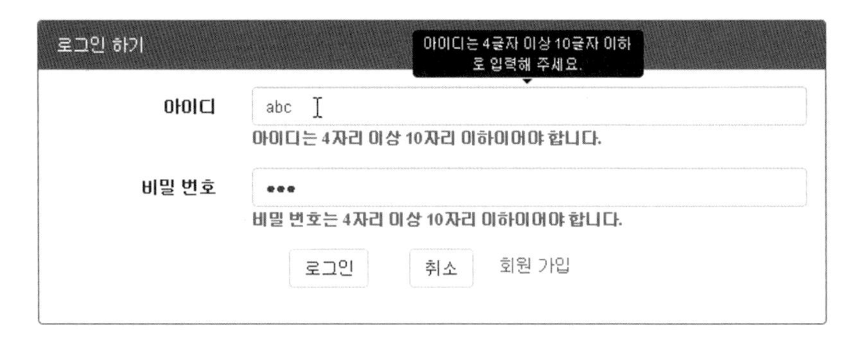

오라클에서는 반드시 입력을 해야만 하는 컬럼에 대해서는 not null 제약 조건을 부여해야 합니다.

다음과 같은 테이블을 우선 생성합니다.

```
create table tab01(
    id varchar2(30) not null,
    name varchar2(30) not null,
    salary number,
    gender varchar2(30)
);
```

id 컬럼과 name 컬럼은 필수 입력 사항이므로 다음 문장은 행을 추가하는 데 별 문제점이 없습니다.

```
insert into tab01 values('kim9', '김구', null, null) ;
```

다음 문장은 ORA-01400 관련 오류가 발생합니다. 왜냐하면 id 컬럼과 name 컬럼은 필수 입력 사항인데, id 컬럼에 대한 조건 체크가 먼저 이루어지므로 id 컬럼에 대한 오류를 보여 주고 있습니다.

```
insert into tab01 values(null, null, null, null) ;
명령의 8 행에서 시작하는 중 오류 발생 -
insert into tab01 values(null, null, null, null)
오류 보고 -
ORA-01400: cannot insert NULL into ("ORAMAN"."TAB01"."ID")
```

14.2.3 unique 제약 조건

unique 제약 조건은 특정한 컬럼에 중복되지 않도록 설정하는 제약 조건입니다. 즉, 해당 컬럼에는 유일한 값이 들어가게 설정하는 것입니다.

다음과 같은 테이블을 우선 생성합니다.

```
create table tab02(
    id varchar2(30) unique,
    name varchar2(30) not null,
    salary number,
    gender varchar2(30)
);
```

다음 문장은 id와 name 컬럼에 데이터가 인서트 되고 있으므로, 전혀 문제가 없는 문장입니다.

```
insert into tab02 values('kim9', '김구', null, null) ;
```

다음 문장은 필수 입력 컬럼인 name에 데이터가 인서트 되고 있으므로, 전혀 문제가 없는 문장입니다. unique이라고 하더라도, null 값은 추가될 수 있습니다. unique는 입력이 되는 데이터에 한해서 제약 조건을 점검하기 때문입니다.

```
insert into tab02 values(null, '이봉창', null, null) ;
```

이전 실습에서 id가 'kim9'인 사람이 추가되었기 때문에, 다시 인서트를 수행할 수 없습니다.

```
insert into tab02 values('kim9', '김구', null, null) ;
명령의 22 행에서 시작하는 중 오류 발생 -
insert into tab02 values('kim9', '김구', null, null)
오류 보고 -
ORA-00001: unique constraint (ORAMAN.SYS_C008290) violated
```

unique 제약 조건은 내부적으로 인덱스를 생성합니다. 다음은 tab02 테이블에 대한 인덱스를 보여 주고 있습니다.

TAB02

열 | 데이터 | Model | 제약 조건 | 권한 부여 | 통계 | 트리거 | 플래시백 | 종속성 | 세부정보 | 분할 영역 | 인덱스 | SQL

	INDEX_OWNER	INDEX_NAME	UNIQUENESS	STATUS	INDEX_TYPE	TEMPORARY	PARTITIONED	FUNCIDX_STATUS	JOIN_INDEX	COLUMNS
1	ORAMAN	SYS_C007065	UNIQUE	VALID	NORMAL	N	NO	(null)	NO	ID

다음 구문을 인덱스를 확인하는 구문입니다. 인덱스의 이름은 오라클 시스템이 자동으로 만들어 주므로 출력물과 다를 수 있습니다.

```
desc user_indexes ;

select index_name, index_type, table_name
from user_indexes where table_name = 'TAB02' ;
```

	INDEX_NAME	INDEX_TYPE	TABLE_NAME
1	SYS_C007065	NORMAL	TAB02

14.2.4 primary key 제약 조건

회원 관리 시스템의 회원 id나, 병원 관리 시스템에서 환자 번호는 유일 무이해야 합니다. 특정 행을 구분짓기 위하여 작성하는 제약 조건은 primary key입니다. 다음과 같은 테이블을 우선 생성합니다.

```
create table tab03(
    id varchar2(30) primary key,
    name varchar2(30) not null,
    salary number,
    gender varchar2(30)
);
```

다음 문장은 별 문제 없이 인서트 됩니다.

```
insert into tab03 values('kim9', '김구', 100, '남자');
```

primary key는 행이 인서트될 때 값이 unique해야 합니다. 따라서 다음 문장은 오류가 발생합니다.

```
insert into tab03 values('kim9', '김유신', 200, '남자')
오류 보고 -
ORA-00001: unique constraint (ORAMAN.SYS_C008292) violated
```

primary key는 행이 인서트될 때 값이 not null 조건을 충족해야 합니다. 따라서 다음 문장은 오류가 발생합니다.

```
insert into tab03 values(null, '황진이', 300, '여자');
명령의 40 행에서 시작하는 중 오류 발생 -
오류 보고 -
ORA-01400: cannot insert NULL into ("ORAMAN"."TAB03"."ID")
```

14.2.5 check 제약 조건

check 제약 조건은 지정한 값 이외의 값이 들어 오지 못하게 지정하는 제약 조건입니다. 예를 들어서, 우리 회사의 기본급은 100원이라고 할 때 100원 미만의 값이 입력되면 안됩니다. 성별 컬럼에는 '남자', '여자' 두 개의 항목 중에 하나가 인서트 되어야 합니다. 다음과 같은 테이블을 우선 생성합니다.

```
create table tab04(
    id varchar2(30) primary key,
    name varchar2(30) not null,
    salary number check(salary >= 100),
    gender varchar2(30) check(gender in('남자', '여자'))
);
```

다음 문장은 별 문제 없이 인서트 됩니다.

```
insert into tab04 values('kim9', '김구', 100, '남자');
insert into tab04 values('lee', '이순신', 200, '남자');
```

다음 문장은 최저 급여가 100원 이상이어야 하는 데, 50원을 인서트하려고 시도합니다.

check 제약 조건을 위배하므로 인터스 되지 않습니다.

```
insert into tab04 values('soon', '유관순', 50, '여자') ;
명령의 12 행에서 시작하는 중 오류 발생 -
insert into tab04 values('soon', '유관순', 50, '여자')
오류 보고 -
ORA-02290: check constraint (ORAMAN.SYS_C008294) violated
```

성별 컬럼에는 '남자', '여자' 두 개의 항목 중에 하나가 인서트 될 수 있습니다. 따라서, 다음 문장은 성별에 따른 check 제약 조건을 위배하므로 인터스 되지 않습니다.

```
insert into tab04 values('maria', '조마리아', 300, '여') ;
명령의 13 행에서 시작하는 중 오류 발생 -
insert into tab04 values('maria', '조마리아', 300, '여')
오류 보고 -
ORA-02290: check constraint (ORAMAN.SYS_C008295) violated
```

14.2.6 foreign key 제약 조건

다음 그림에서 employees 테이블의 id 컬럼을 primary key라고 합니다. 그리고, boards 테이블의 wirter 컬럼은 개념적으로 보았을 때 employees 테이블의 id 컬럼과 동일한 의미로 사용되고 있습니다. 이렇듯 메인 테이블에 해당하는 employees의 id 컬럼과 참조 연결 되어 있는 boards 테이블의 wirter 컬럼을 외래 키 (foreign)라고 합니다.
외래 키 (foreign)에 대한 내용은 별도의 파트에서 다시 다루도록 하겠습니다.

employees 테이블

id	이름	주소	취미	급여
an	안중근	마포 공덕	당구	100
queen	선덕여왕	용산 도원	퀼트	200
maria	조마리아	강남 역삼	맞고	300
choi	최제우	세종시	맞고	300

boards 테이블

writer	제목	비밀 번호	글 내용	조회수
an	jsp어려워	1234	정말 어려워요	0
an	어떤 글	1234	정말 쉬워요	5
an	열공합시다	1234	멍멍멍	2
queen	어떤 글	1234	하하하하하하	0
queen	열공합시다	1234	히히히히	5
maria	C++	1234	호호호	0
maria	어떤 글	1234	하하하하하하	0
	어떤 글	1234	하하하하하하	0

14.2.7 제약 조건 지정 방식

제약 조건을 지정하는 방식은 크게 컬럼 레벨 방식과 테이블 레벨 방식이 있습니다. 컬럼 레벨 지정 방식은 컬럼을 명시한 다음 바로 우측에 제약 조건을 명시하는 방식을 말합니다. 우리가 지금까지 실습해온 방식이 컬럼 레벨 방식입니다. 반면 테이블 레벨의 지정 방식은 열을 모든 명시한 다음 제약 조건을 테이블 단위로 지정하는 방식입니다.

방식	설명
컬럼 레벨	테이블을 정의한 바로 직후에 이어서 제약 조건을 별도로 지정하는 방식입니다. 다음 항목은 반드시 컬럼 레벨 단위로 지정해야 하는 항목입니다. * not null 제약 조건
테이블 레벨	테이블 정의함과 동시에 제약 조건을 정의하는 방식입니다. 다음 항목은 반드시 테이블 레벨 단위로 지정해야 하는 항목입니다. * 복합 키로 기본 키를 지정하고자 하는 경우입니다. * alter table 명령어를 사용하는 경우입니다.

14.2.8 복합 키 제약 조건 지정

복합(composite) 기본 키란 2개 이상의 컬럼을 사용하여 하나의 기본 키를 구성하는 경우를 말합니다. 복합 기본 키는 컬럼 레벨 방식으로는 불가능하고 반드시 테이블 레벨 방식을 사용해야 합니다. 이러한 방식은 2개 이상의 컬럼이 서로 합쳐져 시너지 효과를 보는 경우에 많이 사용합니다. 다음과 같이 실습용 테이블을 생성하도록 합니다. 컬럼들을 열거한 후, 마지막에 constraint 키워드를 사용하여 복합 primary key를 생성하고 있습니다.

```
create table member(
        name varchar2(20),
        hphone varchar2(15),
        adderess varchar2(50),
        constraint member_composite primary key(name, hphone)
);
```

user_cons_columns 데이터 사전은 컬럼의 제약 조건에 대한 정보를 보여 주는 사전입니다. 이 사전을 이용하여 복합 키에 대한 정보를 확인할 수 있습니다.

```
select * from user_cons_columns
where table_name = 'MEMBER';
```

	OWNER	CONSTRAINT_NAME	TABLE_NAME	COLUMN_NAME	POSITION
1	ORAMAN	MEMBER_COMPOSITE	MEMBER	NAME	1
2	ORAMAN	MEMBER_COMPOSITE	MEMBER	HPHONE	2

user_cons_columns 사전에서 member_composite 복합 키의 제약 조건에 설정된 컬럼은 namerhk phone 2개인 것을 확인 할 수 있습니다.

14.3 제약 조건의 정보 변경

제약 조건은 테이블을 생성하면서 지정할 수도 있고, alter table 구문을 사용하여 해당 정보를 변경할 수 있습니다. 변경이라 함은 추가, 수정, 제거 등을 포함하는 용어입니다.

14.3.1 제약 조건의 이름 변경

이미 생성된 제약 조건에 대하여 이름을 변경할 수 있습니다. 이전에 생성한 테이블 tab01에 대한 제약 조건의 정보를 우선 확인해 보겠습니다. 내가 이름을 지정하지 않고 오라클 시스템에게 일임했기 때문에 'SYS_CXXXXX'의 형식으로 명명이 되어 있습니다. 이름이 명확하지 않기 때문에 차후 유지 보수를 함에 있어서 덜 직관적입니다. 이것을 이름 변경해 보도록 하겠습니다.

```
select t.constraint_name, t.table_name, c.column_name, t.constraint_type, t.status, t.search_condition
from user_constraints t join user_cons_columns c
on t.table_name = c.table_name and t.constraint_name = c.constraint_name
and t.table_name = 'TAB01';
```

CONSTRAINT_NAME	TABLE_NAME	COLUMN_NAME	CONSTRAINT_TYPE	STATUS	SEARCH_CONDITION
SYS_C008287	TAB01	ID	C	ENABLED	"ID" IS NOT NULL
SYS_C008288	TAB01	NAME	C	ENABLED	"NAME" IS NOT NULL

제약 조건의 이름을 정하는 규칙은 별도로 지정된 것은 없습니다. 하지만, 데이터 베이스를 많이 다루어 본 개발자들은 유일성(Uniqueness)을 보장 받기 위하여 다음과 같이 권장하고 있습니다.

항목	설명
명명 규칙	테이블이름_컬럼이름_제약조건유형
제약 조건 유형	primary key(PK), unique(UK), not null(NN), check(CK), foreign key(FK)
명명 예시	tab01_id_nn, tab01_name_nn

제약 조건의 이름 변경 구문은 다음과 같습니다.

제약 조건의 이름 변경

```
alter table 테이블이름 rename constraint 이전제약조건이름 to 신규제약조건이름 ;
```

테이블 tab01에 대한 제약 조건을 다음과 같이 변경해 보세요.

```
alter table tab01 rename constraint SYS_C008287 to tab01_id_nn ;
alter table tab01 rename constraint SYS_C008288 to tab01_name_nn ;
```

테이블 tab01에 대한 제약 조건의 정보를 다시 확인해 보도록 합니다.

```
select t.constraint_name, t.table_name, c.column_name, t.constraint_type, t.status, t.search_condition
from user_constraints t join user_cons_columns c
on t.table_name = c.table_name and t.constraint_name = c.constraint_name
and t.table_name = 'TAB01';
```

	CONSTRAINT_NAME	TABLE_NAME	COLUMN_NAME	CONSTRAINT_TYPE	STATUS	SEARCH_CONDITION
1	TAB01_ID_NN	TAB01	ID	C	ENABLED	"ID" IS NOT NULL
2	TAB01_NAME_NN	TAB01	NAME	C	ENABLED	"NAME" IS NOT NULL

14.3.2 제약 조건의 삭제

더 이상 필요가 없다고 판단이 되는 제약 조건은 삭제할 수 있습니다.

제약 조건 삭제 하기

```
alter table 테이블이름 drop [constraint 제약_조건_이름] ;
```

앞서 이름을 변경한 제약 조건에 대하여 삭제해 보도록 하겠습니다.

```
alter table tab01 drop constraint tab01_id_nn;
alter table tab01 drop constraint tab01_name_nn ;
```

14.3.3 primary key 제약 조건

오라클에서는 primary key를 위한 제약 조건 문법을 별도로 만들어 두고 있습니다. id 컬럼에 대하여 기본 키 제약 조건을 만들어 보고, 다시 삭제해 보는 실습을 하겠습니다. primary key는 예외적으로 다음과 같이 수행해도 동일한 결과가 도출됩니다.

primary key 제약 조건 추가하기

```
alter table 테이블이름 add primary key(컬럼이름);
```

다음과 같이 id 컬럼에 primary key 제약 조건을 추가하고, 제약 조건을 확인해 보도록 합니다.

```
alter table tab01 add primary key(id);
```

CONSTRAINT_NAME	TABLE_NAME	COLUMN_NAME	CONSTRAINT_TYPE	STATUS	SEARCH_CONDITION
SYS_C008298	TAB01	ID	P	ENABLED	(null)

primary key 제약 조건의 삭제는 다음과 같이 수행하면 됩니다.

primary key 제약 조건 제거하기

```
alter table 테이블이름 drop primary key ;
```

tab01 테이블의 제약 조건은 다음과 같이 삭제가 가능합니다.

```
alter table tab01 drop primary key ;
```

14.3.4 제약 조건의 추가와 삭제

일반 컬럼에 대한 제약 조건을 추가하고자 하는 경우 다음 문법을 사용하면 됩니다.

제약 조건 추가하기

```
alter table 테이블이름 add [constraint 제약_조건_이름] 제약 조건_타입 ( 컬럼이름 ) ;
```

다음은 name 컬럼에 unique 제약 조건을 추가하는 구문입니다.

```
alter table tab01 add constraint tab01_name_uk unique(name) ;
```

일반 컬럼에 대한 제약 조건을 삭제하고자 하는 경우 다음 문법을 사용하면 됩니다.

제약 조건 삭제하기

```
alter table 테이블이름 drop [constraint 제약_조건_이름] ;
```

다음은 name 컬럼의 unique 제약 조건을 삭제하는 구문입니다.

```
alter table tab01 drop constraint tab01_name_uk ;
```

14.3.5 not null 제약 조건

not null과 관련된 제약 조건은 다음 문법을 사용하면 됩니다.

not null 제약 조건

```
alter table 테이블이름 modify ( 컬럼이름 constraint 제약_조건_이름 not null) ;
```

요점 정리

- 제약 조건이란 테이블에 적절하지 못한 데이터가 들어 오거나, 수정이 되지 못하도록 사전에 정의하는 막음 조치를 말합니다.
- user_constraints 데이터 사전은 제약 조건에 대한 정보를 보여 주는 사전입니다.
- 제약 조건을 지정하는 방식은 크게 컬럼 레벨 방식과 테이블 레벨 방식이 있습니다.
- 복합(composite) 기본 키란 2개 이상의 컬럼을 사용하여 하나의 기본 키를 구성하는 경우를 말합니다.
- 제약 조건과 관련된 오류 메시지에서 자주 접하는 항목들을 다음과 같은 항목들이 있습니다.

오류 내용	설명
ORA-00001	해당 컬럼에 unique 제약 조건이 설정되어 있으므로 동일한 값의 데이터는 인서트가 불가능합니다.
ORA-01400	해당 컬럼에 not null 제약 조건이 설정되어 있는 데, 데이터를 입력하지 않았습니다.
ORA-02290	해당 컬럼에 대한 check 제약 조건을 위반하면 발생하는 오류 메시지입니다.

연습 문제

- 곰돌이 사용자의 모든 테이블에 대하여 데이터 사전을 이용하여 제약 조건을 확인해 보도록 하세요.

	TABLE_NAME	CONSTRAINT_NAME	CONSTRAINT_TYPE	STATUS	SEARCH_CONDITION
1	BOOKS	SYS_C008687	P	ENABLED	(null)
2	CUSTOMERS	SYS_C008680	P	ENABLED	(null)
3	ORDERS	SYS_C008681	P	ENABLED	(null)

- 데이터 사전 user_cons_columns와 조인한 결과를 출력해 보세요.

	CONSTRAINT_NAME	TABLE_NAME	COLUMN_NAME	CONSTRAINT_TYPE	STATUS	SEARCH_CONDITION
1	SYS_C008680	CUSTOMERS	ID	P	ENABLED	(null)
2	SYS_C008687	BOOKS	BID	P	ENABLED	(null)
3	SYS_C008681	ORDERS	OID	P	ENABLED	(null)

- 각 테이블의 제약 조건의 이름을 그림과 같이 변경해 보세요.

	TABLE_NAME	CONSTRAINT_NAME	CONSTRAINT_TYPE	STATUS	SEARCH_CONDITION
1	BOOKS	BOOKS_BID_PK	P	ENABLED	(null)
2	CUSTOMERS	CUSTOMERS_ID_PK	P	ENABLED	(null)
3	ORDERS	ORDERS_OID_PK	P	ENABLED	(null)

- 모든 테이블에 대한 제약 조건의 정보를 다시 확인해 보도록 합니다.

	CONSTRAINT_NAME	TABLE_NAME	COLUMN_NAME	CONSTRAINT_TYPE	STATUS	SEARCH_CONDITION
1	BOOKS_BID_PK	BOOKS	BID	P	ENABLED	(null)
2	ORDERS_OID_PK	ORDERS	OID	P	ENABLED	(null)
3	CUSTOMERS_ID_PK	CUSTOMERS	ID	P	ENABLED	(null)

MEMO

Chapter

15

참조 무결성 제약 조건

Summary

참조 무결성 제약 조건은 데이터 베이스의 신뢰도 및 무결성 향상을 위하여 가장 중요한 개념입니다. 이번 장에서는 참조 무결성 제약 조건을 실습하기 위하여 테이블을 여러 개 생성합니다. 여러 테이블간의 참조 관계를 설정하고, 이러한 설정 기록이 제대로 잘 반영이 되는지 테스트를 수행해 보도록 합니다. 마지막으로 다중 테이블을 이용한 조인의 방법에 대해서도 살펴 보도록 하겠습니다.

참조 무결성 제약 조건은 외래 키 제약 조건이라고도 합니다. 부모 테이블과 자식 테이블의 관계에서 참조 무결성 제약 조건은 자식 테이블의 외래 키는 부모 테이블의 기본 키와 도메인이 동일해야 함을 의미하고, 자식 테이블의 값이 변경되고자 하는 경우 부모 테이블의 제약을 받는다는 것입니다. 즉 부모 테이블의 값과 다른 값으로 삽입이나, 수정이 되고자 하는 경우 거부가 되고, 반대로 자식 테이블이 참조하고 있는 값을 부모 테이블에서 삭제하거나 다른 값으로 변경하려고 하면 거부가 되는 것을 의미합니다.

15.1 제약 조건

다음 그림을 사용하여 제약 조건에 대한 설명을 하도록 하겠습니다.

15.1.1 참조 무결성 제약 조건

다음과 같이 회원 테이블과 게시물 테이블에 대하여 고려해 봅시다. 우선 master 테이블과 detail 테이블이라는 용어에 대한 정리 표를 봅니다.

용어	설명
master 테이블	main(부모) 테이블으로써 primary key를 가지고 있습니다. primary key란 테이블에 대한 행을 구분하기 위한 유일한(unique) 식별자 컬럼을 의미합니다.
detail 테이블	sub(자식) 테이블로써 foreign key를 가지고 있습니다. foreign key란 master 테이블의 primary key 를 참조하고 있는 detail 테이블의 컬럼을 의미합니다.

employees 테이블 : parent key(부모 키 값)

아이디	이름	급여
an	안중근	800
yusin	김유신	100
yoon	윤봉길	500

게시물 작성자 중에서 'sim09'는
회원 테이블에 존재하지 않는 회원입니다.

boards 테이블 : child key(자식 키 값)

번호	작성자	제목
1	an	가가
2	an	나나
3	yusin	다다
4	yusin	라라
5	null	마마
6	sim09	바바

좌측의 employees 테이블은 master 테이블이라고 하고, 우측의 boards 테이블은 detail 테이블이라고 합니다. 좌측의 '아이디' 컬럼은 해당 테이블에서 행을 구분 짓기 위한 기본 키로 사용이 되고, 우측의 '작성자' 컬럼은 좌측의 employees 테이블의 '아이디' 컬럼을 참조하고 있는 컬럼으로 이를 외래 키 (foreign key)라고 합니다. 그리고, 이 두 개의 테이블이 기본 키와 외래 키를 이용하여 참조 하고 있는 관계이므로 이것을 참조 무결성 제약 조건이라고 합니다.

데이터 무결성(data integrity)은 데이터의 정확성과 일관성을 유지하고 보증하는 것을 의미합니다. 사실 위의 예시는 데이터 무결성 조건을 충족하고 있지 않습니다. 왜냐하면 boards 테이블의 작성자가 'sim09'인 회원은 employees 테이블에 존재하지 않습니다. 이러한 것은 '참조 무결성 제약 조건을 위배(違背)했다'고 표현합니다.

데이터 베이스를 설계할 때, 이러한 조건은 매우 중요한 항목입니다. 무결성을 잘 유지해야만 잘못된 데이터가 들어 오는 것을 막을 수 있습니다. 제약 조건은 이렇듯 원하지 않는 데이터가 입력/수정되는 것을 방지하기 위한 용도로 사용되어야 하며 특정컬럼에 제약(제한 사항)을 주는 것을 의미합니다.

참조 무결성 제약 조건은 다음과 같은 조건을 충족해야 합니다.

참조 무결성 제약 조건의 충족 요건

부모 테이블은 자식 테이블에서 사용중인 데이터는 삭제가 불가능합니다.
자식 테이블은 부모 테이블이 가지고 있는 값 또는 null 값을 가질 수 있습니다.

참조 무결성 제약 조건을 지정하는 문법은 다음과 같습니다.

참조 무결성 제약 조건 지정 방법

```
alter table detail_테이블
add constraint 제약_조건_이름
foreign key(포린키) references master_테이블 (기본 키)
on delete set null  ¦ on delete cascade ;
```

예를 들어 회원 테이블과 게시물 테이블에 대하여 다음과 같이 참조 무결성을 지정할 수 있습니다. 즉, 존재하지 않은 회원은 게시물을 남길 수 없음을 의미하는 구문입니다.

```
alter table boards
add constraint boards_writer_fk
foreign key(writer) references employees(id) ;
-- Table BOARDS이(가) 변경되었습니다.
```

이러한 참조 무결성 제약 조건이 설정되고 나면 부모 테이블에서 자식 테이블에서 사용중인 데이터는 삭제를 할 수 없습니다.
왜냐하면 참조 무결성 제약 조건의 충족 요건에 위반하기 때문입니다. 다음과 같이 데이터 삭제 테스트를 수행해 보도록 하겠습니다.

```
delete from employees where id = ‘an’ ;
명령의 111 행에서 시작하는 중 오류 발생 -
delete from employees where id = ‘an’
오류 보고 -
ORA-02292: integrity constraint (ORAMAN.BOARDS_WRITER_FK) violated - child record found
```

자식 테이블은 부모 테이블이 가지고 있는 값 또는 null 값을 가질 수 있습니다. 다음 구문은 작성자의 아이디를 존재하지 않는 'sim09'로 변경하려고 시도합니다. 부모 테이블의 primary key가 존재하지 않으므로 업데이트를 실패합니다.

```
update boards set writer = ‘sim09’ ;
명령의 121 행에서 시작하는 중 오류 발생 -
update boards set writer = ‘sim09’
오류 보고 -
ORA-02291: integrity constraint (ORAMAN.BOARDS_WRITER_FK) violated - parent key not found
```

다음 구문은 작성자의 아이디를 모두 null로 변경하려고 시도합니다. 업데이트에 전혀 문제가 없습니다. 실습을 마치고 다시 롤백하도록 합니다.

```
update boards set writer = null ;
rollback ;
```

15.1.2 on delete set null

다음과 같이 회원 테이블과 게시물 테이블을 고려해 봅니다. 일반적인 쇼핑몰에서는 회원이 탈퇴하더라도, 게시물의 정보를 삭제하지 않고, 남겨 두는 경향이 있습니다. 해당 회원의 id 정보가 삭제가 되므로, 게시물의 id 정보는 무결성 유지를 위하여 다른 값으로 대체가 되어야 하는 데, 이때 null이라는 값을 사용합니다. 이때 사용되는 개념이 바로 'on delete set null' 옵션입니다. 즉, 삭제가 되었을 때 외래 키 의 값이 null 값으로 치환이 되어야 함을 의미합니다.

이러한 예시는 상품에도 적용이 가능합니다. 더 이상 판매되지 않는 상품이 삭제가 되면, 해당 상품에 따른 매출 정보의 데이터 역시 null 값으로 대체가 되어야 합니다.

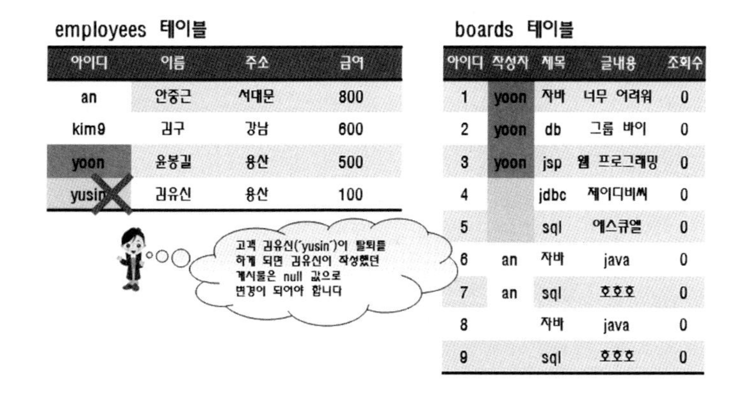

아이디	이름	주소	급여
an	안중근	서대문	800
kim9	김구	강남	600
yoon	윤봉길	용산	500
yusin	김유신	용산	100

아이디	작성자	제목	글내용	조회수
1	yoon	자바	너무 어려워	0
2	yoon	db	그룹 바이	0
3	yoon	jsp	웹 프로그래밍	0
4		jdbc	제이디비씨	0
5		sql	에스큐엘	0
6	an	자바	java	0
7	an	sql	호호호	0
8		자바	java	0
9		sql	호호호	0

15.1.3 게시물 테이블 수정하기

이전에 작성하였던 게시물 테이블에 대한 참조 무결성 제약 조건을 삭제하고 다시 설정하도록 합니다.

```
alter table boards drop constraint boards_writer_fk ;

alter table boards add constraint boards_writer_fk
foreign key(writer) references employees(id) on delete set null  ;
-- Table BOARDS이(가) 변경되었습니다.

select * from boards ;
```

	NO	WRITER	PASSWORD	SUBJECT	CONTENT	READHIT	REGDATE
1	1	an	abc123	자바	너무 어려워	0	80/12/25
2	2	an	abc123	db	그룹 바이	0	88/07/17
3	3	an	abc123	jsp	웹 프로그래밍	0	86/08/15
4	4	queen	abc123	jdbc	제이디비씨	0	90/01/22
5	5	queen	abc123	sql	에스큐엘	0	93/06/17
6	6	maria	abc123	자바	java	0	90/01/22
7	7	maria	abc123	sql	호호호	0	08/06/17
8	8	(null)	abc123	자바	java	0	90/01/22
9	9	(null)	abc123	sql	호호호	0	08/06/17

15.1.4 상품 테이블 생성하기

상품 테이블은 다음과 같은 테이블 명세를 이용하여 생성하도록 합니다.

컬럼	데이터 타입	길이	기본 값	널 허용	코멘트
num	int			no	상품 번호를 의미하며, 기본 키입니다.
name	varchar2	50		no	상품의 이름입니다.
company	varchar2	50		yes	상품의 거래처 이름입니다.
image	varchar2	30		yes	상품에 사용할 이미지 파일 이름입니다.
stock	number		0	yes	상품의 재고 수량입니다.
price	number		0	yes	상품의 단가입니다.
category	varchar2	12		yes	상품에 대한 카테고리입니다.
contents	varchar2	300		yes	상품에 대한 상세 설명입니다.
point	number			yes	상품 구매시 적립할 금액입니다.
inputdate	date		sysdate	yes	상품의 입고 일자입니다.

다음 구문은 상품 테이블을 생성하고, 데이터를 추가하는 구문입니다.

```
-- drop sequence seqprod ;
-- drop table products purge ;

create sequence seqprod start with 1 increment by 1 nocache ;

-- name : 상품명, company : 제조 회사, image : 상품 이미지
-- stock : 재고 수량, point : 적립 포인트, inputdate : 입고 일자, category : 카테고리
create table products(
		num			int primary key,
		name			varchar2(50) not null,
		company	varchar2(50),
		image			varchar2(30),
		stock			int default 0,
		price			int default 0,
		category				varchar2(12),
		contents	varchar2(300),
		point			int default 0,
		inputdate date default sysdate
);
```

```
insert into products(num, name, company, image, stock, price, category, contents, point, inputdate)
values(seqprod.nextval, '소보루', '샤니', 'smile.jpg', 100, 1000, 'bread', '맛있어요', 10,
sysdate );
insert into products(num, name, company, image, stock, price, category, contents, point, inputdate)
values(seqprod.nextval, '크림빵', '샤넬', 'smile.jpg', 50, 2000, 'bread', '맛있어요', 20,
sysdate );
insert into products(num, name, company, image, stock, price, category, contents, point, inputdate)
values(seqprod.nextval, '콜라', '코카', 'smile.jpg', 30, 3000, 'beverage', '탁쏩니다', 30,
sysdate );
insert into products(num, name, company, image, stock, price, category, contents, point, inputdate)
values(seqprod.nextval, '사이다', '칠성', 'smile.jpg', 40, 4000, 'beverage', '탁쏩니다', 40,
sysdate );
insert into products(num, name, company, image, stock, price, category, contents, point, inputdate)
values(seqprod.nextval, '환타', '코카', 'smile.jpg', 50, 5000, 'beverage', '탁쏩니다', 50,
sysdate );
insert into products(num, name, company, image, stock, price, category, contents, point, inputdate)
values(seqprod.nextval, '치킨', '네네', 'smile.jpg', 50, 5000, 'chicken', '맛없어요', 60,
sysdate);
commit ;

select num, name, company, stock, price from products  ;
```

	NUM	NAME	COMPANY	STOCK	PRICE
1	1	소보루	샤니	100	1000
2	2	크림빵	샤넬	50	2000
3	3	콜라	코카	30	3000
4	4	사이다	칠성	40	4000
5	5	환타	코카	50	5000
6	6	치킨	네네	50	5000

15.1.5 on delete cascade

다음과 같이 주문 테이블과 주문 상세 테이블을 고려해 봅니다. 쇼핑몰에서 고객이 특정 주문을 취소한다고 가정할 때, 주문 상세 정보는 동시에 삭제가 되어야 합니다. 이때 사용되는 개념이 바로 'on delete cascade' 옵션입니다.

주문(orders) 테이블

송장 번호	고객 아이디	주문 일자
1	an	2021-03-26
2	soon	2021-03-26
3	an	2021-03-26

주문 상세(orderdetails) 테이블

기본 키	송장 번호	상품 번호	구매 수량
1	1	1	10
2	1	2	5
3	2	1	10
4	2	3	10
[illegible]	3	1	5
[illegible]	3	4	20

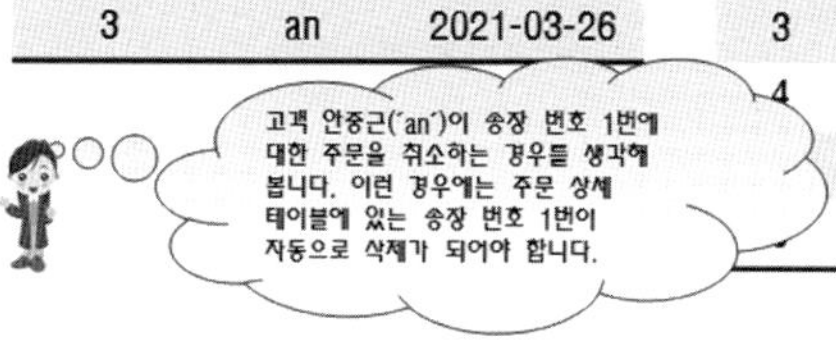

고객 안중근('an')이 송장 번호 1번에 대한 주문을 취소하는 경우를 생각해 봅니다. 이런 경우에는 주문 상세 테이블에 있는 송장 번호 1번이 자동으로 삭제가 되어야 합니다.

15.1.6 주문 테이블 생성하기

주문 테이블을 다음과 같이 생성하도록 합니다. 주문 테이블은 회원 테이블과 참조 무결성 조건을 지정해 주어야 합니다.

컬럼	데이터 타입	길이	기본 값	널 허용	코멘트
oid	number			no	주문(송장) 번호이며, 기본 키 입니다
mid	varchar2	10		yes	회원 아이디를 의미합니다.
orderdate	date		sysdate	yes	주문한 날짜입니다

다음은 주문 테이블을 생성하는 구문입니다.

```
-- drop sequence seqoid ;
-- drop table orders purge ;

create sequence seqoid start with 1 increment by 1 nocache ;
create table orders(
  oid number primary key,
  mid varchar2(10) references employees(id) on delete set null,
  orderdate date default sysdate
);
```

15.1.7 주문 상세 테이블 생성하기

주문 상세 테이블을 생성해 봅니다. 주문 상세 테이블은 상품 테이블 및 주문 테이블과 참조 무결성 조건을 지정해 주어야 합니다.

컬럼	데이터 타입	길이	기본 값	널 허용	코멘트
odid	number			no	주문 상세를 위한 기본 키입니다.
oid	number			no	주문(송장) 번호이며, 주문 테이블의 oid 컬럼에 대한 외래 키 입니다.(on delete cascade)
pnum	number			yes	상품 번호를 의미하며, 상품 테이블의 num 컬럼에 대한 외래 키입니다.(on delete set null)
qty	number			yes	해당 상품의 주문 수량을 의미합니다.

다음은 주문 상세 테이블을 생성하는 구문입니다.

```
-- drop sequence seqodid ;
-- drop table orderdetails purge ;

create sequence seqodid start with 1 increment by 1 nocache ;

-- pnum : 상품 번호, qty : 주문 수량
create table orderdetails(
  odid number primary key,
  oid number references orders(oid) on delete cascade,
  pnum number references products(num) on delete set null,
  qty number
);
```

15.1.8 주문 데이터 생성하기

다음과 같이 3건의 주문 데이터를 생성하도록 합니다. 안중근('an') 고객이 2건을, 유관순('soon') 고객이 1건의 주문을 한다고 가정합니다.

주문 내역

'안중근'이 시퀀스 seqoid를 사용하여 주문을 합니다.
해당 송장 번호를 확인하고, 주문 상세 테이블에 데이터를 다음과 같이 추가합니다.
1번 상품 10개, 2번 상품 5개를 구매합니다.

'유관순'이 시퀀스 seqoid를 사용하여 주문을 합니다.
해당 송장 번호를 확인하고, 주문 상세 테이블에 데이터를 다음과 같이 추가합니다.
1번 상품 10개, 3번 상품 10개를 구매합니다.

'안중근'이 시퀀스 seqoid를 사용하여 주문을 합니다.
해당 송장 번호를 확인하고, 주문 상세 테이블에 데이터를 다음과 같이 추가합니다.
1번 상품 5개, 4번 상품 20개를 구매합니다.

상품(products) 테이블

상품 번호	상품 이름	제조 회사
1	소보루	샤니
2	크림빵	샤넬
3	콜라	코카
4	사이다	칠성
5	환타	코카
6	치킨	네네

주문 상세(orderdetails) 테이블

기본 키	송장 번호	상품번호	구매 수량	비고
1	1	null	10	1번 상품 21/05/06 시점에 삭제됨
2	1	2	5	
3	2	null	10	1번 상품 21/05/06 시점에 삭제됨
4	2	3	10	
5	3	null	5	1번 상품 21/05/06 시점에 삭제됨
6	3	4	20	

```
-----------------------------------------------------------------------
insert into orders(oid, mid, orderdate) values(seqoid.nextval, 'an', sysdate) ;
select max(oid) from orders ;
insert into orderdetails(odid, oid, pnum, qty) values(seqodid.nextval, 1, 1, 10) ;
insert into orderdetails values(seqodid.nextval, 1, 2, 5) ;
select * from orders ;
select * from orderdetails ;
-----------------------------------------------------------------------
insert into orders(oid, mid, orderdate) values(seqoid.nextval, 'soon', sysdate) ;
select max(oid) from orders ;
insert into orderdetails(odid, oid, pnum, qty) values(seqodid.nextval, 2, 1, 10) ;
insert into orderdetails values(seqodid.nextval, 2, 3, 10) ;
select * from orders ;
select * from orderdetails ;
-----------------------------------------------------------------------
insert into orders(oid, mid, orderdate) values(seqoid.nextval, 'an', sysdate) ;
select max(oid) from orders ;
insert into orderdetails(odid, oid, pnum, qty) values(seqodid.nextval, 3, 1, 5) ;
insert into orderdetails values(seqodid.nextval, 3, 4, 20) ;
select * from orders ;
select * from orderdetails ;
commit ;
```

15.1.9 삭제 테스트 하기

참조 무결성 제약 조건을 사용하여 신규 테이블 및 이전 테이블에 대한 명세들을 추가/수정하였습니다. 이제 이러한 데이터들이 잘 동작하는 지 테스트를 해보도록 하겠습니다.

상품 삭제 테스트

remark(히스토리를 저장할 컬럼) 컬럼을 추가합니다.
주문 상세 테이블에서 1번 상품이 있는지 확인합니다.
상품 테이블에서 1번 상품을 삭제합니다.
주문 상세 테이블에서 1번 상품의 컬럼이 null로 변경이 되었는지 확인합니다.
롤백을 합니다.

상품(products) 테이블

상품 번호	상품 이름	제조 회사
1	소보루	샤니
2	크림빵	샤넬
3	콜라	코카
4	사이다	칠성
5	환타	코카
6	치킨	네네

주문 상세(orderdetails) 테이블

기본 키	송장 번호	상품번호	구매 수량	비고
1	1	null	10	1번 상품 21/05/06 시점에 삭제됨
2	1	2	5	
3	2	null	10	1번 상품 21/05/06 시점에 삭제됨
4	2	3	10	
5	3	null	5	1번 상품 21/05/06 시점에 삭제됨
6	3	4	20	

```
alter table orderdetails add(remark varchar2(255)) ;
select * from orderdetails ;
update orderdetails set remark = '1번 상품 ' || sysdate || ' 시점에 삭제됨'
where pnum = 1 ;
delete from products where num = 1 ;
select * from orderdetails ;
rollback ;
```

회원 탈퇴 테스트

remark(히스토리를 저장할 컬럼) 컬럼을 추가합니다.
게시물 테이블에 안중근('an') 회원이 작성한 글이 있는 지 확인합니다.
주문 테이블의 아이디 컬럼이 안중근('an') 회원인 항목이 있는지 확인합니다.
안중근 회원을 탈퇴 시켜 봅니다.
게시물 테이블에 안중근('an') 회원의 컬럼이 null로 변경이 되었는지 확인합니다.
주문 테이블의 아이디 컬럼이 null로 변경이 되었는지 확인합니다.
롤백을 합니다.

```
alter table boards add(remark varchar2(255));
alter table orders add(remark varchar2(255));

update boards set remark = 'an 회원 탈퇴함' where writer = 'an' ;
update orders set remark = 'an 회원 탈퇴함' where mid = 'an' ;

-- remark 컬럼에 주목하여 확인 바랍니다.
select * from boards where writer = 'an' ;
select * from orders where mid = 'an' ;
```

```
delete from employees where id = 'an' ;

select * from boards ;
select * from orders ;
rollback ;
```

주문 취소 테스트

주문 상세 테이블에 송장 번호 1번이 존재하는 지 확인합니다.
주문 테이블에서 송장 번호 1번을 삭제합니다.
주문 상세 테이블에 송장 번호 1번이 삭제 되었는 지 확인합니다.
롤백을 합니다.

```
select * from orderdetails where oid = 1 ;
delete from orders where oid = 1 ;
select * from orderdetails where oid = 1 ;
rollback ;
```

15.1.10 다차원 조인하기

지금까지 회원(employees), 게시물(boards), 상품(produts), 주문(orders), 주문 상세(orderdetails) 테이블을 생성하였습니다. 이러한 테이블을 3개 이상 사용하여 다차원의 조인을 적용할 수 있습니다. 다음과 같이 여러 가지 방식으로 조인 테스트를 수행해 보도록 하겠습니다.

주문을 한 고객의 이름, 상품 이름, 구매 수량, 금액을 조회하되 상품 이름으로 내림차순, 사람 이름을 오름차순으로 정렬해보세요.

```
select m.name as mname, p.name pname, od.qty, od.qty * p.price as amount
from ((employees m inner join orders o
on m.id=o.mid) inner join orderdetails od
on o.oid=od.oid) inner join products p
on od.pnum=p.num
order by p.name desc, m.name asc ;
```

	MNAME	PNAME	QTY	AMOUNT
1	안중근	크림빵	5	10000
2	유관순	콜라	10	30000
3	안중근	소보루	5	5000
4	안중근	소보루	10	10000
5	유관순	소보루	10	10000
6	안중근	사이다	20	80000

각 사원들은 몇 건의 게시물을 작성했는지, 사원의 이름과 건수를 조회하되, 이름의 역순으로 출력하세요.

```
select m.name, count(*) as cnt
from employees m inner join boards b
on m.id=b.writer
group by m.name
order by m.name desc  ;
```

	NAME	CNT
1	조마리아	2
2	안중근	3
3	선덕여왕	2

주문을 한번이라도 한 고객들의 이름, 상품 이름, 구매 수량, 금액을 조회하세요.

```
select m.name, p.name, od.qty, p.price * od.qty
from ((employees m inner join orders o
on m.id=o.mid) inner join orderdetails od
on o.oid=od.oid) inner join products p
on od.pnum=p.num ;
```

	NAME	NAME_1	QTY	P.PRICE*OD.QTY
1	안중근	소보루	5	5000
2	유관순	소보루	10	10000
3	안중근	소보루	10	10000
4	안중근	크림빵	5	10000
5	유관순	콜라	10	30000
6	안중근	사이다	20	80000

각 고객들이 구매한 상품들의 매출 총액을 구해 보세요.

```
select m.id, sum(p.price * od.qty) as sumtotal
from ((employees m inner join orders o
on m.id=o.mid) inner join orderdetails od
on o.oid=od.oid) inner join products p
on od.pnum=p.num
group by m.id ;
```

	ID	SUMTOTAL
1	an	105000
2	soon	40000

각 고객들에 대한 매출 총액을 구하되 총 매출 금액이 100,000원 이상인 고객 정보만 조회해 보세요.

group by에서 필터링은 having 절을 사용해야 합니다.

```
select m.name, sum(p.price * od.qty) as sumtotal
from ((employees m inner join orders o
on m.id=o.mid) inner join orderdetails od
on o.oid=od.oid) inner join products p
on od.pnum=p.num
group by m.name
having  sum(p.price * od.qty) >= 100000  ;
```

	NAME	SUMTOTAL
1	안중근	105000

요점 정리

- 참조 무결성 제약 조건은 데이터 베이스의 신뢰도 및 무결성 향상을 위하여 필요한 아주 중요한 개념입니다.
- 데이터 무결성(data integrity)은 데이터의 정확성과 일관성을 유지하고 보증하는 것을 절차를 의미합니다.
- 다차원 조인이란 3개 이상의 테이블을 사용하여 조인을 수행하는 조인 방식입니다.

용어	설명
master 테이블	main(부모) 테이블으로써 primary key를 가지고 있습니다. primary key란 테이블에 대한 행을 구분하기 위한 유일한(unique) 식별자 컬럼을 의미합니다.
detail 테이블	sub(자식) 테이블로써 foreign key를 가지고 있습니다. foreign key: master 테이블의 primary key 를 참조하고 있는 컬럼을 의미합니다.

- 참조 무결성 제약 조건은 다음과 같은 조건을 충족해야 합니다.

참조 무결성 제약 조건

부모 테이블은 자식 테이블에서 사용중인 데이터는 삭제가 불가능합니다.
자식 테이블은 부모 테이블이 가지고 있는 값 또는 null 값을 가질 수 있습니다.

- 참조 무결성 제약 조건 지정 방법은 다음과 같습니다.

참조 무결성 제약 조건 지정 방법

```
alter table detail_테이블
add constraint 제약_조건_이름
foreign key(포린키) references master_테이블 (기본 키)
on delete set null  ¦ on delete cascade ;
```

연습 문제

● 주문 테이블과 고객 테이블에 대하여 참조 무결성 제약 조건을 설정해 보세요.
고객의 id 컬럼과 주문 테이블의 cid 컬럼이 개념적으로 동일한 컬럼입니다.

● 다음 문장을 사용하여 고객 '윤봉길'의 탈퇴 테스트를 진행해 보세요. 탈퇴가 가능한지 파악해보고, 왜 이러한 이유가 발생했는 지 설명해 보세요.

```
delete from customers where id = ‘an’ ;
```

● 다음 문장이 왜 오류가 발생하는 지 설명해 보세요.

```
update orders set cid = ‘choi’ ;
```

● 고객이 회원 탈퇴를 하는 경우, 해당 주문 매출 내역은 그대로 보존이 되어야 합니다.
이를 위하여 제약 조건을 변경해 보세요.

● 다음과 같이 고객 탈퇴 테스트를 수행해 보세요.

고객 탈퇴 테스트

주문 테이블에 remark(히스토리를 저장할 컬럼) 컬럼을 추가합니다.
주문 테이블에서 고객 ‘yusin’이 있는지 확인합니다.
고객 테이블에서 고객 ‘yusin’을 삭제합니다.
주문 테이블에서 고객 ‘yusin’의 컬럼 cid와 remark 컬럼 정보를 확인합니다.
롤백을 합니다.

● 특정 서적이 삭제가 될 때, 해당 서적과 관련된 매출은 자동으로 사라진다고 가정하겠습니다.
이를 위하여 제약 조건을 변경해 보세요.

연습 문제

- 다음과 같이 서적 탈퇴 테스트를 수행해 보세요.

서적 삭제 테스트

주문 테이블에 서적 'jsp'가 존재하는 지 확인합니다.
서적 테이블에서 서적 'jsp'를 삭제합니다.
주문 테이블에 서적 'jsp'가 삭제 되었는 지 확인합니다.
롤백을 합니다.

- 주문을 한 고객의 이름, 주소, 서적의 이름, 판매 금액, 단가를 조회하되 서적의 이름으로 내림차순, 사람 이름을 오름차순으로 정렬해보세요.

	NAME	ADDRESS	BNAME	SALEPRICE	PRICE
1	신사임당	백제 공주	파이썬 프로그래밍	13000	123.4567
2	윤봉길	중국 상하이	파이썬 프로그래밍	21000	123.4567
3	김유신	신라 경주	자바 프로그래밍	7000	7700
4	신사임당	백제 공주	자바 프로그래밍	12000	7700
5	윤봉길	중국 상하이	자바 프로그래밍	6000	7700
6	안중근	조선 강원도	스프링 Framework	20000	22000
7	김유신	신라 경주	데이터 베이스 개론	8000	123.4567
8	신사임당	백제 공주	jsp 프로그래밍	6000	8800
9	안중근	조선 강원도	jsp 프로그래밍	13000	8800
10	윤봉길	중국 상하이	jsp 프로그래밍	12000	8800

MEMO

Chapter

16

뷰 (View)

Summary

이번 장에서는 실체가 존재하지 않고, 다른 테이블의 일부 내용을 제한시켜 보여 주는 View에 대하여 살펴 보도록 하겠습니다. View는 유형에 따라서 단순 뷰와 복합 뷰로 나뉘어 지는데 이 두 View의 차이점 및 사용법을 숙지해 보도록 하겠습니다. 그리고, View의 고급 기능으로 with check option, with read only, force 옵션 및 top N 구문에 대하여 살펴 보도록 하겠습니다.

뷰(View)는 한개 이상의 테이블에서 원하는 보는 데이터를 선택하여, 그들을 사용자 정의하여 나타낸 것입니다. 뷰는 기본 테이블(table)과 같이 행(column)과 열(row)로 구성되지만, 다른 테이블에 있는 데이터를 보여줄 뿐이며, 실제 테이블과 달리 데이터 자체를 포함하고 있는 것은 아닙니다. 뷰를 사용하면 여러 테이블이나 뷰를 하나의 테이블인 것처럼 볼 수 있습니다.

16.1 View와 Table

View는 물리적인 테이블에 근거하여 해당 테이블의 일부를 보여 주는 논리에 근거한 가상의 테이블입니다. 즉, 뷰는 다른 테이블이나 또 다른 뷰에서 파생된 논리적인 가상(virtual) 테이블을 의미합니다.

뷰의 특징

물리적인 저장 공간이 존재하지 않습니다.
쿼리(조회를 위한 select 문) 문장을 저장하고 있는 객체입니다.
이론적으로 한 개의 테이블에 생성 가능한 뷰의 개수는 제약이 없습니다.

다음은 View를 사용하면 얻을 수 있는 장점입니다.

용어	설명
독립성	테이블 구조가 변경이 되더라도 뷰를 사용하는 응용 프로그램은 영향을 받지 않습니다.
용이성	복잡한 질의를 뷰를 사용하게 되면 관련 질의를 select 구문으로 단순하게 작성할 수 있습니다.

용어	설명
제한성	테이블에 대한 직접적인 데이터 액세스를 제한(restriction)합니다.
보안성	숨기고 싶은 정보가 존재하는 경우, 뷰를 생성할 때 해당 컬럼을 빼고 생성하여 정보를 숨길 수 있습니다. 예를 들어서, 사원들의 급여 정보는 일반인에게 보여 주지 않습니다.

다음 그림은 View의 제한성과 보안성을 보여 주는 그림입니다. view01이라는 뷰를 통하여 사용자는 성별이 '남자'인 회원들의 name, password, gender 컬럼만 조회할 수 있습니다.

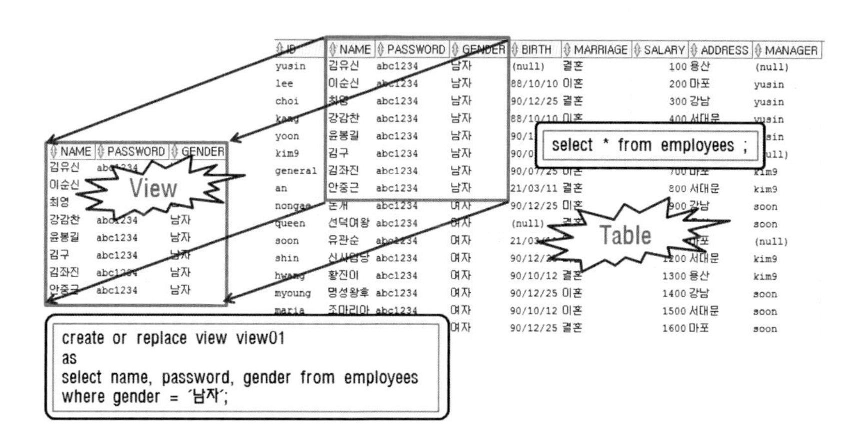

16.1.1 View 생성을 위한 사전 체크 사항

View는 모든 사용자가 생성할 수 있는 것은 아닙니다. 관리자가 View를 생성하기 위한 권한을 부여(grant)해 주어야 합니다. 다음 메시지는 View 생성 권한이 없는 사용자가 View를 생성하려고 시도할 때 나타나는 오류 메시지입니다.

뷰 생성 권한 없음

```
ORA-01031: insufficient privileges
01031. 00000 -  "insufficient privileges"
*Cause: An attempt was made to perform a database operation without the necessary privileges.
*Action: Ask your database administrator or designated security administrator to grant you
the necessary privileges
```

관리자는 oraman 사용자에게 다음과 같이 View 생성 권한을 부여해 주어야 합니다.

뷰 생성 권한 부여 하기

```
-- grant create view to 사용자 ;
grant create view to oraman ;
```

16.1.2 View 생성하기

이제 oraman 사용자는 View 생성 권한을 취득했습니다. View의 이름은 임의로 지정하여도 상관 없습니다. 편의상 View01이라고 하고, View를 생성해 보겠습니다. 우선 View의 생성 문법은 다음과 같습니다. View는 일반 프로그래밍처럼 소스 코드를 컴파일합니다. 따라서, [or replace] 구문은 optional 사항이지만, 습관적으로 작성해 줄 것을 개인적으로 권장합니다.

[or replace] 옵션은 해당 View가 없으면 생성라하고, 있으면 지우고 다시 생성하기 위한 옵션입니다.

뷰 생성 문법

```
create or replace view 뷰이름
as
select 구문 ;
```

성별이 '남자'인 회원들의 이름(name), 비밀 번호(password), 성별(gender) 컬럼을 조회해주는 뷰 View01를 생성해 보도록 하겠습니다.

```
create or replace view view01
as
select name, password, gender from employees
where gender = '남자';
-- View VIEW01이(가) 생성되었습니다.
```

다른 뷰를 몇 개 더 만들어 봅니다. 모든 회원들의 id, name, birth, address 컬럼을 조회해주는 뷰 View02를 생성해 보도록 하겠습니다.

```
create or replace view view02 as
select id, name, birth, address from employees ;
-- View VIEW02이(가) 생성되었습니다.
```

이번에는 성별이 '여자'인 회원들의 id, name, password, birth 컬럼을 조회해주는 뷰 View03를 생성해 보도록 하겠습니다.

```
create or replace view view03 as
select id, name, password, birth from employees where gender = '여자';
-- View VIEW03이(가) 생성되었습니다.
```

16.1.3 View 관련 데이터 사전

뷰 역시 user_views이라는 데이터 사전이 존재합니다. 이 사전의 text 컬럼에 sql 문장 정보가 저장되어 있습니다. 방금 생성한 뷰에 대한 정보를 확인해 보도록 하겠습니다.

```
desc user_views ;
select view_name, text from user_views where view_name = 'VIEW01' ;
```

VIEW_NAME	TEXT
VIEW01	select name, password, gender from employees where gender = '남자'

sql-developer을 사용해도 뷰의 내용을 확인할 수 있습니다.

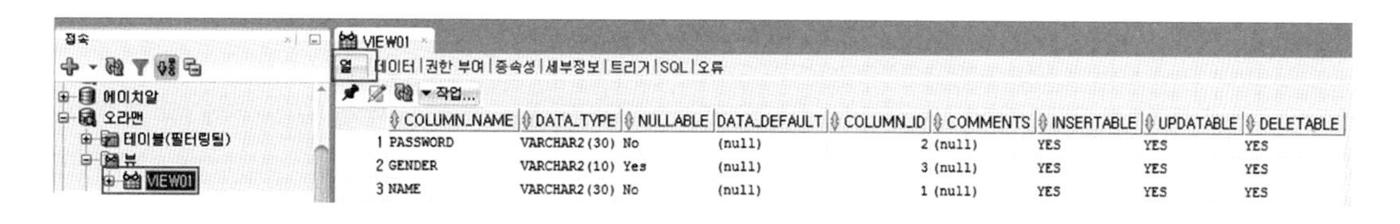

	COLUMN_NAME	DATA_TYPE	NULLABLE	DATA_DEFAULT	COLUMN_ID	COMMENTS	INSERTABLE	UPDATABLE	DELETABLE
1	PASSWORD	VARCHAR2(30)	No	(null)	2	(null)	YES	YES	YES
2	GENDER	VARCHAR2(10)	Yes	(null)	3	(null)	YES	YES	YES
3	NAME	VARCHAR2(30)	No	(null)	1	(null)	YES	YES	YES

16.1.4 View 정보 조회

View는 물리적인 테이블을 이용한 가상 테이블이라고 하였습니다. 따라서, 테이블이 사용했던 select 구문과 desc 구문을 모두 사용할 수 있습니다.

우선 내가 보유하고 있는 테이블과 뷰 목록은 다음과 같이 확인 가능합니다.

```
select * from tab ;
```

	TNAME	TABTYPE	CLUSTERID
1	BOARDS	TABLE	(null)
2	EMPLOYEES	TABLE	(null)
3	GRADES	TABLE	(null)
4	MEMBER	TABLE	(null)
5	MYEMP	TABLE	(null)
6	ORDERDETAILS	TABLE	(null)
7	ORDERS	TABLE	(null)
8	PRODUCTS	TABLE	(null)
9	SEQTABLE	TABLE	(null)
10	SET_A	TABLE	(null)
11	SET_B	TABLE	(null)
12	TAB01	TABLE	(null)
13	TAB02	TABLE	(null)
14	TAB03	TABLE	(null)
15	TAB04	TABLE	(null)
16	TABLE01	TABLE	(null)
17	TABLE02	TABLE	(null)
18	VIEW01	VIEW	(null)
19	VIEW02	VIEW	(null)
20	VIEW03	VIEW	(null)

다음은 View01에 대하여 desc 구문을 사용하여 구조를 확인할 수 있습니다.(하단 좌측 그림)
select 구문 역시 사용 가능합니다. (하단 우측 그림)

```
desc view01 ;
select * from view01;
```

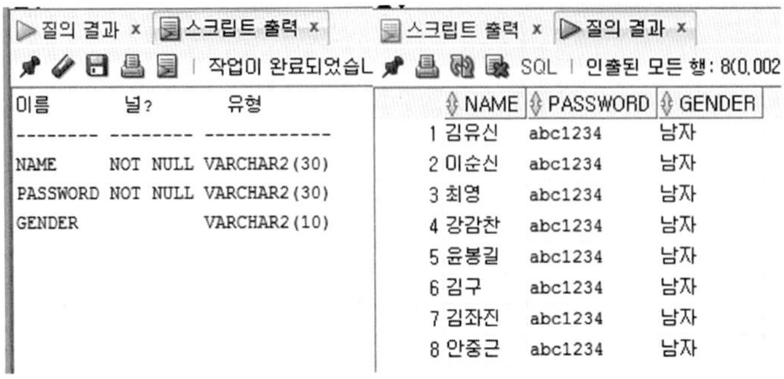

질의 결과 × 스크립트 출력 ×
작업이 완료되었습니

```
이름       널?       유형
-------- -------- ------------
NAME     NOT NULL VARCHAR2(30)
PASSWORD NOT NULL VARCHAR2(30)
GENDER            VARCHAR2(10)
```

스크립트 출력 × 질의 결과 ×
SQL | 인출된 모든 행: 8(0.002

	NAME	PASSWORD	GENDER
1	김유신	abc1234	남자
2	이순신	abc1234	남자
3	최영	abc1234	남자
4	강감찬	abc1234	남자
5	윤봉길	abc1234	남자
6	김구	abc1234	남자
7	김좌진	abc1234	남자
8	안중근	abc1234	남자

16.2 View의 응용

View는 참조한 테이블의 개수에 따라서, 단순 뷰와 복합 뷰로 나뉘어 집니다.

항목	단순 뷰	복합 뷰
테이블 개수	1개	n개(n >= 2)
그룹 함수 사용 가능 여부	불가능	가능
distinct 사용 가능 여부	불가능	가능
dml 사용 가능 여부	가능	불가능

16.2.1 실습용 임시 테이블 생성

다음 실습을 위하여 CTAS 기법을 사용하여 테이블 emp를 다음과 같이 생성합니다. emp 테이블은 id, name, password 컬럼은 필수적으로 입력해야 하는 사항입니다.

```
create table emp as
select id, name, password, gender, birth, marriage from employees  where gender = '남자';

alter table emp add primary key(id) ;
desc emp ;
```

```
emp 테이블의 컬럼 정보
이름          널?          유형
---------    --------  ------------
ID              NOT NULL VARCHAR2(20)
NAME          NOT NULL VARCHAR2(30)
PASSWORD  NOT NULL VARCHAR2(30)
GENDER                    VARCHAR2(10)
BIRTH                       DATE
MARRIAGE                 VARCHAR2(30)
```

16.2.2 단순 View를 사용한 DML 실습

가장 먼저 실습할 내용은 View를 사용한 dml 실습입니다. 우선 View를 두 개 생성하도록 하겠습니다.

```
create or replace view view04 as
select id, name, password from emp ;

create or replace view view05 as
select name, birth, gender from emp ;
```

뷰를 사용하여 데이터 추가를 간접적으로 할 수 있습니다. 다음 문장을 실행해 보겠습니다. 뷰 view04를 이용하여 insert 구문을 실행합니다. 그러면, 내부적으로 emp 테이블에 다음 데이터를 추가하게 됩니다.

```
insert into view04 values('sim', '심형래', '12345') ;
-- 1 행 이(가) 삽입되었습니다.
```

위의 예시에서 View는 select 구문에 대한 정보를 담고 있는 문장으로, insert 작업을 수행하게 되면 기본 테이블인 emp 테이블에 데이터가 추가됩니다. 참고로 View에는 insert 뿐만 아니라, update, delete 구문도 역시 가능합니다. View를 통하여 테이블의 데이터를 간접적으로 변경 작업을 수행하는 것입니다.

다음 문장을 실행해 보겠습니다. 뷰 view05를 이용하여 insert 구문을 실행하려고 시도합니다. 하지만 오류가 발생합니다. 왜냐하면 뷰 view05에는 id 컬럼에 데이터를 입력할 방법이 없기 때문입니다. 따라서, id 컬럼의 not null 제약 조건에서 문제가 생깁니다.

```
insert into view05 values('심형래', sysdate, '남자') ;
명령의 12 행에서 시작하는 중 오류 발생 -
insert into view05 values('심형래', sysdate, '남자')
오류 보고 -
ORA-01400: cannot insert NULL into ("ORAMAN"."EMP"."ID")
```

16.2.3 View와 그룹핑

그룹 함수 count를 사용하여 결혼 유형별 인원수를 구해 주는 뷰를 작성해 봅시다. 주의할 사항으로 그룹 함수를 사용하는 경우 생성되는 컬럼은 파생 컬럼이므로 뷰가 제대로 동작하려면 alias를 작성해 주어야 합니다.

```
create or replace view view06  as
select marriage, count(*) as cnt
from employees group by marriage ;

select * from view06 ;
```

	MARRIAGE	CNT
1	결혼	7
2	이혼	5
3	미혼	4

16.2.4 복합 View 사용해 보기

View의 장점 중에서 하나인 용이성은 복잡한 질의를 간단히 뷰로 사용할 있는 기능입니다. employees, boards 테이블을 조인하는 다음 구문을 살펴 보겠습니다. 회원 테이블과 게시물 테이블을 조인하려면 다음과 같이 복잡한 select 구문을 매번 작성해야 합니다.

```
select e.id, e.name, e.salary, b.subject, b.content
from employees e join boards b
on e.id = b.writer ;
```

	ID	NAME	SALARY	SUBJECT	CONTENT
1	an	안중근	880	jsp	웹 프로그래밍
2	an	안중근	880	db	그룹 바이
3	an	안중근	880	자바	너무 어려워
4	queen	선덕여왕	300	sql	에스큐엘
5	queen	선덕여왕	300	jdbc	제이디비씨
6	maria	조마리아	1650	sql	호호호
7	maria	조마리아	1650	자바	java

뷰를 사용하면 간단히 처리할 수 있습니다. 위의 예시를 view07으로 생성해 보겠습니다. 복잡한 문장 대신 view07를 select 구문의 from 절에 넣어서 간략히 조회할 수 있습니다.

```
create or replace view view07  as
select e.id, e.name, e.salary, b.subject, b.content
from employees e join boards b on e.id = b.writer ;

select * from view07 ;
```

	ID	NAME	SALARY	SUBJECT	CONTENT
1	an	안중근	880	jsp	웹 프로그래밍
2	an	안중근	880	db	그룹 바이
3	an	안중근	880	자바	너무 어려워
4	queen	선덕여왕	300	sql	에스큐엘
5	queen	선덕여왕	300	jdbc	제이디비씨
6	maria	조마리아	1650	sql	호호호
7	maria	조마리아	1650	자바	java

16.3 View의 고급 기능

이번 절에서는 View를 생성하되, 특정 컬럼을 수정하지 못하도록 하는 기능과 읽기 전용으로 만드는 기능 및 테이블이 존재하지 않더라도 미리 View를 생성할 수 있는 고급 기능들에 대하여 살펴 보도록 하겠습니다.

뷰 생성 문법

```
create[ or replace] [force | noforce] view 뷰이름
as
select 구문
[with check option]
[with read only];
```

구현해 보고자 하는 내용은 다음과 같습니다.

항목	설명
with check option	where 절에 명시한 컬럼에 한하여 수정을 하지 못하도록 하는 기능입니다.
with read only	View 전체에 대하여 읽기 전용을 지정하는 기능입니다.
force 옵션	테이블이 존재하지 않지만 미리 View를 생성하기 위한 기능입니다.
top N 구문	전체 데이터에 랭킹을 매기고, 특정 행부터 특정 행까지의 데이터를 추출해주는 기능을 의미합니다.

다음 실습을 위하여 임시 테이블 emphigh을 생성하도록 하겠습니다. 이번 실습은 별다른

언급이 없으면 emphigh 테이블을 사용하도록 하겠습니다.

```
create table emphigh as select * from employees  ;
alter table emphigh add primary key(id) ;
```

16.3.1 with check option

다음과 같은 View를 생각해 봅시다. 관리자가 김유신(yusin)인 모든 회원들의 정보를 출력해주는 뷰입니다.

```
create or replace view view08 as
select * from emphigh where manager = 'yusin' ;

select * from view08 ;
```

ID	NAME	PASSWORD	GENDER	BIRTH	MARRIAGE	SALARY	ADDRESS	MANAGER
lee	이순신	abc1234	남자	88/10/10	이혼	200	마포	yusin
choi	최영	abc1234	남자	90/12/25	결혼	300	강남	yusin
kang	강감찬	abc1234	남자	88/10/10	이혼	400	서대문	yusin
yoon	윤봉길	abc1234	남자	90/12/25	미혼	500	용산	yusin

관리자가 김유신(yusin)인 회원은 총 4명입니다. 여기서, 고객이 다음과 같은 요구 조건을 제시했다고 가정하겠습니다.

고객의 요구 사항

급여가 400이상인 모든 회원들에 대하여 관리자의 아이디를 'kim9'로 변경해야 합니다.
단, 관리자가 김유신(yusin)인 회원에게는 적용하지 말아야 합니다.

요구 사항에 의하여 데이터를 변경해야 하고, View를 사용한 update 구문을 다음과 같이 사용해야 합니다.

```
update view08 set manager = 'kim9' where salary >= 400 ;

select * from view08 ;
```

	ID	NAME	PASSWORD	GENDER	BIRTH	MARRIAGE	SALARY	ADDRESS	MANAGER
1	lee	이순신	abc1234	남자	88/10/10	이혼	220	마포	yusin
2	choi	최영	abc1234	남자	90/12/25	결혼	330	강남	yusin
3	kang	강감찬	abc1234	남자	88/10/10	이혼	(null)	서대문	yusin

View를 사용하여 데이터를 변경하였습니다. 하지만 이전에 view08로 조회가 되었던 '윤

봉길' 회원은 문장에 의하여 관리자가 김구('kim9')로 변경이 었음을 확인할 수 있습니다. 즉, 고객의 요구 사항에 대하여 적절히 조치를 취하지 못했습니다. 우선 데이터를 롤백하도록 합니다.

```
rollback ;
select * from view08 ;
```

ID	NAME	PASSWORD	GENDER	BIRTH	MARRIAGE	SALARY	ADDRESS	MANAGER
lee	이순신	abc1234	남자	88/10/10	미혼	200	마포	yusin
choi	최영	abc1234	남자	90/12/25	결혼	300	강남	yusin
kang	강감찬	abc1234	남자	88/10/10	미혼	400	서대문	yusin
yoon	윤봉길	abc1234	남자	90/12/25	미혼	500	용산	yusin

고객이 요구한 조건을 충족시키려면 view08을 사용하여 변경하지 못하도록 조치를 해야 합니다. 이 때 사용할 수 있는 옵션이 with check option입니다. 이 옵션은 where 절에 명시한 조건에 해당하는 행들을 변경하지 못하게 해주는 기능입니다. 이 where 절의 조건은 일종의 체크 리스트가 되는 겁니다.

```
create or replace view view08 as
select * from employees where manager = ' yusin ' with check option ;

select * from view08 ;
```

ID	NAME	PASSWORD	GENDER	BIRTH	MARRIAGE	SALARY	ADDRESS	MANAGER
lee	이순신	abc1234	남자	88/10/10	미혼	200	마포	yusin
choi	최영	abc1234	남자	90/12/25	결혼	300	강남	yusin
kang	강감찬	abc1234	남자	88/10/10	미혼	400	서대문	yusin
yoon	윤봉길	abc1234	남자	90/12/25	미혼	500	용산	yusin

with check option이 적용된 view08에 대하여 다음 sql 구문을 실습해 보도록 합니다.

```
update view08 set manager = ' kim9 ' where salary >= 400 ;
명령의 1 행에서 시작하는 중 오류 발생 -
update view08 set manager = ' kim9 ' where salary >= 400
오류 보고 -
ORA-01402: view WITH CHECK OPTION where-clause violation
```

이와 같이 뷰를 생성할 때, where 절을 추가하여 테이블에서 정보가 추출되는 조건을 제시할 수 있는데, 여기에 부가적으로 with check option을 기술하여 조건 제시를 위한 컬럼의 값이 수정되지 못하도록 할 수 있습니다.

16.3.2 with read only

이 옵션은 기본 테이블의 어떤 컬럼에 대해서도 뷰를 통한 내용 수정을 불가능하게 만드는 옵션입니다. 즉, with read only 옵션은 사용자로 하여금 단순히 보여 주기 위한 읽기 전용으로 사용하고자 할 때 명시하는 옵션입니다.

```
create or replace view view09 as
select * from emphigh where manager = 'yusin' with read only ;

select * from view09 ;
```

ID	NAME	PASSWORD	GENDER	BIRTH	MARRIAGE	SALARY	ADDRESS	MANAGER
lee	이순신	abc1234	남자	88/10/10	미혼	200	마포	yusin
choi	최영	abc1234	남자	90/12/25	결혼	300	강남	yusin
kang	강감찬	abc1234	남자	88/10/10	미혼	400	서대문	yusin
yoon	윤봉길	abc1234	남자	90/12/25	미혼	500	용산	yusin

with read only 옵션을 기술한 뷰 view09에 대한 급여 컬럼을 수정해 봅니다. 다음과 같이 읽기 전용의 view는 dml 작업을 수행할 수 없음을 알려 주는 오류 메시지를 보여 줍니다. 어떠한 컬럼도 수정이 불가능함을 알려 주고 있습니다.

```
update view09 set salary = 1000 ;
오류 발생 명령행: 1 열: 19
오류 보고 -
SQL 오류: ORA-42399: cannot perform a DML operation on a read-only view
42399.0000 - "cannot perform a DML operation on a read-only view"
```

16.3.3 force 옵션

일반적으로 View를 작성하고자 할 때는 기본 테이블이 존재해야 합니다. 하지만, 차후에 테이블이 만들어진다는 사실을 미리 알고 있다는 전제하에 미리 뷰를 생성할 수 있습니다. 우선 다음을 문장을 실습하면, 테이블이 존재하지 않아서 뷰를 생성할 수 없음을 알려 주는 오류 메시지입니다. 왜냐하면 noforce라는 기본 옵션 때문입니다.

```
create or replace view view10 as
select * from sample ;
오류 보고 -
ORA-00942: table or view does not exist
00942. 00000 - "table or view does not exist"
*Cause:
*Action:
```

force라는 옵션을 사용해 보겠습니다. 경고 메시지와 함께 뷰는 생성이 됩니다.

```
create or replace force view view10 as
select * from sample ;
-- 경고: 컴파일 오류와 함께 뷰가 생성되었습니다.
```

다음과 같이 테이블을 생성하고, force 옵션으로 생성한 뷰 view10를 이용하여 조회해 보도록 하겠습니다.

```
create table sample(id varchar2(10), name varchar2(10), age number);
insert into sample values('kim9', '김구', 10);
insert into sample values('soon', '유관순', 30);
commit ;

select * from view10 ;
```

ID	NAME	AGE
kim9	김구	10
soon	유관순	30

16.3.4 top N 구문

이전 TV 프로그램 중에서 가요 톱10이라는 인기 가요 순위 프로그램이 있었습니다. 이 프로그램은 1981년 첫 방송되어 80년대 중반에서 90년대까지 가요계의 순위를 1위부터 50위까지 매겨서 생방송으로 진행하였습니다.

이와 유사하게 오라클 데이터 베이스에는 top N이라는 구문이 있습니다. 여기서 N은 정수 값을 의미하는 데, 뷰를 사용하여 입력된 데이터 중에서 어떤 데이터가 최신 데이터인지를 확인해주는 구문입니다. top N 구문은 웹 프로그래밍의 페이징 처리 기법에 자주 사용되는 구문입니다. 다음 그림은 게시물 페이지에서 특정 페이지를 보여 주는 그림입니다.

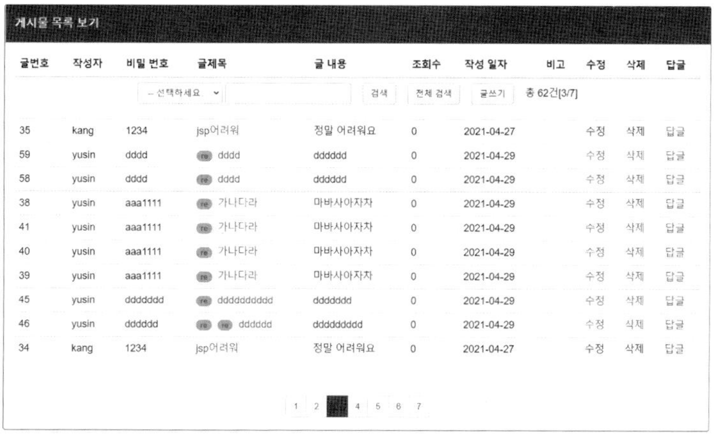

게시물 목록 보기

글번호	작성자	비밀 번호	글제목	글 내용	조회수	작성 일자	비고	수정	삭제	답글
		-- 선택하세요		검색	전체 검색	글쓰기	총 62건[3/7]			
35	kang	1234	jsp어려워	정말 어려워요	0	2021-04-27		수정	삭제	답글
59	yusin	dddd	re dddd	dddddd	0	2021-04-29		수정	삭제	답글
58	yusin	dddd	re dddd	dddddd	0	2021-04-29		수정	삭제	답글
38	yusin	aaa1111	re 가나다라	마바사아자차	0	2021-04-29		수정	삭제	답글
41	yusin	aaa1111	re 가나다라	마바사아자차	0	2021-04-29		수정	삭제	답글
40	yusin	aaa1111	re 가나다라	마바사아자차	0	2021-04-29		수정	삭제	답글
39	yusin	aaa1111	re 가나다라	마바사아자차	0	2021-04-29		수정	삭제	답글
45	yusin	ddddddd	re dddddddddd	ddddddd	0	2021-04-29		수정	삭제	답글
46	yusin	dddddd	re re dddddd	ddddddddd	0	2021-04-29		수정	삭제	답글
34	kang	1234	jsp어려워	정말 어려워요	0	2021-04-27		수정	삭제	답글

1 2 3 4 5 6 7

우리는 게시물 테이블 boards 테이블에 대하여 top N 구문을 만들어 보도록 하겠습니다. 가장 먼저 고려할 내용은 최신 글은 게시물 번호가 크고, 작성한지 가장 오래된 글은 게시물 번호가 작다는 것 입니다. 그리고, 가장 최신 글은 ranking을 매겼을 때, 1위가 되어야 한다는 사실입니다

최신글은 랭킹 1위 →
가장 이전 글은 랭킹 꼴찌 →

NO	WRITER	PASSWORD	SUBJECT	CONTENT	READHIT	REGDATE
9	(null)	abc123	sql	호호호	0	08/06/17
8	(null)	abc123	자바	java	0	90/01/22
7	maria	abc123	sql	호호호	0	08/06/17
6	maria	abc123	자바	java	0	90/01/22
5	queen	abc123	sql	에스큐엘	0	93/06/17
4	queen	abc123	jdbc	제이디비씨	0	90/01/22
3	an	abc123	jsp	웹 프로그래밍	0	86/08/15
2	an	abc123	db	그룹 바이	0	88/07/17
1	an	abc123	자바	너무 어려워	0	80/12/25

그리고, rank( ) over( ) 함수를 사용하여 순위를 결정해주면 됩니다. 'rank() over(order by 순위결정컬럼 desc)'의 형식으로 순위를 매겨서 사용할 수 있습니다. 사용 방법은 다음과 같습니다.

```
select rank() over(order by no desc) as ranking, no, writer, password,
subject, content, readhit, regdate
from boards ;
```

RANKING	NO	WRITER	PASSWORD	SUBJECT	CONTENT	READHIT	REGDATE
1	9	(null)	abc123	sql	호호호	0	08/06/17
2	8	(null)	abc123	자바	java	0	90/01/22
3	7	maria	abc123	sql	호호호	0	08/06/17
4	6	maria	abc123	자바	java	0	90/01/22
5	5	queen	abc123	sql	에스큐엘	0	93/06/17
6	4	queen	abc123	jdbc	제이디비씨	0	90/01/22
7	3	an	abc123	jsp	웹 프로그래밍	0	86/08/15
8	2	an	abc123	db	그룹 바이	0	88/07/17
9	1	an	abc123	자바	너무 어려워	0	80/12/25

다음 그림은 총 9개의 게시물이 존재합니다. 우리는 1페이지에서 4개의 게시물씩 목록을 본다고 가정하여 페이지를 나누고, 2페이지를 보여주는 sql 구문을 만든다고 가정합니다.

	RANKING	NO	WRITER	PASSWORD	SUBJECT	CONTENT	READHIT	REGDATE
1페이지 →	1	9	(null)	abc123	sql	호호호	0	08/06/17
	2	8	(null)	abc123	자바	java	0	90/01/22
	3	7	maria	abc123	sql	호호호	0	08/06/17
	4	6	maria	abc123	자바	java	0	90/01/22
2페이지 →	5	5	queen	abc123	sql	에스큐엘	0	93/06/17
	6	4	queen	abc123	jdbc	제이디비씨	0	90/01/22
	7	3	an	abc123	jsp	웹 프로그래밍	0	86/08/15
	8	2	an	abc123	db	그룹 바이	0	88/07/17
3페이지 →	9	1	an	abc123	자바	너무 어려워	0	80/12/25

다음과 같이 sql 구문을 작성하고 실행한 다음, 출력 결과를 확인해 보면 랭킹 5위부터 8위까지 출력을 해줍니다.

sql 구문을 살펴 보면 외부에 select 구문이 하나 구현되어 있고, from 절에 소괄호와 다른 select 구문을 사용하고 있습니다. select 구문이 연속적으로 사용되어 있어, 인라인 뷰(inline view)라고 부릅니다. 인라인 뷰는 서브 쿼리의 일종으로 from 절에 위치하여 테이블처럼 사용하는 구문입니다.

```
select no, writer, password, subject, content, readhit, regdate
from (
        select rank() over(order by no desc) as ranking, no, writer, password,
        subject, content, readhit, regdate
        from boards )
where ranking between 5 and 8 ;
```

NO	WRITER	PASSWORD	SUBJECT	CONTENT	READHIT	REGDATE
5	queen	abc123	sql	에스큐엘	0	93/06/17
4	queen	abc123	jdbc	제이디비씨	0	90/01/22
3	an	abc123	jsp	웹 프로그래밍	0	86/08/15
2	an	abc123	db	그룹 바이	0	88/07/17

요점 정리

- View는 물리적인 테이블에 근거하여 해당 테이블의 일부를 보여 주는 논리에 근거한 가상의 테이블입니다.
- View를 생성하기 위한 권한은 create view입니다.
- user_views은 View를 위한 데이터 사전입니다.
- View는 참조하는 테이블의 개수에 따라서, 단순 뷰와 복합 뷰로 나뉘어 집니다.
- top N 구문은 전체 데이터에 랭킹을 매기고, 특정 행부터 특정 행까지의 데이터를 추출해주는 기능을 의미합니다.

- View를 사용하면 다음과 같은 장점이 있습니다.

용어	설명
독립성	테이블 구조가 변경이 되더라도 뷰를 사용하는 응용 프로그램은 영향을 받지 않습니다.
용이성	복삽한 질의를 뷰를 사용하게 되면 관련 질의를 select 구문으로 단순하게 작성할 수 있습니다.
제한성	테이블에 대한 직접적인 데이터 액세스를 제한(restriction)합니다.
보안성	숨기고 싶은 정보가 존재하는 경우, 뷰를 생성할 때 해당 컬럼을 빼고 생성하여 정보를 숨길 수 있습니다. 예를 들어서, 사원들의 급여 정보는 일반인에게 보여 주지 않습니다.

- 뷰를 사용하면 다음과 같은 고급 기능을 사용할 수 있습니다.

항목	설명
with check option	where 절에 명시한 컬럼에 한하여 수정을 하지 못하도록 하는 기능입니다.
with read only	View 전체에 대하여 읽기 전용을 지정하는 기능입니다.
force 옵션	테이블이 존재하지 않지만 미리 View를 생성하기 위한 기능입니다.
top N 구문	전체 데이터에 랭킹을 매기고, 특정 행부터 특정 행까지의 데이터를 추출해주는 기능을 의미합니다.

동영상강의
지금 바로 접속하기

연습 문제

- 출판사의 이름이 '민국 미디어'인 출판사의 아이디, 서적 이름, 출판사 이름을 보여주는 뷰 View01를 생성해 보도록 하세요.

- 모든 출판사의 정보를 보여 주는 뷰 View02를 생성해 보세요.

- 서적의 이름인 '프로그래밍'으로 끝이 나는 서적을 조회해 주는 뷰 View03를 생성해 보세요.

- CTAS 기법을 사용하여 somebook이라는 임시 테이블을 생성합니다.

```
-- drop table somebook purge ;
create table somebook as
select * from books where bname like '%프로그래밍';

alter table somebook add primary key(bid) ;
desc somebook ;
```

```
이름         널?       유형
--------- -------- ------------
BID        NOT NULL VARCHAR2(30)
BNAME               VARCHAR2(40)
PUBLISHER           VARCHAR2(40)
PRICE               NUMBER
INPUTDATE           DATE
```

- somebook 테이블을 모두 조회하는 뷰 view04를 생성하도록 하세요.

- somebook 테이블을 에서 서적의 이름, 출판사, 단가를 출력해주는 뷰 view05를 생성하도록 하세요.

- 다음과 같이 데이터를 추가해 봅니다.

```
insert into view04 values('nodejs', '노드 JS', '국민 출판사', 1000, sysdate) ;
select * from view04 ;
```

연습 문제

다음 구문은 왜 오류가 발생하는 지 설명해 보세요.

```
insert into view05 values('노드 JS', '국민 출판사', 1000) ;
```

customers 테이블과 orders 테이블을 이용하여 각 고객들의 이름과 주문 건수를 출력해 주는 뷰 View06를 생성해 보세요.

고객의 이름과 주문한 책의 아이디를 조회해 주는 뷰 View07를 생성해 보세요.

	NAME	BID
1	김유신	database
2	김유신	java
3	신사임당	java
4	신사임당	jsp
5	신사임당	python
6	안중근	jsp
7	안중근	spring
8	윤봉길	java
9	윤봉길	jsp
10	윤봉길	python

모든 서적을 조회해 주는 뷰 View08을 생성하되, 읽기 전용으로 생성해 보세요.

	BID	BNAME	PUBLISHER	PRICE	INPUTDATE
1	java	자바 프로그래밍	대한 출판사	7700	70/08/28
2	jsp	jsp 프로그래밍	대한 Books	8800	80/08/15
3	python	파이썬 프로그래밍	민국 미디어	123.4567	(null)
4	r	R 프로그래밍	민국 미디어	123.4567	75/08/11
5	database	데이터 베이스 개론	대한 출판사	123.4567	77/12/01
6	mybatis	마이바티스	대한 출판사	(null)	45/08/15
7	spring	스프링 Framework	소셜 미디어	20000	(null)
8	xml	xml 프로그래밍	소셜 미디어	13000	70/06/06
9	story	프로그래밍 이야기	지한 출판사	6600	70/09/09
10	timeseries	시계열 예측	지한 출판사	13000	50/06/25

다음 구문을 사용하여 테스트를 수행해 보세요.

```
update view08 set price = 1000 ;

명령의 62 행에서 시작하는 중 오류 발생 -
update view08 set price = 1000
오류 발생 명령행: 62 열: 19
오류 보고 -
SQL 오류: ORA-42399: cannot perform a DML operation on a read-only view
42399.0000 - "cannot perform a DML operation on a read-only view"
```

주문 테이블 조회시 1번에 3건씩 조회를 한다고 가정하겠습니다.

	OID	CID	BID	SALEPRICE	SALEDATE	REMARK
1	7	an	jsp	13000	21/08/15	(null)
2	6	yoon	jsp	12000	21/07/07	(null)
3	5	an	spring	20000	21/07/05	(null)

Chapter 17

데이터 제어어

Summary

오라클은 기본적으로 데이터 베이스를 사용자 기준으로 관리합니다. 해당 사용자의 계정 정보에 대하여 특정 권한을 부여하는 방식입니다. 관리자가 사용자 계정을 생성하고, 해당 계정에 대한 권한들을 부여해주는 방식으로 관리를 해야 합니다. 또한 오라클른 권한 관리의 편의성을 위하여 롤이라는 개념을 두고 있습니다. 이번 장에서는 사용자 계정을 생성하고 관리 기법들에 대하여 살펴 보도록 하며, 필요한 롤을 만들어서 사용자의 권한 제어를 진행해 보도록 하겠습니다.

모든 사용자는 테이블 생성, 데이터 변경, 데이터 삭제 등의 작업을 수행할 수 있습니다. 이러한 작업들을 할 수 있는 능력을 권한(Privilege)이라고 합니다. 관리자 입장에서는 이러한 권한을 어느 사용자에게 어떠한 방식으로 부여할 것인가를 정책적으로 결정하고, 관리해야 하는 책임을 가지고 있습니다. 이러한 항목들에 대하여 다루는 방법이 바로 DCL(데이터 제어어)입니다.

17.1 DCL 개요

데이터 베이스에 접근을 하기 위하여 사용자에게 권한을 부여하거나 박탈하는 명령어들을 데이터 제어어라고 합니다.
이 명령어들은 데이터 베이스의 테이블에 직접 영향을 미치기 때문에 DCL 명령어를 입력하는 순간 Auto Commit이 됩니다.

17.1.1 DCL의 기본 개념

다음은 DCL에 사용되는 기본 용어 들입니다.

용어	설명
권한 (Privilege)	데이터 베이스 내에서 무엇인가를 할 수 있는 능력 또는 범위를 의미합니다. 테이블을 삭제할 수 있습니다.(삭제 권한) 행(row) 을 업데이트 할수 있습니다.(수정 권한)

용어	설명
DCL	Data Control Language(데이터 제어어) 이러한 권한을 부여하고, 제어할 수 있는 명령어들의 집합체입니다.
관련 명령어	grant : 필요한 권한을 사용자 또는 Object에 부여합니다. revoke : 부여했던 권한을 박탈(제거)합니다.
Role(롤)	1개 이상의 권한을 묶어서 그룹화 시킨 것을 말합니다.

17.1.2 실습 내용 소개

다음과 같이 실습을 하고자 합니다. 오라맨 사용자는 이미 존재하는 사용자 입니다. 실습을 하기 위하여 신규 사용자 bigbang을 생성합니다. 사용자 oraman은 bigbang의 members 테이블을 조회할 수 있고, 사용자 bigbang은 oraman의 employees 테이블을 조회할 수 있습니다.

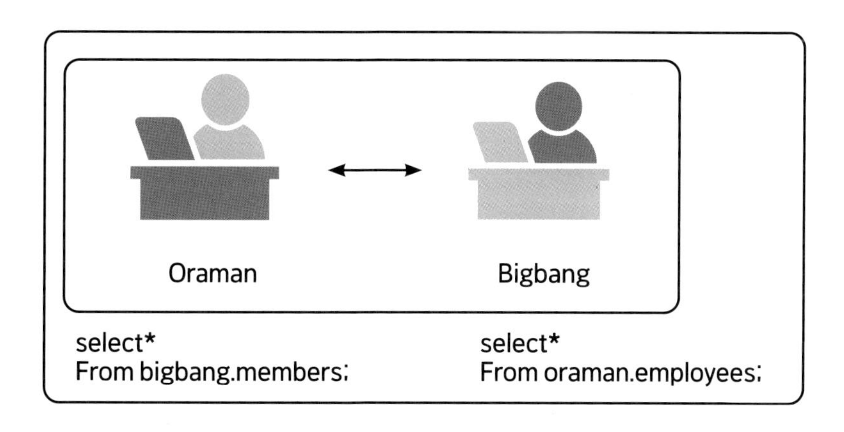

구현할 내용

단계1 : bigbang 사용자를 생성합니다.
단계2 : bigbang에게 로그인이 가능하도록 관련 권한을 부여합니다.
단계3 : oraman 사용자는 employees 테이블 조회 권한을 bigbang에게 부여하도록 합니다.
단계4 : bigbang 사용자는 CTAS 방법으로 members 테이블을 생성합니다.
단계5 : bigbang 사용자는 members 테이블 조회 권한을 oraman에게 부여하도록 합니다.
단계6 : 테스트를 위하여 상대편 테이블을 서로 조회해 보도록 합니다.

17.2 사용자 관리와 권한

오라클의 사용자들은 데이터 베이스는 저장되어 있는 정보를 서로 공유합니다. 따라서, 특정 정보에 대한 불법적인 유출이 접근을 막기 위하여 접근 제한 정책을 사용하고 있습니다. 이러한 접근에 대한 제한 정책은 관리자가 제어할 수 있어야 합니다.

17.2.1 사용자 생성

우리 회사에 신입 사원이 입사를 하게 되면 데이터 베이스 사용을 위한 계정을 만들어 주어야 합니다. 계정을 생성하려면 다음과 같이 create user 구문을 사용하면 됩니다.

사용자 생성하기

```
create user 아이디 identified by 비밀번호 account unlock
default tablespace 테이블스페이스 quota 할당량 on 테이블스페이스 ;
```

세션(session)이란, 한 사용자가 데이터 베이스에 접속한 시점부터, 접속을 종료한 시점까지의 기간을 말합니다. 일반적으로 특정 사용자 로그인을 성공하게 되면 "세션이 맺어졌다."라고 표현을 합니다.

사용자 생성은 일반 사용자는 생성을 할 수 없고, 반드시 관리자가 생성할 수 있습니다. 관리자 세션(관리자로 집속하여)에서 관리자 세션에서 다음과 같이 빅뱅 사용자를 생성해 보도록 하겠습니다. 편의상 빅뱅 사용자의 아이디와 비밀 번호를 동일하게 하였습니다.

```
create user bigbang identified by bigbang account unlock
default tablespace users quota unlimited on users ;
-- User BIGBANG이(가) 생성되었습니다.
```

빅뱅 사용자를 생성하였습니다. 이제 빅뱅 사용자로 로그인을 시도해 보도록 하겠습니다.

17.2.2 로그인 권한

다음과 같이 sql-developer을 사용하여 계정 정보를 입력하고, [테스트] 버튼을 클릭합니다. 하지만, 로그인이 되지 않고, 오류 메시지를 보여 줍니다.

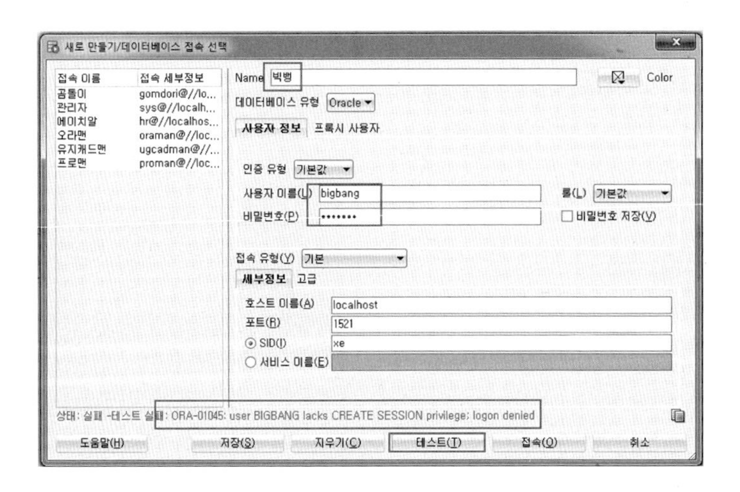

접속이 실패한 이유는 create session이라는 권한이 불충분하여 접속을 할 수 없기 때문입니다. 즉, 접속을 할 수 있는 능력(권한)이 없기 때문이다. 접속을 하려면 create session이라는 권한을 취득해야 합니다.

사용자에게 어떠한 권한을 부여하고자 할 때 사용되는 명령어는 grant 입니다.

권한 부여하기

```
grant 시스템권한1, 시스템권한2 to 사용자 ¦ 롤 ¦ public [with admin option];
```

우리가 해야 할일은 관리자로 접속하여 bigbang 사용자에게 접속 권한을 다음과 같이 부여해 주면 됩니다. create session 권한을 bigbang 사용자에게(to) 부여(grant)해 줍니다.

```
-- 관리자 세션에서 진행합니다.
grant create session to bigbang ;
```

17.2.3 권한 실습하기

이제 bigbang 사용자는 create session 권한을 부여 받았으므로, 데이터 베이스 접속이 가능합니다. 이제 접속을 한 다음 실습을 진행하도록 하겠습니다. oraman.employees 테이블을 bigbang이 조회해 보려고 합니다.
여기서, oraman.employees은 oraman 사용자의 employees 테이블을 의미하는 데, 다른 사람의 테이블을 접근하고자 할때할 때 "사용자id.테이블이름"의 형식으로 작성하면 됩니다. 하지만 다음과 같은 오류가 발생합니다. 왜냐하면 사용자 bigbang은 oraman 사용자의 employees 테이블에 대한 접근 권한이 없기 때문입니다.

```
-- bigbang 세션에서 진행합니다.
select * from oraman.employees ;
ORA-00942: table or view does not exist
00942. 00000 - "table or view does not exist"
*Cause:
*Action:
1행, 22열에서 오류 발생
```

그럼 oraman 사용자의 employees 테이블에 대한 접근 권한을 bigbang에게 부여할 수 있는 사람은 누구일까요? 당연한 얘기이지만 oraman 사용자입니다. 다음은 특정 객체에 대한 권한을 부여 하기 위한 명령어 입니다.
oraman 세션에서 다음과 같이 employees 테이블에 대한 select 권한을 bigbang에게 부여하면 됩니다.

객체에 권한 부여하기

```
grant 객체권한1, 객체권한2 on 객체 to 사용자 ;
```

```
-- 오라맨 세션에서 진행합니다.
grant select on employees to bigbang ;
-- Grant을(를) 성공했습니다.
```

bigbang 세션에서 다음 문장을 실습하면 oraman.employees 테이블을 이제 조회할 수 있습니다.

```
select * from oraman.employees ;
```

ID	NAME	PASSWORD	GENDER	BIRTH	MARRIAGE	SALARY	ADDRESS	MANAGER
yusin	김유신	abc1234	남자	(null)	결혼	100	용산	(null)
lee	이순신	abc1234	남자	88/10/10	이혼	200	마포	yusin
choi	최영	abc1234	남자	90/12/25	결혼	300	강남	yusin
kang	강감찬	abc1234	남자	88/10/10	이혼	400	서대문	yusin
yoon	윤봉길	abc1234	남자	90/12/25	미혼	500	용산	yusin
kim9	김구	abc1234	남자	90/07/25	결혼	600	강남	(null)
general	김좌진	abc1234	남자	90/07/25	이혼	700	마포	kim9
an	안중근	abc1234	남자	21/03/11	결혼	800	서대문	kim9
nongae	논개	abc1234	여자	90/12/25	미혼	900	강남	soon
queen	선덕여왕	abc1234	여자	(null)	결혼	1000	용산	soon
soon	유관순	abc1234	여자	21/03/11	미혼	1100	마포	(null)
shin	신사임당	abc1234	여자	90/12/25	미혼	1200	서대문	kim9
hwang	황진이	abc1234	여자	90/10/12	결혼	1300	용산	kim9
myoung	명성왕후	abc1234	여자	90/12/25	이혼	1400	강남	soon
maria	조마리아	abc1234	여자	90/10/12	이혼	1500	서대문	soon
princess	덕혜옹주	abc1234	여자	90/12/25	결혼	1600	마포	soon

bigbang 사용자는 oraman 사용자의 employees 테이블의 회원 중에서 성별이 여자인 회원들의 id, name, marriage, address 컬럼만 조회하여 새로운 members 테이블을 생성하도록 하겠습니다. 다음과 같이 문장을 작성해 보길 바랍니다.

```
create table members as
select id, name, marriage, address from oraman.employees where gender = '여자' ;
명령의 1 행에서 시작하는 중 오류 발생 -
create table members as
select id, name, marriage, address from oraman.employees where gender = '여자'
오류 보고 -
ORA-01031: insufficient privileges
01031. 00000 -  "insufficient privileges"
*Cause:    An attempt was made to perform a database operation without
           the necessary privileges.
*Action:   Ask your database administrator or designated security
           administrator to grant you the necessary privileges
```

조회 결과는 실패입니다. 그 이유는 bigbang 사용자는 테이블을 생성할 수 있는 권한이 존재하지 않기 때문입니다. 따라서, 관리자에게 문의하여 테이블을 생성할 수 있는 권한을 부여 받아야 합니다. 관리자 세션에서 다음과 같이 bigbang 사용자에게 테이블을 생성할 수 있는 권한을 우선 부여 하도록 합니다.

```
-- 관리자 세션에서 진행합니다.
grant create table to bigbang ;
```

이제 bigbang 세션에서 다음 문장을 수행하면 테이블 복제에 의한 테이블이 생성됩니다.

```
create table members as
select id, name, marriage, address from oraman.employees where gender = '여자' ;
```

oraman 세션에서 bigbang 사용자의 members 테이블을 조회해 봅니다. 하지만, 객체에 대한 접근 권한이 존재하지 않으므로 오류가 발생합니다.

```
select * from bigbang.members  ;
ORA-00942: table or view does not exist
00942. 00000 -  "table or view does not exist"
*Cause:
*Action:
1행, 23열에서 오류 발생
```

bigbang 사용자는 members 테이블의 조회 권한을 oraman에게 부여해 줍니다.

```
grant select on members to oraman ;
```

oraman 세션에서 bigbang 사용자의 members 테이블을 조회하면 문제 없이 잘 조회가 되어야 합니다.

```
select * from bigbang.members  ;
```

	ID	NAME	MARRIAGE	ADDRESS
1	nongae	논개	미혼	강남
2	queen	선덕여왕	결혼	용산
3	soon	유관순	미혼	마포
4	shin	신사임당	미혼	서대문
5	hwang	황진이	결혼	용산
6	myoung	명성왕후	이혼	강남
7	maria	조마리아	이혼	서대문
8	princess	덕혜옹주	결혼	마포

17.2.4 동의어 사용해보기

동의어란 다른 사용자의 긴 이름의 테이블을 짧은 별칭으로 부르기 위한 개념입니다. 매번 긴 이름을 입력하지 않고 짧은 별칭을 사용해도 쉽게 조회할 수 있는 장점이 있습니다.

동의어를 생성하는 기본 형식은 다음과 같습니다.

동의어 생성 문법

```
create [public] synonym 동의어이름 for 객체이름 ;
```

oraman 사용자는 bigbang의 members 테이블을 조회하려고 합니다. 이름이 너무 길어서 짧은 별칭 bigemp로 접근하고자 합니다. 이에 따른 동의어를 생성하고 조회해 보세요. oraman 사용자 세션에서 다음과 같이 조회해 봅니다.

```
select * from bigbang.members ;
```

ID	NAME	MARRIAGE	ADDRESS
nongae	논개	미혼	강남
queen	선덕여왕	결혼	용산
soon	유관순	미혼	마포
shin	신사임당	미혼	서대문
hwang	황진이	결혼	용산
myoung	명성왕후	이혼	강남
maria	조마리아	이혼	서대문
princess	덕혜옹주	결혼	마포

oraman 사용자는 synonym 생성과 삭제에 관한 권한을 가지고 있지 않습니다. 관리자가 oraman 사용자에게 동의어 생성 및 삭제를 할 수 있는 권한을 부여해 주어야 합니다. 관리자 세션에서 다음과 같이 실습하도록 합니다.

```
grant create public synonym to oraman;
grant drop public synonym to oraman;
```

oraman 세션은 다음과 같이 bigbang의 members 테이블을 조회하기 위하여 시너님을 생성합니다.

```
create public synonym bigemp for bigbang.members  ;
-- Synonym BIGEMP이(가) 생성되었습니다.
```

oraman 세션은 다음과 같이 bigbang의 members의 시너님인 bigemp를 사용하여 데이터를 조회합니다.

```
select * from bigemp ;
```

ID	NAME	MARRIAGE	ADDRESS
nongae	논개	미혼	강남
queen	선덕여왕	결혼	용산
soon	유관순	미혼	마포
shin	신사임당	미혼	서대문
hwang	황진이	결혼	용산
myoung	명성왕후	이혼	강남
maria	조마리아	이혼	서대문
princess	덕혜옹주	결혼	마포

17.2.5 사용자 변경

사용자 bigbang이 자신의 비번을 잊어 버렸습니다. 이에 관리자는 bigbang의 비번을 바꿔 주고, bigbang 로그인시 비번을 수정하도록 요구해야 합니다. 사용자 bigbang의 비밀번호를 'abc1234'로 변경하도록 합니다.

```
alter user bigbang identified by abc1234 ;
-- User BIGBANG이(가) 변경되었습니다.
```

17.2.6 사용자 삭제

사용자 bigbang이 퇴사를 합니다. bigbang이 생성하였던 데이터 베이스 객체를 모두 삭제하고 사용자의 정보도 삭제하도록 합니다. 여기서 cascade 옵션은 사용자의 데이터 베이스 객체 정보들까지 모두 삭제하기 위한 옵션입니다.

사용자 삭제 문법

```
drop user 사용자이름 [cascade] ;
```

bigbang 사용자의 계정을 다음과 같은 구문으로 삭제할 수 있다는 사실만 숙지하시고, 차후 실습을 위하여 삭제는 하지 않도록 합니다.

```
-- 이 문장은 실습하지 않도록 합니다.
-- drop user bigbang cascade ;
```

17.3 권한

권한이란 특정 사용자가 특정 테이블에 접근할 수 있도록 하거나, 시퀀스를 생성하거나 등의 작업에 대하여 제한을 두는 것을 말합니다.

17.3.1 권한의 개요

데이터 베이스의 보안을 위한 권한은 크게 시스템 권한과 객체 권한으로 분류 됩니다. 시스템 권한은 주로 데이터 베이스 관리자(DBA)에 의하여 부여가 되는 권한을 말합니다. 사용자의 생성과 제거, DB 접근, 객체 생성 권한 등 수십가지의 권한을 가지고 있습니다. 예를 들면 create table은 테이블 생성 권한을 의미하고, create session은 데이터 베이스를 접속하는 데 필요한 권한입니다. 객체 권한은 테이블, 시퀀스, 뷰 등에 대하여 조작할 수 있는 권한을 말합니다.

권한	설명
시스템 권한	데이터 베이스에 액세스하기 위한 권한들을 의미합니다. create table은 테이블을 생성할 수 있는 권한입니다. create session은 사용자가 접속을 하기 위하여 필요한 권한입니다.
객체 권한	특정 객체들의 조작에 관한 권한을 의미합니다. 사용자 oraman은 bigbang 사용자의 employees 테이블에 대한 조회(select) 권한을 가지고 있습니다.

다음은 권한과 관련된 데이터 사전 목록입니다.

딕셔너리 이름	설명
user_tab_privs_made	해당 소유자가 다른 사용자에게 부여한 오브젝트 권한 정보를 보여 줍니다.
user_tab_privs_recd	다른 사용자로부터 부여 받은 오브젝트 권한 정보를 보여 줍니다.
user_col_privs_made	사용자 소유의 오브젝트 중에서 컬럼에 부여된 오브젝트 권한 정보
user_col_privs_recd	사용자에게 부여된 특정 컬럼에 대한 오브젝트 권한 정보

17.3.2 시스템 권한

시스템 권한은 데이터 베이스 관리자 권한을 가지고 있는 sys 사용자나 system 사용자가 일반 사용자에게 부여해 주는 권한입니다. 관리자로 접속하여 다음 문장을 수행하면 시스템 권한의 목록을 확인할 수 있습니다.

시스템 권한 확인하기

```
select privilege from role_sys_privs where role='DBA' order by privilege ;
```

대략 200여 가지가 조회됩니다. 다음은 일부 목록을 출력한 것입니다.

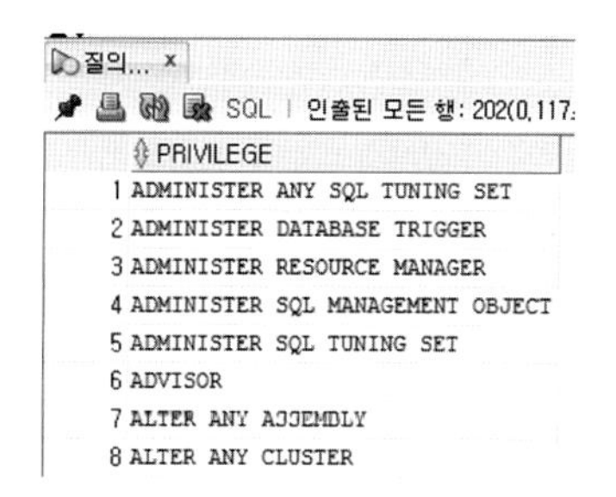

	PRIVILEGE
1	ADMINISTER ANY SQL TUNING SET
2	ADMINISTER DATABASE TRIGGER
3	ADMINISTER RESOURCE MANAGER
4	ADMINISTER SQL MANAGEMENT OBJECT
5	ADMINISTER SQL TUNING SET
6	ADVISOR
7	ALTER ANY ASSEMBLY
8	ALTER ANY CLUSTER

다음은 일반적으로 많이 사용하는 시스템 권한의 몇 가지를 작성해 보았습니다.

항목	설명
create user	데이터 베이스 사용자 계정을 생성하는 권한
create session	데이터 베이스 접속에 대한 권한입니다.
create view	뷰를 생성할 수 있는 권한입니다.
create sequence	시퀀스를 생성할 수 있는 권한입니다.
create procedure	프로시저를 생성할 수 있는 권한입니다.
drop user	사용자 계정 정보를 삭제하기 위한 권한입니다.

시스템 권한을 부여하는 명령어는 다음과 같습니다. 관리자로 접속하여 bigbang 사용자에 다음과 같이 시퀀스와 뷰를 생성하는 권한을 부여해 보고, 이를 데이터 사전에서 확인을 해보도록 하겠습니다.

권한 부여하기

```
grant 시스템권한1, 시스템권한2 to 사용자 | 롤 | public [with admin option];
```

관리자 세션에서 다음과 같이 문장을 수행합니다.

```
grant create sequence, create view to bigbang;
```

bigbang 사용자로 접속하여 다음 데이터 사전을 조회해 보도록 합니다. bigbang 사용자는 테이블, 뷰, 시퀀스 및 접속 권한을 가지고 있음을 확인할 수 있습니다.

```
select * from user_sys_privs;
```

USERNAME	PRIVILEGE	ADMIN_OPTION
BIGBANG	CREATE VIEW	NO
BIGBANG	CREATE SESSION	NO
BIGBANG	CREATE SEQUENCE	NO
BIGBANG	CREATE TABLE	NO

이번 실습에서는 with admin option에 대하여 살펴 보도록 합니다. with admin option은 관리자가 일반 사용자에게 권한을 부여할 때 권한을 부여 받은 사용자는 해당 권한을 다른 사용자에게 부여할 수 있는 권한을 가집니다. 이번 실습에서는 부여한 권한을 박탈하는 구문도 동시에 살펴 보도록 하겠습니다.

권한 박탈하기

```
revoke 시스템권한1, 시스템권한2  from 사용자 | 롤 ;
```

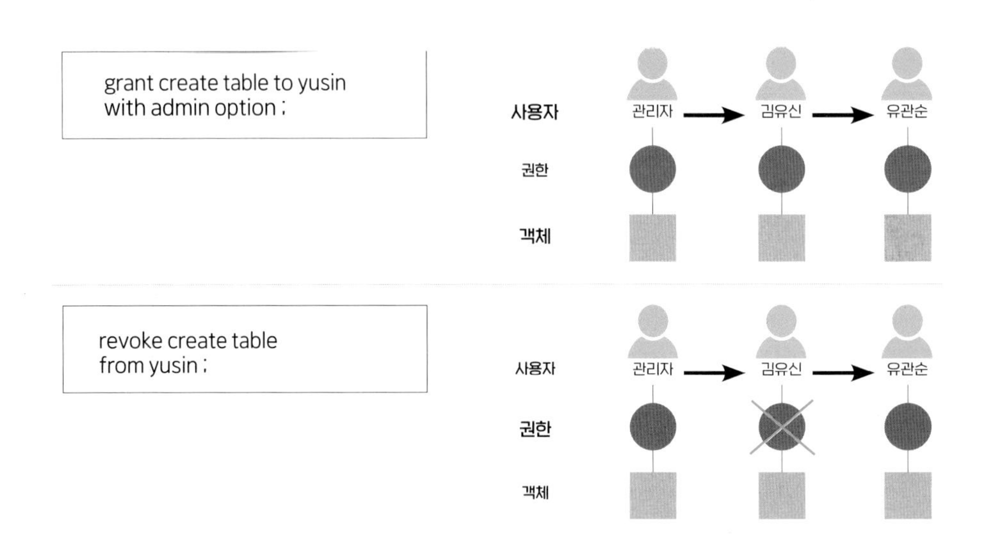

일반 사용자 김유신(yusin)과 유관순(soon)을 생성하고 진행하도록 합니다. 그리고, yusin에게 create table 권한을 부여 하도록 합니다.

```
create user yusin identified by oracle account unlock ;
alter user yusin default tablespace users quota unlimited on users;
create user soon identified by oracle account unlock ;
alter user soon default tablespace users quota unlimited on users;

-- 김유신과 유관순에게 접속 권한을 부여해 줍니다.
-- connect 롤 : create session 권한이 들어 있습니다.
grant connect to yusin, soon ;

-- 김유신에게만 테이블 생성 권한을 부여해 줍니다.
grant create table to yusin ;
```

김유신(yusin)은 다음과 같이 테이블 생성이 가능합니다. 하지만 다른 이에게 create table 생성 권한을 부여해주는 것은 불가능합니다. with admin option 설정 여부는 user_sys_privs 데이터 사전을 조회하면 확인이 가능합니다.

```
create table yusintable1(name varchar2(30), age number);
-- 테이블이 생성되었습니다.

grant create table to soon ;
오류 보고 -
ORA-01031: insufficient privileges
01031. 00000 -  "insufficient privileges"
*Cause:    … 이하 중략

select * from user_sys_privs;
```

	USERNAME	PRIVILEGE	ADMIN_OPTION
1	YUSIN	CREATE TABLE	NO

김유신에게 부여했던 권한을 우선 박탈합니다. 이번에는 관리자가 yusin에게 create table 생성 권한을 부여하면서 with admin option도 함께 부여해 보도록 하겠습니다.

```
-- 관리자 세션에서 진행합니다.
revoke create table from yusin ;
grant create table to yusin with admin option ;
```

user_sys_privs 데이터 사전을 조회하면 with admin option이 yes임을 확인합니다. 김유신(yusin)은 다음과 같이 테이블 생성이 가능합니다.

```
--  김유신 세션에서 진행합니다.
select * from user_sys_privs;
create table yusintable2(name varchar2(30), age number);
```

	USERNAME	PRIVILEGE	ADMIN_OPTION
1	YUSIN	CREATE TABLE	YES

user_sys_privs 데이터 사전의 ADMIN_OPTION의 값이 YES이므로 유관순에게 create table 생성 권한을 부여할 수 있습니다.

```
--  김유신 세션에서 진행합니다.
grant create table to soon ;
```

유관순(soon) 세션에서 테이블 생성을 해보면 문제 없이 테이블이 잘 생성됩니다.

```
-- 유관순 세션에서 진행합니다.
create table soontable1(name varchar2(30), age number);
```

관리자가 김유신(yusin)의 create table 권한을 박탈합니다.

```
-- 관리자 세션에서 진행합니다.
revoke create table from yusin ;
```

김유신(yusin) 세션에서 create table 권한이 없으므로 테이블을 생성할 수 없습니다.

```
-- 김유신 세션에서 진행합니다.
create table yusintable3(name varchar2(30), age number);
오류 보고 -
ORA-01031: insufficient privileges
01031. 00000 - "insufficient privileges"
*Cause: … 이하 중략
```

유관순(soon) 세션에서 다음 문장은 잘 실행이 됩니다. 왜냐하면 with admin option으로 부여 받은 권한은 부여자의 권한이 박탈되더라도 수여자의 권한은 그대로 보존이 되기 때문입니다.

```
-- 유관순 세션에서 진행합니다.
create table soontable2(name varchar2(30), age number);
-- Table SOONTABLE2이(가) 생성되었습니다.
```

17.3.3 개체 권한

객체 권한은 해당 사용자가 소유하고 있는 특정 객체를 다른 사용자들이 접근을 하거나 조작할 수 있게 하기 위해 생성해주는 권한입니다. 객체의 소유자는 객체에 대한 모든 권한을 보유하고 있고, 필요하다면 다른 사용자에게 객체에 대한 권한을 줄수 있습니다.
객체 권한은 다음과 같은 특징을 가지고 있습니다.

객체 권한의 특징

테이블이나 뷰 등의 객체에 읽기/쓰기 등의 작업을 수행할 수 있습니다.
객체의 소유자는 다른 사용자에게 특정 객체 권한을 부여할 수 있습니다.
public으로 부여한 권한은 public으로 회수해야 합니다.
with grant option 옵션은 role에 권한을 부여할 때는 사용할 수 없습니다.

객체 권한은 종류에 따라서 부여할 수 있는 권한이 정해진 것도 있습니다. 예를 들어서 테이블은 실행 권한을 제외한 다음 모든 권한을 부여해줄 수 있습니다. 시퀀스(sequence) 객체에는 alter(변경)과 select 권한을 부여할 수 있습니다. 또한 프로시저는 실행(execute) 권한만 가지고 있습니다.

권한	테이블	뷰	시퀀스	프로시저
변경(alter)	○		○	
삭제	○	○		
실행				○
인덱스	○			
추가	○	○		
참조	○			
조회	○	○	○	
수정(update)	○	○		

다음 그림은 이순신 사원이 자신의 사원 테이블을 김유신과 유관순 사원에게 조회할 수 있는 권한을 부여하고 있습니다. 그리고, 게시물 테이블에 대해서는 김유신 사원에게만 권한을 부여해 주고 있습니다.

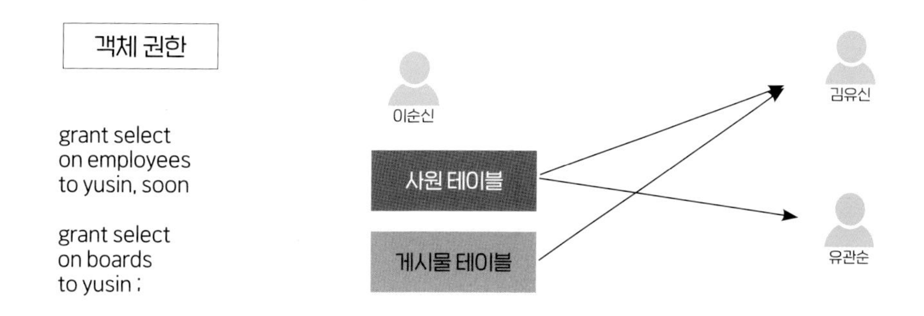

이제 위 그림에 대한 실습을 수행해 보도록 하겠습니다. 우선 사용자에 대한 계정부터 생성하도록 하겠습니다.

```
-- 관리자 세션에서 진행합니다.
create user lee identified by oracle account unlock ;
alter user lee default tablespace users quota unlimited on users ;
grant connect, resource to yusin, lee, soon ;
```

객체에 대한 권한을 부여하는 형식은 다음과 같습니다. public을 사용하면 객체에 관련된 권한을 모든 사용자(to everyone)에게 부여할 수 있습니다. all 옵션은 전부를 의미하는데, 예를 들면 table에 대하여 all이라고 하게 되면 테이블에 부여 가능한 모든 권한들을 의미합니다. 모든 사용자에게 employees 테이블에 대한 모든 권한을 부여하려면 grant all on employees to public ; 라고 구현하면 됩니다.

사용 형식

```
grant 객체권한01, 객체권한02, [(컬럼)] | all
on 객체이름
to 사용자01, 사용자02, role, public
[with grant option] ;
```

이순신 사용자는 다음과 같이 사원 테이블과 게시물 테이블을 생성하도록 합니다. 그리고, 김유신과 유관순에게 각가 다음과 같이 객체에 대한 권한을 부여해 줍니다.

```
-- 이순신 세션에서 진행합니다.
create table employees(
        name varchar2(30),
        age number
);
insert into employees values('이수일', 10);
insert into employees values('심순애', 50);

create table boards(
        subject varchar2(30),
        comments varchar2(30)
);
insert into boards values('잼있는글', '너무 잼있어요');
insert into boards values('잼없는글', '재미가 없어요');

commit ;

grant select on employees to yusin, soon ;
grant select on boards to yusin ;

select * from employees ;
select * from boards ;
```

	NAME	AGE
1	이수일	10
2	심순애	50

	SUBJECT	COMMENTS
1	잼있는글	너무 잼있어요
2	잼없는글	재미가 없어요

이순신 사원은 김유신 사원과 유관순 사원에게 객체를 조회할 수 있는 권한을 부여하였습니다. 이에 대한 정보는 user_tab_privs_made 사전을 조회해 보면 확인 가능합니다.

```
-- 이순신 세션에서 진행합니다.
select * from user_tab_privs_made ;
```

	GRANTEE	TABLE_NAME	GRANTOR	PRIVILEGE	GRANTABLE	HIERARCHY
1	YUSIN	EMPLOYEES	LEE	SELECT	NO	NO
2	SOON	EMPLOYEES	LEE	SELECT	NO	NO
3	YUSIN	BOARDS	LEE	SELECT	NO	NO

김유신 사원이 로그인합니다. 이순신 사원의 두 개의 테이블에 대하여 다음과 같이 조회를 해봅니다. 두 테이블 모두 문제없이 잘 조회가 되어야 합니다. 그리고, 자신에서 부여된 권한을 확인하고자 할 때에는 user_tab_privs_recd 사전을 사용하면 확인 가능합니다.

```
-- 김유신 세션에서 진행합니다.
select * from lee.employees ;
select * from lee.boards ;

select * from user_tab_privs_recd ;
```

	OWNER	TABLE_NAME	GRANTOR	PRIVILEGE	GRANTABLE	HIERARCHY
1	LEE	BOARDS	LEE	SELECT	NO	NO
2	LEE	EMPLOYEES	LEE	SELECT	NO	NO

유관순 사원이 로그인합니다. 이순신 사원의 두 개의 테이블에 대하여 다음과 같이 조회를 해봅니다. employees 테이블은 조회를 하는 데 문제가 없지만, boards 테이블은 다음과 같이 조회가 되질 않습니다.

```
-- 유관순 세션에서 진행합니다.
select * from lee.employees ;

select * from lee.boards ;
ORA-00942: table or view does not exist
00942. 00000 -  "table or view does not exist"
*Cause:
*Action:
2행, 19열에서 오류 발생
```

이제 부여했던 권한을 박탈해 보도록 하겠습니다. 이순신 사원으로 접속하여 다음 사전을 다시 조회해 봅니다.

```
-- 이순신 세션에서 진행합니다.
select * from user_tab_privs_made ;
```

	GRANTEE	TABLE_NAME	GRANTOR	PRIVILEGE	GRANTABLE	HIERARCHY
1	YUSIN	EMPLOYEES	LEE	SELECT	NO	NO
2	SOON	EMPLOYEES	LEE	SELECT	NO	NO
3	YUSIN	BOARDS	LEE	SELECT	NO	NO

김유신과 유관순에게 부여 하였던 employees 테이블 조회 권한을 박탈합니다. 데이터 사전 user_tab_privs_made이 갱신되었는 확인합니다.

권한 박탈하기

```
revoke 객체권한1, 객체권한2
on 객체이름
from 사용자 | 롤 | public ;
```

```
-- 이순신 세션에서 진행합니다.
revoke select on employees from yusin ;
revoke select on employees from soon ;
select * from user_tab_privs_made ;
```

	GRANTEE	TABLE_NAME	GRANTOR	PRIVILEGE	GRANTABLE	HIERARCHY
1	YUSIN	BOARDS	LEE	SELECT	NO	NO

사용자에게 객체 권한을 부여할 때 with grant option을 함께 부여하면 사용자는 객체에 대한 접근 권한을 부여 받으면서 그 권한을 다른 사용자에게 부여할 수 있는 권한도 함께 부여 받을 수 있습니다.

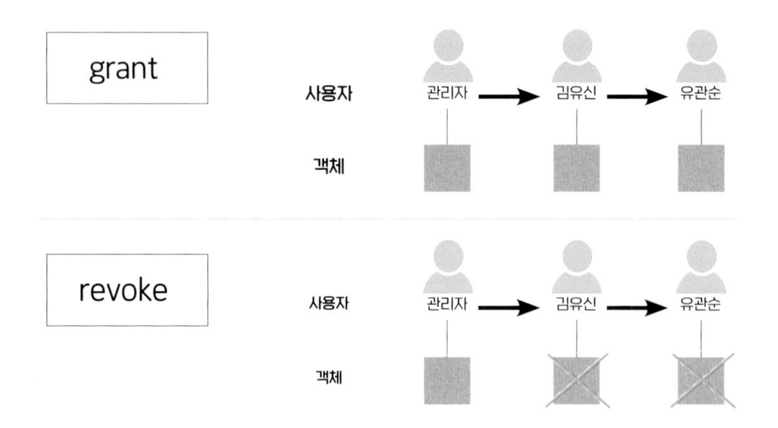

이순신 사원은 김유신 사원에게 employees 테이블에 대한 조회 권한을 부여하면서, 동시에 with grant option를 부여하도록 합니다. 결과를 보면 GRANTABLE 컬럼의 값이 YES인 것을 확인할 수 있습니다.

```
-- 이순신 세션에서 진행합니다.
grant select on employees to yusin with grant option ;
select * from user_tab_privs_made ;
```

	GRANTEE	TABLE_NAME	GRANTOR	PRIVILEGE	GRANTABLE	HIERARCHY
1	YUSIN	BOARDS	LEE	SELECT	NO	NO
2	YUSIN	EMPLOYEES	LEE	SELECT	YES	NO

김유신 사용자는 lee.employees 테이블에 대한 접근 권한이 있습니다. 동시에 다른 사용자에게 lee.employees 테이블 접근할 수 있는 권한을 부여할 수 있습니다.

```
-- 김유신 세션에서 진행합니다.
select * from lee.employees ;
grant select on lee.employees  to soon ;
```

유관순 사용자는 lee.employees 테이블에 대하여 접근을 할 수 있습니다. 왜냐하면 김유신 사원으로부터 lee.employees 테이블에 대한 접근 권한을 부여받았기 때문입니다.

```
-- 유관순 세션에서 진행합니다.
select * from lee.employees ;
select * from  user_tab_privs_recd ;
```

17.4 롤(role)

롤(Role)은 여러 개의 권한을 하나의 셋트로 묶어 놓은 권한의 집합체(collection, bottle)를 말합니다.
롤은 다른 롤에게 부여하거나, 사용자에게 부여할 수 있습니다.

17.4.1 롤의 개요

일반적으로 신규 사용자 계정을 생성하면 데이터 베이스 접속 권한, 테이블 생성/수정/삭제/조회 등의 권한 기본적으로 필요한 권한들입니다. 이러한 기본적인 권한을 매번 사용자마다 일일이 이러한 권한을 부여하는 것은 번거로운 일입니다. 공통적으로 필요한 권한들을 롤에 그룹 형태로 담아 두고, 해당 롤을 사용자에게 부여해줄 수 있습니다.
롤은 데이터 베이스가 기본적으로 제공하는 사전 정의된 롤과 사용자가 정의한 롤로 구분이 됩니다.

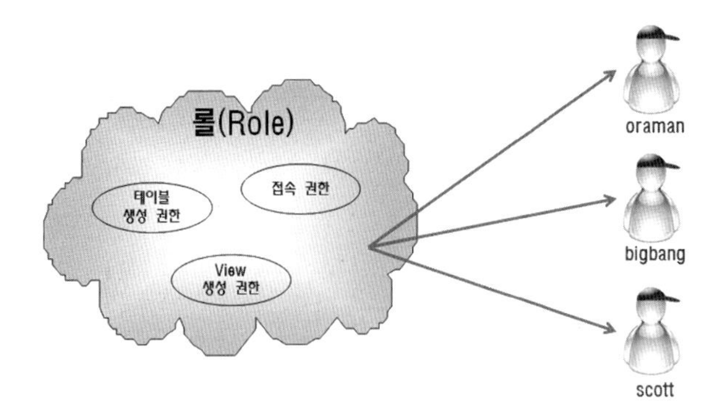

롤의 특징

여러 개의 권한을 묶어 두므로 관리가 용이합니다.
롤에 대한 활성화 여부를 on/off 할수 있으므로 사용자 관리를 간편하고 효율적으로 할 수 있습니다.
롤에 대하여 추가와 삭제를 수행하게 되면 동적으로 사용자에게 반영이 됩니다.

17.4.2 사전 정의된 Role

시스템에서 제공하는 사전 정의된 롤은 다음과 같은 항목들이 존재합니다. 특히 dba나 resource 등의 롤은 개별 사용자에게 함부로 부여해서는 안됩니다. 데이터 베이스 관련 거의 대부분의 권한을 부여하는 격이 되니 주의하여 부과하도록 해야 합니다.

항목	설명
connect	create session 권한
resource	사용자로 하여금 객체(테이블, 뷰, 인덱스 등)를 생성할 수 있도록 시스템 권한을 묶어 놓았습니다. create cluster, create indextype, create operator, create procedure, create sequence, create table, create trigger, create type, unlimited tablespace
scheduler_ admin	create any job, create external job, create job, execute any class, execute any program, manage scheduler
dba	데이터 베이스 객체를 관리하고 사용자들을 작성하고 변경하고 제거할 수 있는 모든 권한을 가지고 있습니다. most system privileges, several other roles do not grant to nonadministrators
select_ catalog_role	no system privileges, but hs_admin_role and over 1,700 object privileges on the data dictionary

17.4.3 롤과 관련된 데이터 사전

롤과 연관있는 데이터 사전은 다음과 같은 항목들이 있습니다.

딕셔너리 이름	설명
role_sys_privs	롤에 부여된 시스템 권한 정보를 보여 줍니다.
role_tab_privs	롤에 부여된 테이블 관련 권한 정보를 보여 줍니다.
user_role_privs	접근 가능한 롤의 정보를 보여 줍니다.

예를 들어서, resource롤이 가진 시스템 권한은 다음과 같이 조회할 수 있습니다. 주의할 사항은 롤의 이름인 'RESOURCE'는 반드시 대문자로 작성하셔야 합니다. 왜냐하면 데이터 사전은 이름을 대문자로 관리하기 때문입니다.

```
select * from role_sys_privs where role='RESOURCE';
```

	ROLE	PRIVILEGE	ADMIN_OPTION
1	RESOURCE	CREATE SEQUENCE	NO
2	RESOURCE	CREATE TRIGGER	NO
3	RESOURCE	CREATE CLUSTER	NO
4	RESOURCE	CREATE PROCEDURE	NO
5	RESOURCE	CREATE TYPE	NO
6	RESOURCE	CREATE OPERATOR	NO
7	RESOURCE	CREATE TABLE	NO
8	RESOURCE	CREATE INDEXTYPE	NO

17.4.4 Role 실습하기

나는 데이터 베이스 관리자이고, 신규 사원인 강감찬 사원에 대하여 다음과 같이 계정을 생성하고자 합니다.
강감찬 사원에 대한 다음 조건을 충족하는 계정을 생성하세요.

강감찬 사원
계정 정보 : 아이디(kang), 비번(oracle) 데이터 베이스 접근 권한이 있어야 합니다. 기본 테이블스페이스는 users로 지정합니다. users 테이블스페이스에 대한 공간을 무제한 제공해야 합니다.

관리자 세션에서 다음 구문을 실행하도록 합니다.

```
create user kang identified by oracle account unlock ;
alter user kang default tablespace users quota unlimited on users;
grant connect to kang ;
```

somerole이라는 롤을 생성하고, 테이블, 뷰, 시퀀스 생성을 위한 권한을 부여하세요. kang 사원에게 somerole 롤을 부여 하시고, 롤에 부여된 시스템 권한 정보를 조회해 보세요. 롤 생성 및 권한을 부여하는 방법은 다음과 같습니다.

롤(role) 생성 및 권한 부여하기

```
create role role_name ;
grant privilege_name to role_name ;
```

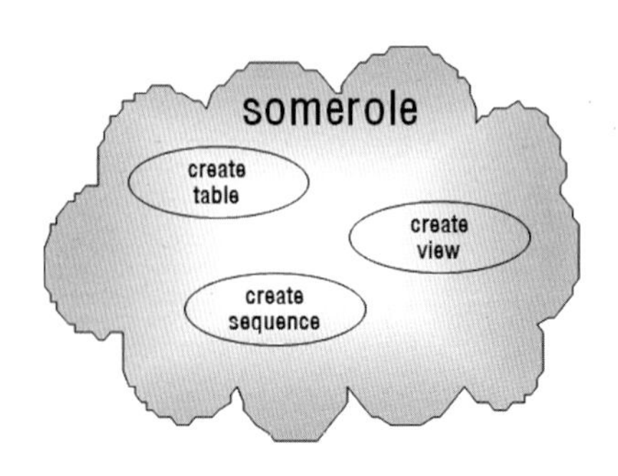


```
create role somerole ;
grant create table, create view, create sequence to somerole ;
grant somerole to kang ;

-- 롤에게 부여한 권한 목록 보기
select * from role_sys_privs where role='SOMEROLE';
```

	ROLE	PRIVILEGE	ADMIN_OPTION
1	SOMEROLE	CREATE SEQUENCE	NO
2	SOMEROLE	CREATE VIEW	NO
3	SOMEROLE	CREATE TABLE	NO

다음은 강감찬(kang) 사용자 세션에서 실습합니다. 우선 다음 사전 user_role_privs 을 이용하여 어떠한 롤을 사용할 수 있는 지 먼저 살펴 보도록 하겠습니다. 그리고, 'SOMEROLE'이라는 롤에 어떠한 권한이 들어 있는지 확인해 봅니다.

```
-- 강감찬 세션에서 진행합니다.
select * from user_role_privs ;

select * from role_sys_privs where role='SOMEROLE';
```

	USERNAME	GRANTED_ROLE	ADMIN_OPTION	DEFAULT_ROLE	OS_GRANTED
1	KANG	CONNECT	NO	YES	NO
2	KANG	SOMEROLE	NO	YES	NO

	ROLE	PRIVILEGE	ADMIN_OPTION
1	SOMEROLE	CREATE SEQUENCE	NO
2	SOMEROLE	CREATE VIEW	NO
3	SOMEROLE	CREATE TABLE	NO

테이블 mytable을 생성하고, 뷰 viewtest를 생성해 보세요. 시퀀스 seqtest01을 생성해 보세요.

```
create table mytable(
        name varchar2(30),
        age number
);
insert into mytable values( '강감찬 ', 10);
insert into mytable values( '이순신 ', 50);
commit ;

select * from mytable ;
```

	NAME	AGE
1	강감찬	10
2	이순신	50

```
create sequence seqtest01 ;
create or replace view viewtest as
select * from mytable where age >= 30 ;
select * from viewtest ;
```

	NAME	AGE
1	이순신	50

롤에서 특정 권한을 박탈하는 구문은 다음과 같습니다 . 이번 실습은 관리자가 somerole 롤에서 시퀀스 생성 권한을 제거해 보도록 하겠습니다. 이런 경우 강감찬은 시퀀스를 생성할 수 있는 지 점검해 보도록 하겠습니다.

롤(role)에서 권한 제거하기

```
revoke 권한 from 롤이름 | 사용자 ;
```

다음 구문은 관리자가 somerole이라는 롤에서 시퀀스 생성 권한을 제거하는 구문입니다.

```
-- 관리자 세션에서 진행합니다.
revoke create sequence from somerole ;
```

강감찬(kang) 사원이 시퀀스 seqtest02를 생성할수 있는 지 확인해 보세요. 생성이 안 된다면 왜 안되나요?

```
-- 강감찬 세션에서 진행합니다.
create sequence seqtest02 ;
오류 보고 -
ORA-01031: insufficient privileges
01031. 00000 -  "insufficient privileges"
*Cause:    An attempt was made to perform a database operation without
           the necessary privileges.
*Action:   Ask your database administrator or designated security
           administrator to grant you the necessary privileges
```

시퀀스 생성 권한이 불가능한 이유는 이전에 관리자가 somerole로 부터 시퀀스 생성 권한을 박탈하였기 때문입니다.
롤에 대하여 어떠한 권한을 추가·삭제하게 되면 동적으로 사용자에게 반영이 되기 때문입니다.

관리자는 kang 사원에게 부여한 somerole 롤을 제거하도록 하고, 롤을 삭제하도록 합니다.

```
-- 관리자 세션에서 진행합니다.
revoke somerole from kang ;
drop role somerole ;
```

요점 정리

- 권한(Privilege)이란 데이터 베이스 객체에 대한 생성, 변경, 삭제 등의 작업을 수행할 수 있는 능력을 의미합니다
- 이러한 권한을 부여하거나 박탈 등을 수행하기 위한 구문을 데이터 제어어라고 합니다.
- 권한을 부여할 때는 grant 명령어를 박탈하고자 할 때는 revoke 명령어를 사용합니다.
- Role(롤)이란 1개 이상의 권한을 묶어서 그룹화 시켜 놓은 것을 말합니다.
- 세션이란, 한 사용자가 데이터 베이스에 접속한 시점부터, 접속을 종료한 시점까지의 기간을 말합니다.
- 동의어란 다른 사용자의 긴 이름의 테이블을 짧은 별칭으로 부르기 위한 개념입니다.
- 데이터 베이스의 권한은 크게 시스템 권한과 객체 권한으로 분류 됩니다.
- with admin option은 관리자가 일반 사용자에게 권한을 부여할 때 권한을 부여 받은 사용자는 해당 권한을 다른 사용자에게 부여할 수 있는 권한을 가집니다.
- 객체 권한에서 with grant option을 함께 부여하면 사용자는 객체에 대한 접근 권한을 부여 받으면서 그 권한을 다른 사용자에게 부여할 수 있는 권한도 함께 부여 받을 수 있습니다.

연습 문제

'곰돌이' 사용자와 '순돌이' 사용자에서 다음 질문 사항에 대한 sql 구문들을 작성해 보세요.

데이터 제어어 실습

① 관리자는 '곰돌이' 사용자에게 뷰 및 테이블 생성 권한을 부여하세요.
② 관리자는 '순돌이' 사용자에게 시퀀스, 뷰, 테이블 생성 권한을 부여하세요.
③ '곰돌이' 사용자는 '순돌이' 사용자에게 'books' 테이블 조회 권한을 부여 하도록 합니다.
④ '순돌이' 사용자는 '곰돌이' 사용자의 'books' 테이블 내용 중에서 서적의 이름이 '프로그래밍'으로 끝나는 서적을 위한 뷰 onlyprogramming을 생성하도록 합니다.

롤 실습하기

① 관리자가 사용자 bluesky 계정을 생성하고, 접속 및 resource 권한을 부여해 줍니다.
② 신규 롤 roletest를 생성하고, 테이블/뷰/시퀀스 생성 권한을 부여합니다.
③ 해당 롤을 사용자 bluesky 계정에게 부여합니다.
④ 사용자 bluesky는 테이블 humans을 다음과 같이 생성하도록 합니다.
⑤ viewtest 뷰(나이가 30이상인 사원들만 조회하는 구문)를 생성하도록 합니다.
⑥ 시퀀스 생성 권한을 사용하여 시퀀스 seqtest01을 생성하도록 합니다.
⑦ 관리자는 롤 roletest에서 뷰 생성 권한을 제거합니다.
⑧ 블루 스카이 사용자가 뷰 viewtest02를 생성할수 있는 지 확인해 보세요.
⑨ 관리자는 블루 스카이 사용자에게 부여했던 롤 roletest를 박탈하도록 합니다.
⑩ 관리자는 롤 roletest를 삭제하도록 합니다.

MEMO

Chapter 18

벌크 로딩

Summary

오라클에는 다량의 텍스트 데이터를 테이블에 인서트해주는 기능을 가지고 있습니다. 이를 벌크 로딩이라고 합니다. 이번 장에서는 csv 파일을 이용하여 테이블에 인서트하는 벌크 로딩 기능을 다루어 보도록 하겠습니다.

벌크(bulk)란 many(크다), large(많다)등의 의미를 담고 있는 단어입니다. sqlldr(SQL 로더)이라는 오라클에서 제공하는 유틸리티를 사용하면 많은 양의 데이터 파일에 대한 벌크 로딩을 수행할 수 있습니다. 일반적으로 벌크 로딩은 다음과 같이 3가지 작업을 수행해 줘야 합니다.

18.1 벌크 로딩

2013년도부터 2016년도에 걸쳐서 전세계에서 발생한 테러 정보 파일이 있습니다. 이 데이터를 이용하여 실제 물리적인 테이블에 데이터를 추가하는 실습을 해 보겠습니다.

18.1.1 벌크 로딩(csv → table)

벌크 로딩을 하기 위해서는 다음과 같이 3가지 형태의 파일이 존재해야 합니다. 테이블에 넣고자 하는 데이터를 저장하고 있는 파일, 실제 데이터가 들어갈 Table, 그리고, 작업을 수행할 절차를 기록해 놓은 컨트롤 파일입니다.

파일/테이블 이름	설명
terrordata.csv	전세계적으로 발생했던 테러에 대한 정보를 담고 있는 엑셀 파일입니다.
terrordata.ctl	엑셀 파일을 어떤 방식으로 테이블에 넣을 것인가를 명시해 둔 관리 장부 파일입니다.
terrors 테이블	테러 정보들을 저장할 테이블 이름입니다.

실습 파일 이름 terrordata.txt, terrordata.ctl, terrordata.csv

실습을 하기 전에 우선 테러 관련 CSV 파일을 살펴 보도록 하겠습니다. 다음은 테러 데이터 파일의 일부를 출력한 것입니다.
발생 년월일과 국가 및 지역의 이름, 그리고 위도와 경도의 정보가 출력되고 있습니다. 총 57,197행*12열로 구성이 되어 있습니다.

테러 테이블 파일의 일부

year	month	day	country	region	provstate	city
2013	1	1	Pakistan	South Asia	Khyber Pakhtunkhwa	Bannu
2013	1	1	Iraq	Middle East & North Africa	Saladin	Tuz Khormato
2013	1	1	Iraq	Middle East & North Africa	Saladin	Tuz Khormato
2013	1	1	Iraq	Middle East & North Africa	Kirkuk	Kirkuk
2013	1	1	Pakistan	South Asia	Sindh	Karachi
2013	1	1	Pakistan	South Asia	Sindh	Karachi
2013	1	1	Pakistan	South Asia	Balochistan	Besima
2013	1	1	Pakistan	South Asia	Balochistan	Machh
2013	1	1	Pakistan	South Asia	Khyber Pakhtunkhwa	Sarband

가장 먼저 컨트롤 파일을 작성합니다. 컨트롤 파일이란 sqlldr을 사용하고자 할 때 데이터베이스의 테이블에 어떻게 데이터를 추가할 것인가를 명시해 놓은 일종의 작업 내역 리스트를 적어둔 파일이라고 이해하면 됩니다. 확장자가 ctl이라고 해서 특수한 형태의 파일은 아니고, 단순 텍스트 파일이므로 메모장에서 작성이 가능합니다.

다음과 같은 컨트롤 파일을 작성합니다. 해당 컨트롤 파일은 'terrordata.csv'라는 csv 파일을 콤마로 구분하여 terrors 테이블에 벌크 로딩을 수행해주는 역할을 합니다.

이름) terrordata.ctl

```
load data
infile 'terrordata.csv'
insert into table terrors
fields terminated by ','
trailing nullcols(
          year,
          month,
          day,
          country,
          region,
          provstate,
          city
)
```

다음은 실습용 테이블을 생성합니다. sql developer나 sql 사용을 위한 command 창에서 다음과 같이 테이블을 생성하도록 합니다.

테이블 생성하기

```
create table terrors(
          year number,
          month number,
          day number,
          country varchar2(255),
          region varchar2(255),
          provstate varchar2(255),
          city varchar2(255)
);
```

마지막으로 sqlldr 유틸리티를 사용하여 벌크 로딩을 수행하시면 됩니다. 내 컴퓨터를 사용하여 'temp'라는 임시용 폴더를 하나 생성합니다. 그리고, 오라클 설치 경로를 확인하고, cmd 창을 오픈하고, 다음과 같이 실행합니다.

벌크 로딩 실행하기

```
c:
cd \temp
# 방법) 오라클설치경로\sqlldr.exe userid=사용자아이디/사용자비밀번호 control=컨트롤파일이름.ctl
C:\oraclexe\app\oracle\product\11.2.0\server\bin\sqlldr.exe userid=oraman/oracle control=terrordata.
ctl
```

그러면, 다음과 같이 SQL*Loader가 실행이 되고 있음을 알리며, 진행이 됩니다.

```
SQL*Loader: Release 11.2.0.2.0 - Production on 화 3월 2 15:17:51 2021

Copyright (c) 1982, 2009, Oracle and/or its affiliates.  All rights reserved.

Commit point reached - logical record count 64
Commit point reached - logical record count 128
... 이하 생략
Commit point reached - logical record count 57166
Commit point reached - logical record count 57197
```

마지막으로 데이터 베이스에 다음 문장을 실행하면, 57196개의 행이 조회 되어야 합니다.

데이터 결과 확인하기

```
-- 인서트된 행수를 다음 문장으로 확인합니다.
select count(*) from terrors ;

-- 결과 : 57196
```

18.1.2 범죄 빈도 상위 Top 10 국가

범죄 빈도 수가 많은 Top 10 국가에 대한 데이터를 생성하기 위하여 다음 sql 구문을 실습합니다. 국가별 테러 발생 건수를 구한 다음 상위 10개만 생성해 냅니다.

Top 10 국가를 위한 테이블 생성

```
create table country_summary as
select country, count(*) as cnt  from terrors
group by country order by cnt desc ;

select * from country_summary ;

create table country_summary_top_10 as
select country, cnt
from (
        select country, cnt, rank() over(order by cnt desc) as ranking
        from country_summary
)
where ranking between 1 and 10 ;

select * from country_summary_top_10 ;
```

select * from country_summary_top_10 ;

COUNTRY_TXT	CNT
Iraq	12875
Afghanistan	6804
Pakistan	6461
India	3456
Philippines	2600
Yemen	2364
Nigeria	2226
Somalia	2194
Libya	1978
Egypt	1609

18.1.3 상위 삼개국에 대한 정보

2013년 부터 2016년까지의 3개국('Iraq', 'Pakistan', 'Afghanistan')에 대한 정보를 조회해 보는 예시입니다. 우선 다음과 같이 데이터를 준비합니다.

3개국을 위한 데이터 준비

```
create or replace view three_country
as
select country, year, count(*) as cnt
from terrors
where country in('Iraq', 'Pakistan', 'Afghanistan')
group by country, year
order by country desc, year asc ;

select * from three_country ;
```

select * from three_country ;

COUNTRY_TXT	IYEAR	CNT
Pakistan	2013	2214
Pakistan	2014	2148
Pakistan	2015	1238
Pakistan	2016	861
Iraq	2013	2849
Iraq	2014	3926
Iraq	2015	2744
Iraq	2016	3356
Afghanistan	2013	1441
Afghanistan	2014	1821
Afghanistan	2015	1927
Afghanistan	2016	1615

요점 정리

- 벌크(bulk)란 사전적인 의미로써 many, large등의 의미를 담고 있는 단어입니다.
- sqlldr이라는 오라클에서 제공하는 벌크 로딩을 위한 유틸리티입니다.

연습 문제

- 다음과 같은 우편 번호 데이터를 사용하여 벌크 로딩을 수행해 보세요.

파일/테이블 이름	설명
newPost.csv	우편 번호 정보를 담고 있는 엑셀 파일입니다.
post_ctl.ctl	엑셀 파일을 어떤 방식으로 테이블에 넣을 것인가를 명시해 둔 관리 장부 파일입니다.
postcodes 테이블	테러 정보들을 저장할 테이블 이름입니다.

벌크 로딩 실습하기

① 다음은 실습용 테이블을 생성합니다. sql developer나 sql 사용을 위한 command 창에서 다음과 같이 테이블을 생성하도록 합니다.
② 마지막으로 sqlldr 유틸리티를 사용하여 벌크 로딩을 수행하시면 됩니다. 내 컴퓨터를 사용하여 'temp'라는 임시용 폴더를 하나 생성합니다. 그리고, 오라클 설치 경로를 확인하고, cmd 창을 오픈하고 벌크 로딩을 실행합니다.
③ 그러면, SQL*Loader가 실행이 되고 있음을 알리며, 진행이 됩니다.
④ 마지막으로 데이터 베이스에 다음 문장을 실행하면, 57196개의 행이 조회 되어야 합니다.

부록

찾아보기

찾아보기

찾아보기

MEMO